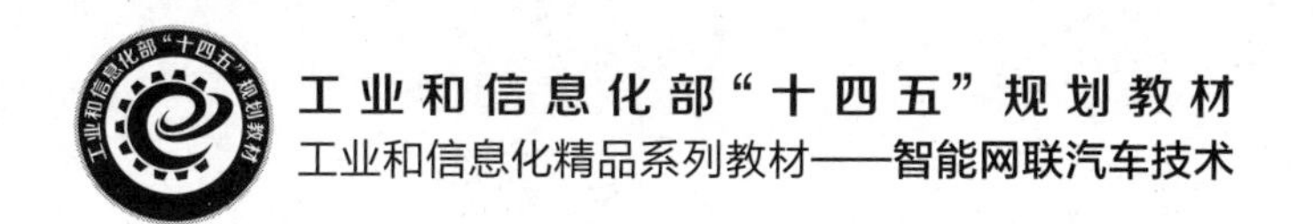

智能网联汽车

先进驾驶辅助系统技术应用

微课版

王春波 付雯琳 陈舒畅 ◉ 主编
李东兵 王天琪 于尧 ◉ 副主编
李春明 ◉ 主审

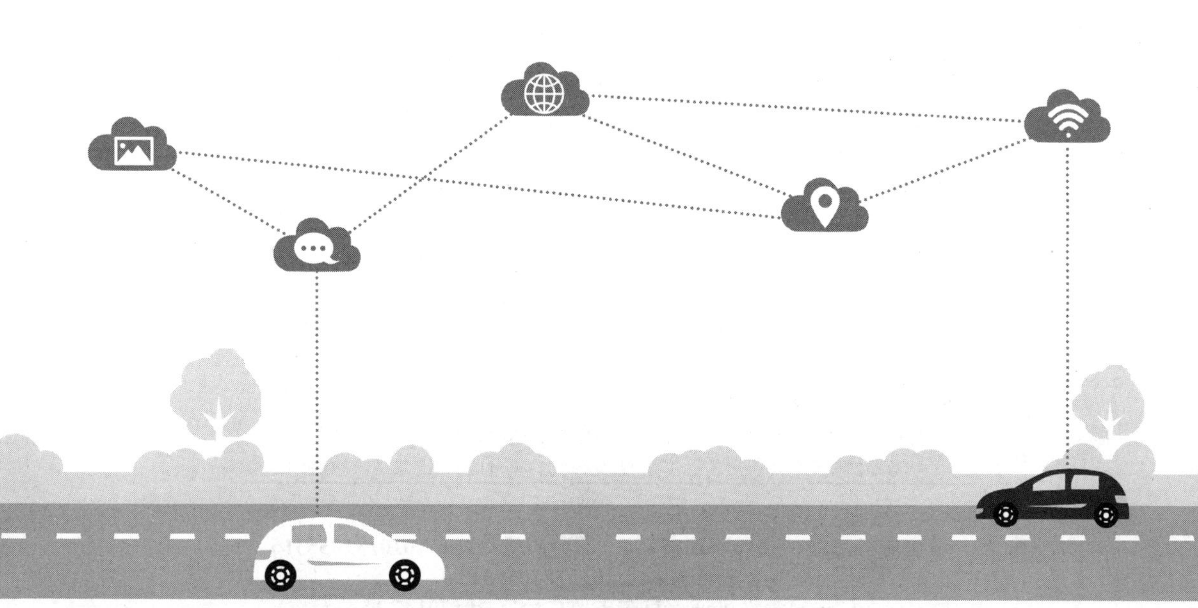

人民邮电出版社
北京

图书在版编目（CIP）数据

智能网联汽车先进驾驶辅助系统技术应用 ：微课版 / 王春波，付雯琳，陈舒畅主编. -- 北京 ：人民邮电出版社，2023.11
工业和信息化精品系列教材. 智能网联汽车技术
ISBN 978-7-115-61980-8

Ⅰ. ①智… Ⅱ. ①王… ②付… ③陈… Ⅲ. ①汽车－智能通信网－自动驾驶系统－教材 Ⅳ. ①U463.67

中国国家版本馆CIP数据核字(2023)第111354号

内 容 提 要

本书采用项目和任务的形式展开讲解，首先是智能网联汽车先进驾驶辅助系统（ADAS）认知；然后系统地论述前向碰撞预警系统、自适应巡航控制系统、车道保持辅助系统、自动泊车辅助系统、主动制动辅助系统；最后简单地介绍其他ADAS，如车道偏离警告系统、夜视辅助系统、抬头显示系统、自适应前照明系统、盲区监测系统、疲劳驾驶预警系统。本书不但包含全面、丰富的理论基础知识，而且包含适用的习题和应用实践环节，如基于ADAS关键技术中传感器的实践以及其结合计算机视觉技术的实践，便于学生复习、巩固主要的学习内容，增强学习效果。

本书适合本科及职业院校智能网联汽车、新一代信息技术专业群等相关专业的学生使用，也适合各类培训机构使用，还适合智能网联汽车从业人员学习参考。

◆ 主　　编　王春波　付雯琳　陈舒畅
副 主 编　李东兵　王天琪　于　尧
主　　审　李春明
责任编辑　王丽美
责任印制　王　郁　焦志炜

◆ 人民邮电出版社出版发行　　北京市丰台区成寿寺路 11 号
邮编　100164　　电子邮件　315@ptpress.com.cn
网址　https://www.ptpress.com.cn
保定市中画美凯印刷有限公司印刷

◆ 开本：787×1092　1/16
印张：12.25　　2023 年 11 月第 1 版
字数：274 千字　　2023 年 11 月河北第 1 次印刷

定价：49.80 元

读者服务热线：(010)81055256　印装质量热线：(010)81055316
反盗版热线：(010)81055315
广告经营许可证：京东市监广登字 20170147 号

前言 PREFACE

随着智能网联汽车的技术发展和应用落地，搭载先进驾驶辅助系统已成为现代汽车的潮流，比如自动泊车、车道保持、自适应巡航等功能已应用于不同品牌的量产车中，先进驾驶辅助系统正在改善和影响着人们的出行体验。

本书全面贯彻党的二十大精神，结合当前智能网联汽车的发展应用实际情况，系统地论述前向碰撞预警系统、自适应巡航控制系统、车道保持辅助系统、自动泊车辅助系统、主动制动辅助系统等的工作原理及应用实践，主要培养学生对先进驾驶辅助系统的工作原理及方法等基础知识的掌握，同时本书配备适用的实践操作，满足实际工作岗位中的技能需求。

本书的特点是采用项目和任务的形式展开讲解，将理论与实践结合，以奔驰、奥迪、沃尔沃等汽车品牌的常见车型为应用实例；以ADAS中的传感器、ADAS结合计算机视觉等常见技术为应用实践，介绍各种系统的基本概念、工作原理以及实际应用，并配有图片、实训工单和习题。

本书包含7个项目。项目1是智能网联汽车ADAS认知，包含智能网联汽车定义及分级、ADAS定义及类型；项目2是前向碰撞预警系统，对前向碰撞预警系统的概念、组成及应用实践，车辆识别应用实践及毫米波雷达测距应用实践进行详细的描述；项目3是自适应巡航控制系统，对自适应巡航控制系统概念、组成及应用，交通标志识别应用实践及激光雷达测距应用实践进行详细的描述；项目4是车道保持辅助系统，对车道保持辅助系统的概念、组成及应用实践，车道线检测应用实践进行详细描述；项目5是自动泊车辅助系统，对自动泊车辅助系统的概念、组成及应用实践，超声波雷达测距应用实践进行详细描述；项目6是主动制动辅助系统，对主动制动辅助系统的概念、组成及应用实践，交通信号灯识别应用实践进行详细描述；项目7是其他ADAS，对车道偏离警告系统、夜视辅助系统、抬头显示系统、自适应前照明系统、盲区监测系统、疲劳驾驶预警系统的原理及应用进行详细描述。

本书采用“校企融合”模式联合开发，采用理论与实践一体化和信息化的教学方式，对部分难以理解的内容配置微课视频，读者可扫描书中二维码观看视频，并配备教学课件、实训工单等丰富的教学资源。

本书由长春汽车工业高等专科学校的王春波、付雯琳、陈舒畅担任主编，长春汽车工业高等专科学校的李春明担任主审，长春汽车工业高等专科学校的李东兵、王天琪、于尧担任副主编，长春汽车工业高等专科学校的刘畅、张慧、孙琳、李文娜、丁勇、高玉双、中汽数据（天津）有限公司的段佳冬参与编写。全书由王春波负责统稿。

由于编者水平有限，书中难免有疏漏之处，敬请读者批评指正。

编　者

2022 年 12 月

目录 CONTENTS

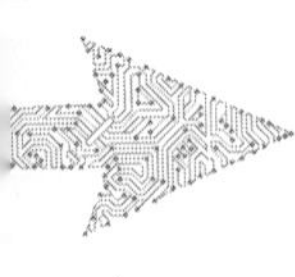

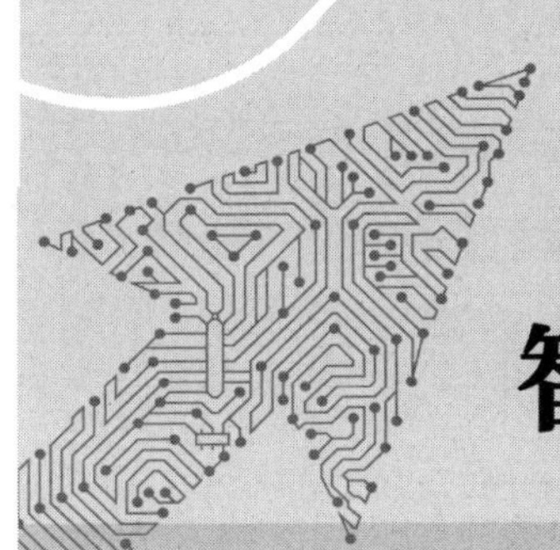

项目1 智能网联汽车ADAS认知

01

【项目背景】

从 20 世纪 50 年代早期的电动车窗到当今最新的汽车驾驶系统，高端汽车所具有的特性随着时间的推移最终都会应用到中端和经济型汽车上，成为其必备的电子和电气系统。先进驾驶辅助系统技术也不例外，如欧洲的福特福克斯汽车，现在具备自适应巡航控制、自动泊车和车道保持辅助等功能，这些特性以前都是专属于高端汽车的。即使是经济型的起亚汽车，也安装了后视摄像头。先进驾驶辅助系统（Advanced Driving Assistance System，ADAS）能够广泛应用在普通汽车上，一部分重要因素是政府的规章制度，为了保证道路的安全性，美国国家公路交通安全管理局强制实施安装后视摄像头的政策。安装了 ADAS 的车辆，当驾驶员驾驶车辆开始偏离车道时，系统会发出警告；在夜间，系统也能够增强道路的能见度，从而避免事故的发生。

【项目目标】

目标	内容
知识目标	1. 了解智能网联汽车的定义。 2. 了解智能网联汽车分级。 3. 熟悉智能网联汽车技术架构。 4. 了解 ADAS 定义。 5. 熟悉 ADAS 类型
能力目标	1. 能够描述智能网联汽车传感器的相关知识。 2. 能够描述我国在汽车自动化驾驶方面可划分的层面。 3. 能够描述 ADAS 定义及类型
素质目标	1. 具有主动学习的意识，能够将所学知识和技能投入工作实践中，并在工作实践中持续总结。 2. 具备良好的逻辑思维、自我思考、自我解决问题的能力。 3. 具备集体意识和团结协作能力

【知识框架】

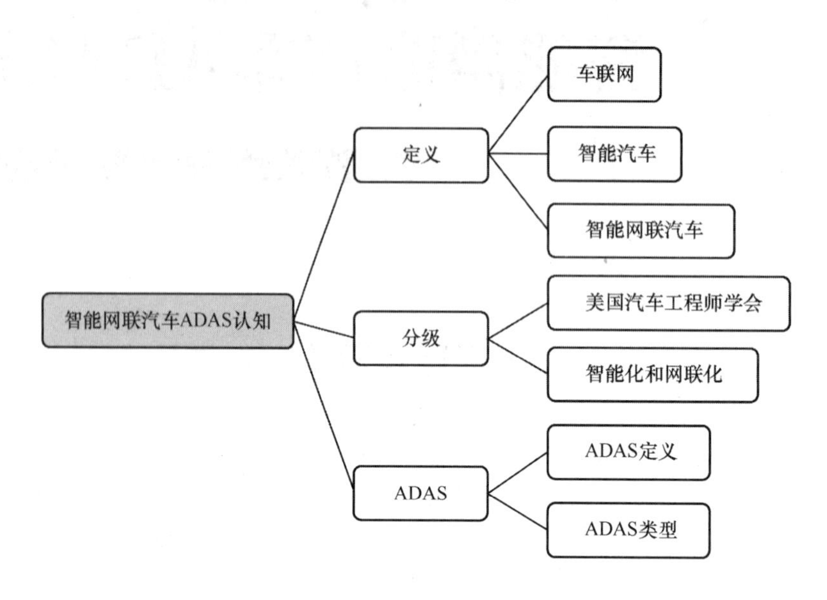

任务 1.1　智能网联汽车认知

【任务导入】

随着我国科技飞速发展，智能网联汽车的发展也日新月异。我国科技发展取得卓越成绩，但是也面临着严峻挑战，智能网联安全不仅是汽车的安全，从一定意义上来讲也是国家安全的一个重要组成部分。因此国家的相关部委做了很多的努力，但是我们应该看到中国在汽车领域，特别是在智能网联汽车领域还没有完整、明晰的标准和规范，尤其是在法规方面。作为学生，我们要为国家安全考虑，积极投身到我国科技发展的浪潮中。

【相关知识】

1.1.1　智能网联汽车定义

智能网联汽车是车联网和智能汽车的有机结合，我们首先要了解什么是车联网。

（1）车联网

车联网的概念源自“物联网”，专指“车辆的物联网”，即车辆上的车载设备通过无线通信技术，对网络平台中所有车辆的动态信息进行有效利用，实现车与云平台、车与车、车与路、车与人等全方位网络连接，提升车辆整体的智能驾驶水平，为用户提供安全、舒适、智能、高效的驾驶感受与交通服务。可以发现，车联网表现出以下几个特征：车联网能够控制车与车之间的距离，降低车辆发生碰撞事故的概率；车联网可以帮助车主实时导

航，并通过与其他车辆和网络系统的通信，提高交通运行的效率。

车联网早期发展于国外，在 20 世纪 60 年代日本就开始研究车间通信。后来欧洲和美国也相继启动多个车联网项目，推动了车与车之间网联系统的发展。美国交通部在 2009 年发布了《智能交通系统战略研究计划》来详细规划美国车辆网络技术发展的部署。

与国外车联网产业发展相比，直到 2009 年，我国的车联网技术才开始发展，而且只在基础导航系统或国家救援功能上应用。2013 年，通信技术得以快速发展，国内汽车网络技术已经能够实现简单的实时导航和监控。2014—2015 年，3G 和 LTE（Long Term Evolution，长期演进）技术开始应用于车载通信系统以实现远程控制。2016 年 9 月，华为、奥迪、宝马和戴姆勒等公司合作推出 5G 汽车联盟（5G Automotive Association，5GAA），并与汽车经销商和科研机构共同开展了一系列汽车网络应用研究。此后至 2017 年年底，国家颁布了多项方案，将发展车联网提到了国家创新战略层面。在这期间，人工智能和大数据等技术的发展使得车联网更加实用，如企业管理和智能物流。未来，依托于人工智能、语音识别和大数据等技术的发展，车联网将与移动互联网结合，为用户提供更具个性化的定制服务。

（2）智能汽车

智能汽车是一种新型高科技汽车，就是在一般汽车上增加雷达、摄像头等先进传感器、控制器、执行器等，相当于给汽车装上了“眼睛”“大脑”“脚”，通过车载环境感知系统和信息终端实现车与路、人等的信息交换，使车辆具备智能环境感知能力，能像人一样“思考”“判断”“行走”，能够自动分析车辆行驶的安全及危险状态，从而选择最佳方案，使车辆按照人的意愿到达目的地，最终实现车辆替代人来做驾驶决策及操作的目的。智能汽车的初级阶段就是具有 ADAS 的汽车，智能汽车与网络相连便成为智能网联汽车。智能网联汽车本身具备自主的环境感知能力，也是智能交通系统的核心组成部分，是车联网体系的一个节点，通过车载信息终端实现车与路、人、业务平台等之间的无线通信和信息交换。智能网联汽车的聚焦点是汽车，发展重点是提高汽车安全性，其终极目标是无人驾驶汽车。这种汽车不需要人去驾驶，人只需要舒服地坐在车上享受高科技的成果即可。其实智能网联汽车原本代指的是汽车技术发展的两个技术路线，即智能汽车和车联网。车联网的特点是网络化、智能化、服务新业态等。

可以看出智能汽车和车联网相辅相成、不可分割，因此将智能汽车和车联网的集合体称为智能网联汽车，三者之间的关系如图 1.1 所示。

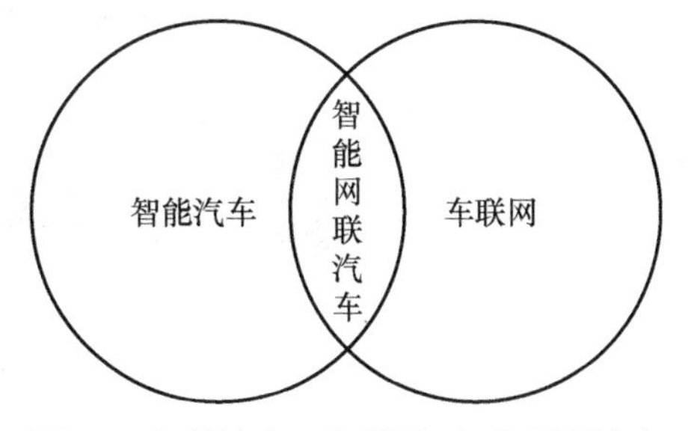

图1.1　智能汽车、车联网、智能网联汽车之间的关系

（3）智能网联汽车

智能网联汽车（Intelligent Connected Vehicle，ICV）是车联网的重要组成部分，其以车辆为载体，搭载先进的车载传感器、控制器、执行器等装置，通过技术创新连接互联网，实现多种方式的信息交互与共享，提高行驶安全性。智能网联汽车是将现代通信技术与网络相结合，实现车与人、路、车、后台等的智能信息交换、共享，使车辆实现信息共享和协同控制，从而达到车辆安全、有序、高效、平稳、节能行驶，并最终达到无人驾驶目的

的新一代汽车。

2020 年 11 月 11 日，在由北京市政府、工业和信息化部等共同主办的世界智能网联汽车大会上，《智能网联汽车技术路线图 2.0》（以下简称《路线图 2.0》）正式发布。《路线图 2.0》指出，我国智能网联汽车发展愿景是实现汽车强国伟大目标、产业生态健全完善、整车智能化水平显著提升、高度自动驾驶智能网联汽车大规模应用，使汽车社会朝着有益于文明进步、可持续轨道发展，体现在安全、高效、节能减排、舒适和便捷、人性化等方面，能满足人民对美好生活无限向往的需求。从《路线图 2.0》中可以看出我国部分自动驾驶和有条件自动驾驶智能网联汽车市场需求量逐年增加，我国正推动电动化、网联化、智能化技术互融、协同发展。

（4）智能网联汽车的技术架构

根据《路线图 2.0》核心内容，智能网联汽车涉及整车零部件、信息通信、智能交通、地图定位等多领域的技术，据此可将其划分为"三横两纵"关键技术架构。如图 1.2 所示，"三横"指车辆关键技术、信息交互关键技术与基础支撑关键技术；"两纵"指支撑智能网联汽车发展的车载平台与基础设施。基础设施包括交通设施、通信网络、大数据平台、定位基站等，将逐步向数字化、智能化、网联化和软件化方向升级，支撑智能网联汽车发展。

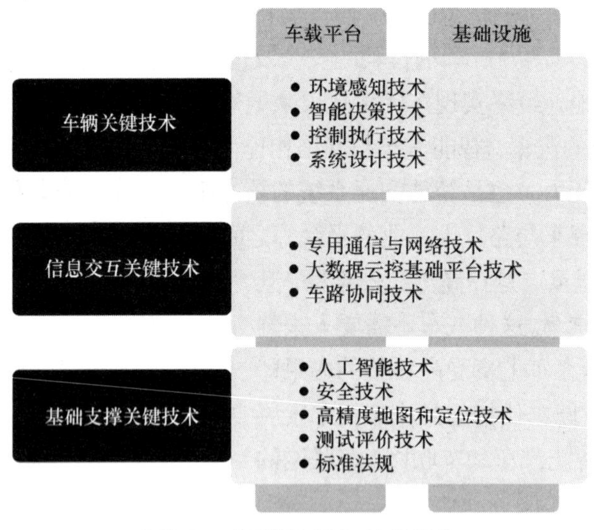

图1.2 "三横两纵"技术架构

1.1.2 智能网联汽车分级

智能网联汽车是汽车、新能源、通信和人工智能技术的全新组合。智能网联汽车可划分为智能化和网联化两个技术层面，如图 1.3 所示。智能化汽车配备了多种传感器（如摄像头、超声波雷达、毫米波雷达、激光雷达等），可实现对周围环境的自主感知，通过一系列传感

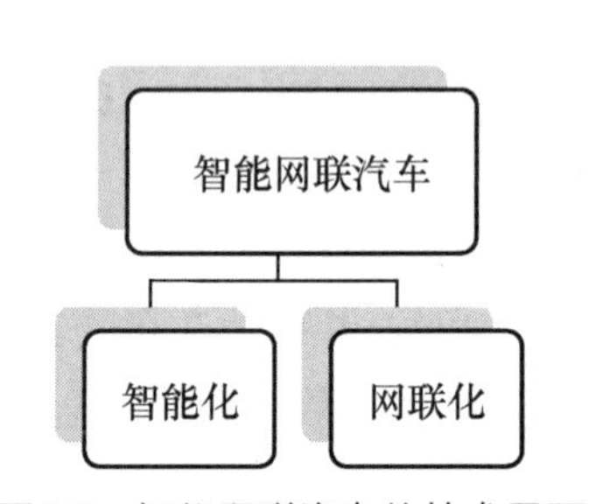

图1.3 智能网联汽车的技术层面

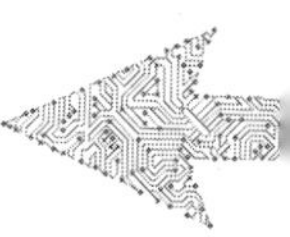

器信息识别和决策操作，汽车按照预定控制算法的速度与预定交通路线规划的寻径轨迹行驶。而网联化汽车采用新一代移动通信技术（如 LTE-V、5G 等），实现车辆位置信息、车速信息、外部信息等之间的交互，并由控制器进行计算，通过决策模块计算后控制车辆按照预定的指令行驶，进一步提高车辆的智能化程度和增强自动驾驶能力。

目前在智能化技术层面，不同的国家有不同的划分方法。美国汽车工程师学会（Society of Automotive Engineers，SAE）的标准将自动驾驶技术分为 L0 ~ L5 共 6 个等级。L0 代表没有自动驾驶加入的传统人类驾驶，L1 为驾驶辅助（DA），L2 为部分自动驾驶（PA），L3 为有条件自动驾驶（CA），L4 为高度自动驾驶（HA），L5 为完全自动驾驶（FA）。我国于 2022 年 3 月 1 日正式实施的标准《汽车驾驶自动化分级》（GB/T 40429—2021）将驾驶自动化分为 0 级～5 级共 6 个等级。其中 0 级驾驶自动化为应急辅助，1 级驾驶自动化为部分驾驶辅助，2 级驾驶自动化为组合驾驶辅助，3 级驾驶自动化为有条件自动驾驶，4 级驾驶自动化为高度自动驾驶，5 级驾驶自动化为完全自动驾驶。需要注意的是，0 级驾驶自动化不是无驾驶自动化，0 级驾驶自动化系统可感知环境，并提供提示信息或以辅助驾驶员避险。

在这里我们要明确一个概念，ADAS 不是现在非常热门的自动驾驶，可以说这两者的研究重点完全不同。ADAS 是先进驾驶辅助系统，核心是环境感知，而自动驾驶则是人工智能，这两者有很大差别。ADAS 实现的实际上是 3 级驾驶自动化，而自动驾驶实现的是 4 级驾驶自动化。想要从 3 级驾驶自动化发展到 4 级驾驶自动化，还需要在汽车上配有自动驾驶技术，而且要在道路上配备相应的摄像头以及清晰的车道线，还需要汽车互联、汽车与手机互联等。

按《汽车驾驶自动化分级》（GB/T 40429—2021）的规定，智能网联汽车智能化可划分为 5 个等级，分别是部分驾驶辅助、组合驾驶辅助、有条件自动驾驶、高度自动驾驶、完全自动驾驶（见图 1.4）。

在技术层面，按照网联通信内容及实现的功能不同，智能网联汽车网联化可被划分为网联辅助信息交互、网联协同感知、网联协同决策与控制 3 个等级（见图 1.5）。

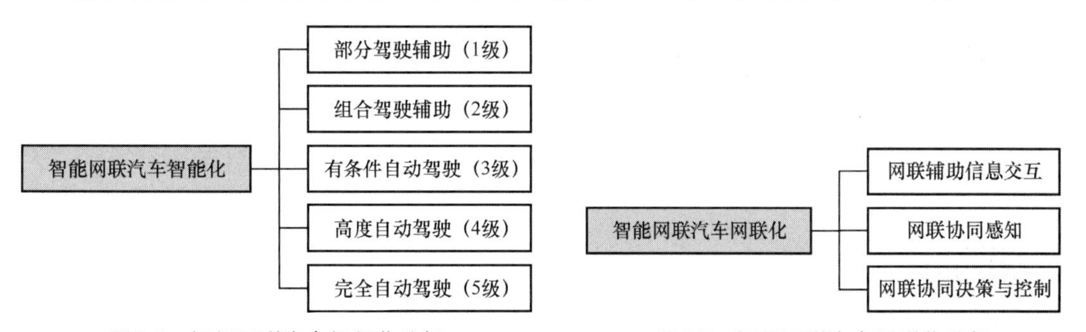

图1.4　智能网联汽车智能化分级

图1.5　智能网联汽车网联化分级

由于智能网联汽车目前还处于产业的初级阶段，标准体系还严重不齐全，大量标准仍然处于空白阶段，因此上述的一些划分标准也可能会随着技术与标准的不断完善而发生相应改变和调整。

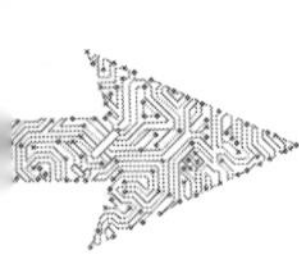

【巩固与提升】

1. 单选题

（1）车联网能够控制车与（　　）之间的距离。

A. 人　B. 物　C. 车　D. 路

（2）智能汽车与（　　）相连便成为智能网联汽车。

A. 网络　B. 机器　C. 计算机　D. 人

（3）不属于无驾驶自动化的是（　　）驾驶自动化。

A. 0 级　B. 1 级　C. 2 级　D. 3 级

（4）属于完全自动驾驶的是（　　）驾驶自动化。

A. 2 级　B. 3 级　C. 4 级　D. 5 级

（5）属于应急辅助的是（　　）驾驶自动化。

A. 0 级　B. 1 级　C. 2 级　D. 3 级

2. 简答题

（1）智能汽车、智能网联汽车、自动驾驶汽车和无人驾驶汽车之间是什么关系？

（2）智能网联汽车“三横两纵”技术架构具体包含哪些内容？

（3）我国将智能网联汽车在网联化技术层面划分为哪几个等级？

【任务小结】

本任务主要介绍了智能网联汽车的定义，以及智能网联汽车分级。通过本任务的学习，学生可以更好地认识智能网联汽车，掌握智能网联汽车的相关知识。

任务 1.2　ADAS 认知

【任务导入】

近年来，ADAS 市场增长迅速，曾经这类系统局限于高端市场，而现在正在进入中端市场。与此同时，许多低技术应用在入门级乘用车领域变得更加常见，经过改进的新型传感器技术也在为系统部署创造新的机会。

【相关知识】

1.2.1　ADAS定义

ADAS 是近年来各大汽车厂商及电子相关企业积极发展的智能汽车技术之一。简单来讲，ADAS 就是利用安装在车上的各式各样的传感器，在汽车行驶过程中随时感应周围的环境，通过对静、动态物体的辨识，利用侦测与追踪等技术，并结合导航地图数据，进行

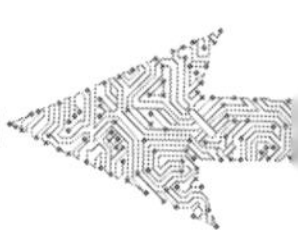

系统的运算与分析，监测驾驶员、车辆及其行驶环境，并通过影像、灯光、压力、声音、触觉提示/警告或控制等方式（见图 1.6），辅助驾驶员执行驾驶任务或主动避免/减轻危害，从而预先让驾驶者察觉可能发生的危险，有效增强汽车驾驶的舒适性和安全性，因此也被视作实现自动驾驶汽车的前提。而我们所熟知的传感器包括雷达、摄像头、激光、卫星导航设备等，一般安装在车辆的前后保险杠、后视镜、驾驶舱内部或者风窗玻璃上。

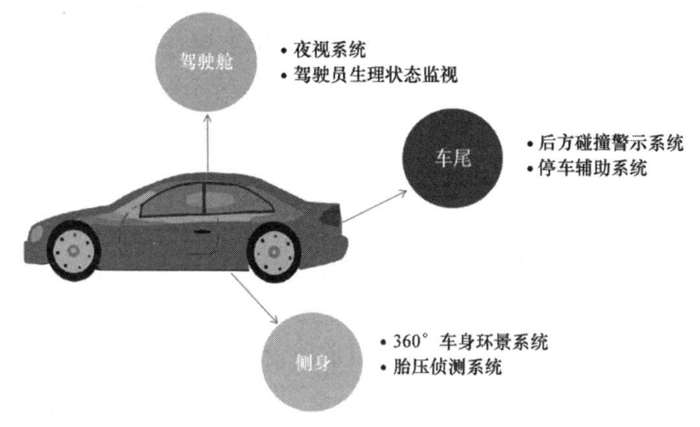

图1.6 ADAS系统示意

ADAS 得到广泛应用的决定性因素是成本的降低。虽然 ADAS 技术越来越复杂，但是传感器和处理器技术的进步可以支持工程师以中端汽车甚至是经济型汽车能够承受的价格来设计 ADAS 应用。成本的降低以及通过功能集成来降低复杂度是推动 ADAS 技术在各类车辆中得以广泛应用的关键因素。

1.2.2 ADAS类型

ADAS 的技术路线有两条：第一条技术路线是从汽车预警系统到主动干预系统的升级，如图 1.7 所示；第二条技术路线是将主动安全系统与被动安全系统相结合。早期的 ADAS 技术主要以被动式报警为主，当车辆检测到潜在危险时，会发出警报提醒驾驶员注意异常的车辆或道路情况。对最新的 ADAS 技术来说，主动式干预很常见。

ADAS 传感器的类型

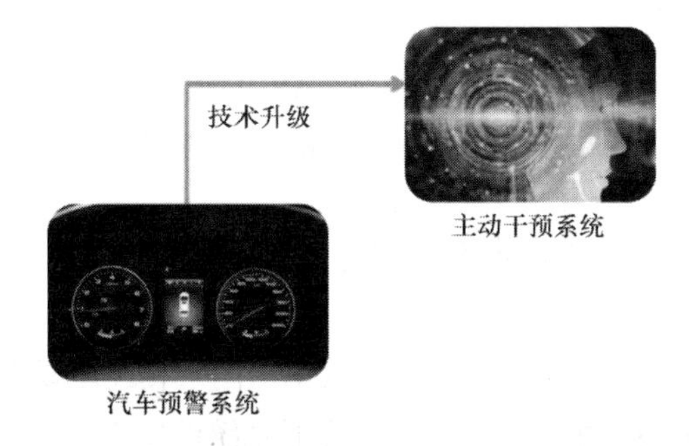

图1.7 ADAS技术路线

ADAS 的类型主要包括前向碰撞预警系统、自适应巡航控制系统、车道保持辅助系

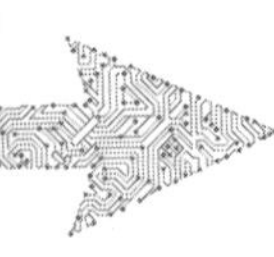

统、自动泊车辅助系统、主动制动辅助系统等。每个系统主要包含 3 个程序：第一是信息的搜集，不同的系统有不同类型的车用传感器，包含毫米波雷达、超声波雷达、红外线雷达、激光雷达、影像传感器及轮速传感器等，用来收集车辆的工作状态及其参数变化情况，并将不断变化的机械运动参数变成电参数（电压、电阻及电流参数）；第二是电子控制单元（Electronic Control Unit，ECU），将传感器所收集的信息进行分析、处理，然后向控制装置输出控制信号；第三则是执行，依据 ECU 输出的控制信号，让汽车完成指定动作，包含节气门、制动、灯光、声响等系统都属于执行器的范畴，它们会依据 ECU 输出的控制信号完成指定动作。

在过去 10 多年中，高端汽车就采用了自适应巡航控制（Adaptive Cruise Control，ACC）系统，这一系统目前也在更广泛的市场上得到了应用。传统的巡航控制系统设计用于保持车辆以恒定的车速行驶。与此不同，ACC 系统使车速与交通状况相适应，如果与前车距离太近，则会降速；在路况允许时，会加速到上限。这些系统通过使用安装在车辆前部的雷达来实现。但是，由于雷达不能识别某一目标的大小和形状，而且其观测范围也相对较窄，因此在应用时还要结合摄像头。难点在于，目前所使用的摄像头和雷达传感器还没有标准配置。因此，还是需要灵活的硬件平台。

需要特别注意的是，大部分 ADAS 应用需要对来自多个传感器的多路信号进行处理和分析，包括来自视频摄像头、雷达、红外线传感器等的信号，以及来自激光雷达等其他传感器的信号。例如，危险探测不仅需要对来自多个摄像头的数据流进行集成和分析，当要用在全天候各种天气条件下时，还必须采用雷达数据。传感器融合这一术语用于描述 ADAS 应用中不同信号的集成。

【巩固与提升】

简答题

（1）ADAS 的定义是什么？

（2）ADAS 的技术路线是什么？

（3）ADAS 类型有什么？

【任务小结】

本任务主要介绍了 ADAS 的定义和类型，包括 ADAS 的组成和主要功能、发展现状。通过本任务的学习，学生应该能够理解 ADAS 的基本概念和关键技术、发展趋势和发展规划。

【项目总结】

智能汽车的初级阶段是具有 ADAS 的汽车，智能汽车与网络相连便成为智能网联汽车。智能网联汽车本身具备自主的环境感知能力，也是智能交通系统的核心组成部分，是车联网体系的一个节点，通过车载信息终端实现车与路、行人、平台等之间的无线通信和信息交换。智能网联汽车的聚焦点是汽车，发展重点是提高汽车的安全性，其终极目标是实现无人驾驶汽车。

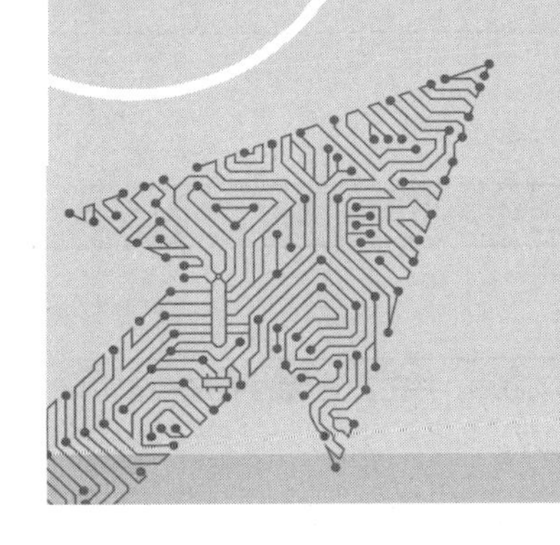

项目2 前向碰撞预警系统

02

【项目背景】

随着科学技术的进步和工业的发展，交通量激增，道路越发复杂，驾驶场景也越来越多。一起来想象一下几个驾驶场景，如十字路口处虽是绿灯，但前面车辆因前方有障碍物突然减速，而你的车速很快；行车时未注意保持安全车距，你的车距离前车过近；前方的车辆突然减速转弯，而且未打转向灯；前方的车辆突然减速给行人让路，但你并没有注意到它正在减速；等等。此时，若驾驶员还未意识到危险降临，车辆就发出声音来提醒驾驶员采取安全措施，从而大大降低追尾事故的发生概率，事后驾驶员会惊叹预警的及时性。在这里，当预测到有潜在碰撞危险时进行预警，以此防止或减少追尾事故发生的技术，就是 ADAS 的前向碰撞预警系统所采用的技术。本项目主要从前向碰撞预警系统认知着手，通过丰富的应用实践和应用实例，带大家了解前向碰撞预警系统。

【项目目标】

目标	内容
知识目标	1. 掌握前向碰撞预警系统的基本概念、组成和工作原理。 2. 了解搭载前向碰撞预警系统的车型。 3. 理解前向碰撞预警系统的工作流程。 4. 掌握毫米波雷达的定义、工作原理与组成。 5. 掌握毫米波雷达的测试方法和测试环境搭建方法。 6. 掌握毫米波雷达测距数据的读取方法。 7. 掌握毫米波雷达的测距性能特点。 8. 理解车辆识别技术的工作原理和工作流程
能力目标	1. 能够描述前向碰撞预警系统的概念。 2. 能够描述不同车型的前向碰撞预警系统工作流程。 3. 能够独立完成测试环境的搭建。 4. 能够通过测试总结毫米波雷达的特点。 5. 能够独立安装 Python+PyCharm。 6. 能够独立安装 OpenCV 库。 7. 能够实现对车辆图像及视频的读取

续表

目标	内容
能力目标	8. 能够实现车辆图像及视频的灰度化处理。 9. 能够实现车辆图像及视频的检测与识别
素质目标	1. 具有主动学习的意识，能够将所学知识和技能投入工作实践中，并在工作实践中持续总结。 2. 具备良好的逻辑思维、自我思考、自我解决问题的能力。 3. 具备集体意识和团结协作能力

【知识框架】

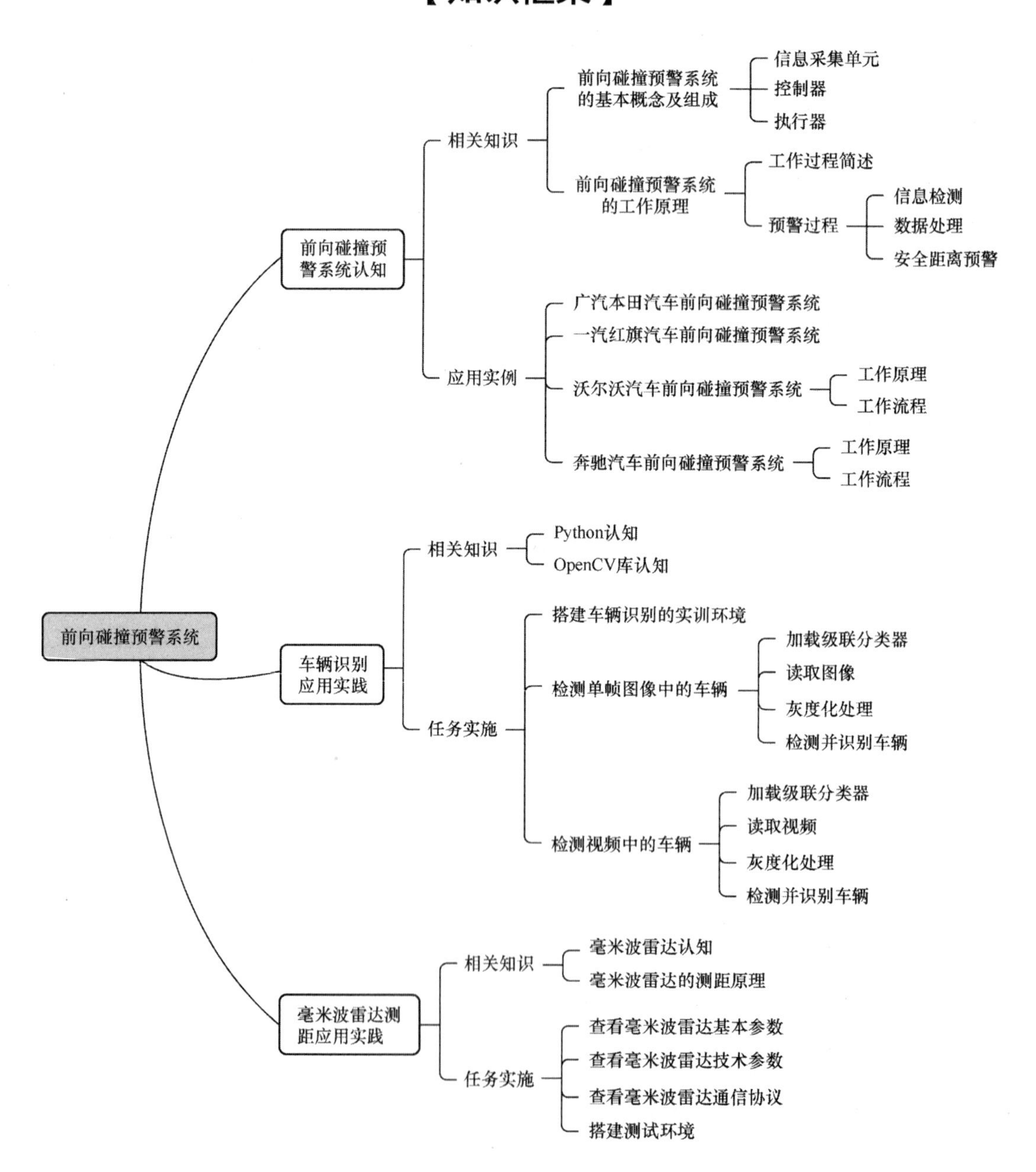

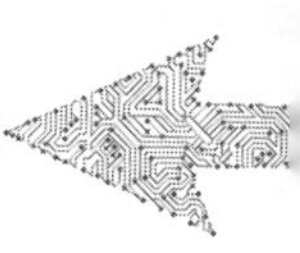

任务 2.1 前向碰撞预警系统认知

【任务导入】

前向碰撞预警系统能提前判断本车与前车之间的距离，在小于安全距离时向驾驶员提供预警，能很好地避免由于驾驶员主观因素导致的交通事故，降低碰撞事故发生的概率。

【相关知识】

2.1.1 前向碰撞预警系统的基本概念及组成

前向碰撞预警系统（Forward Collision Warning，FCW）通过雷达系统来时刻监测前方车辆，判断本车与前车之间的距离、方位及相对速度，当存在潜在碰撞危险时对驾驶者进行警告。前向碰撞预警系统本身不会采取任何制动措施去避免碰撞或控制车辆，需要与其他控制类系统一起使用才能保证行车安全。

前向碰撞预警系统由信息采集单元、控制器和执行器 3 部分组成。前向碰撞预警系统组成及控制逻辑如图 2.1 所示。

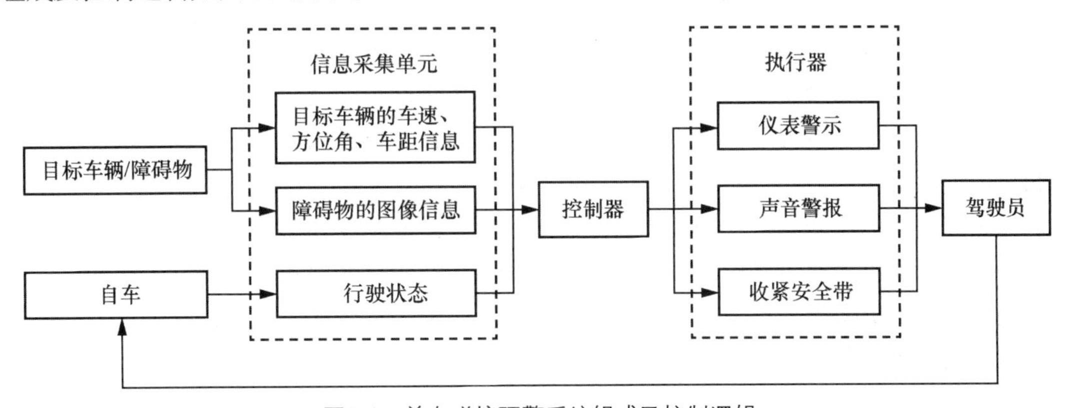

图2.1 前向碰撞预警系统组成及控制逻辑

（1）信息采集单元

信息采集单元是汽车感知周围环境的硬件基础，主要由环境感知传感器构成，其作用是采集目标车辆的车速、方位角、车距信息以及障碍物的图像信息，并将这些信息提供给控制器进行处理。

目前主流的环境感知传感器如图 2.2 所示，有毫米波雷达［见图 2.2（a）］、视觉传感器［见图 2.2（b）］、激光雷达［见图 2.2（c）］，这三大传感器各有优劣势，具体性能对比如表 2.1 所示。

(a) 毫米波雷达

(b) 视觉传感器

(c) 激光雷达

图2.2　环境感知传感器

表 2.1　环境感知传感器性能对比

传感器种类	最远探测距离/m	精度	优势	劣势
毫米波雷达	250	较高	受天气因素影响小，探测距离远、精度高	成本较高，难以分辨目标类型
视觉传感器	50～150	一般	成本低、可识别目标类型	依赖光线，受天气因素影响大，难以精确测距
激光雷达	200	极高	精度极高，能实时扫描周边环境并建立三维模型	受恶劣天气影响大，成本高昂

（2）控制器

控制器是汽车电子控制系统的“大脑”，按功能可分为输入信息处理、微处理机系统和输出信息处理 3 个部分。通过对各个传感器输入的电信号以及部分执行器反馈的电信号进行综合分析与处理，给传感器提供参考电压，然后向执行器发出控制信号，使执行器按照控制目标进行工作。

控制器依据信息采集单元中传感器提供的目标车辆的速度、与前车距离、障碍物的图像等信息，计算出当前应保持的安全距离并与实测车间距离相比较，对车辆当前安全状态进行判断，同时依据控制算法计算结果。若实测车间距离大于安全距离，则进入下一工作循环，否则向执行器发出控制命令。

（3）执行器

执行器是前向碰撞预警系统中的执行机构，将从控制器接收的控制指令转化成对车辆的具体操作。按照控制器发送的控制指令执行具体的操作，如加速、减速、制动、转向等。在前向碰撞预警系统中会根据实测车间距离进行判断，若实测车间距离小于安全距离，前向碰撞预警系统会通过仪表警示或者声音警报等方式提醒驾驶员减速或制动。

2.1.2　前向碰撞预警系统的工作原理

前向碰撞预警系统可以在车辆发生碰撞前进行报警，提醒驾驶员对车辆进行制动，是一种主动安全技术。其预警过程包括信息检测、数据处理和安全距离预警 3 个阶段。前向碰撞预警系统的工作原理如图 2.3 所示。

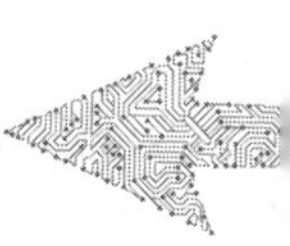

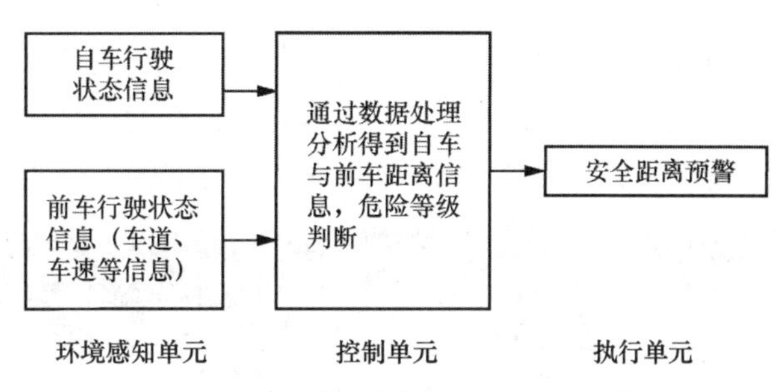

图2.3　前向碰撞预警系统的工作原理

（1）信息检测

信息检测是指通过控制器局域网络（Controller Area Network，CAN）获取自车行驶状态信息，再通过雷达或摄像头获取前车行驶状态信息。

在这个过程中对前车的识别是首要的，识别可通过单个传感器或者多个传感器（如单目视觉传感器、立体视觉传感器、毫米波雷达等）相互融合进行。一般情况下，将特征信息作为检测车辆边缘的约束条件，包含车辆形状、车高与车宽的比例等信息，接下来对图像进行边缘增强处理后获得一些包含车辆信息的水平和垂直边缘特征，从而实现对前车的监测。前车识别示意如图 2.4 所示。

图2.4　前车识别示意

在识别前车后，系统将通过车载传感器（如毫米波雷达、激光雷达、视觉传感器等）实现与前车车距的实时检测，在行车的过程中通过车载传感器实时获取与前车的距离信息，并将此信息传输给控制器进行处理。与前车车距检测示意如图 2.5 所示。

（2）数据处理

数据处理是指根据信息检测阶段提供的信息，利用安全距离预警模型，评估是否有发生碰撞的风险。

安全距离模型的建立要考虑外部环境状态、自车内部情况等诸多因素，如道路情况、自车的行驶状态、自车和前车的相对距离及相对速度、道路通行效率以及驾驶员的主观感觉等，全方位地考虑才能建立起较为安全且符合驾驶员习惯的安全距离预警模型。

图2.5　与前车车距检测示意

（3）安全距离预警

通过雷达测定相对速度，可理解为前车与自车的速度差。自车速度大于前车速度，且两车距离已达到安全距离预警模型中的最小安全距离时，就会自动触发前向碰撞预警系统。具体采取的预警方式包括在仪表板或抬头显示区域显示预警信息或闪烁预警图标、发出报警声音和收紧安全带等，提醒驾驶员采取措施进行规避，驾驶员接收预警信息后对自车采取制动措施，若碰撞风险消失，系统则取消碰撞预警。

【应用实例】

2.1.3　广汽本田汽车前向碰撞预警系统

广汽本田汽车前向碰撞预警系统可以通过控制台上的按钮开启或关闭，其开启或关闭的操作位置如图 2.6 所示。无论上次驾驶车辆时是否已关闭该系统，每次启动发动机时该系统都会自动开启。该系统开启状态下，以下情况均可被激活工作：一是当自车与前方探测到的车辆或行人的速度差约 5km/h 及以上，并且有发生碰撞的可能性时；二是当车速约 100km/h 或更高，且有与前方探测到的车辆或行人发生碰撞的可能性时。

图2.6　开启或关闭的操作位置

当可能发生碰撞时，该系统提供可视警报和声音警报，如图 2.7 所示，此时驾驶员应采取适当的措施以预防碰撞，如采取制动、变换车道等，警报提示会在碰撞得以避免后自动停止。驾驶员可以根据经验与驾驶习惯使用多功能综合信息显示屏设置前方危险警告距离的远、中、近 3 种模式，如设置为远，系统相对保守，将会在与前车或行人保持相对较远距离，但又有可能发生碰撞时启动警报提示。

如图 2.8 所示，系统将可能发生的碰撞分为 3 个阶段并采取不同的措施，处于第一阶段时信息显示屏预警图标闪烁；第二阶段，如驾驶员未采取措施，除了声音警报和可视警报之外，其他辅助系统也会轻微施加制动；第三阶段，当系统判断碰撞难以避免时，除了声音警报和可视警报，其他辅助系统会立即施加强力制动，此时制动踏板会发生较大的行程变化。

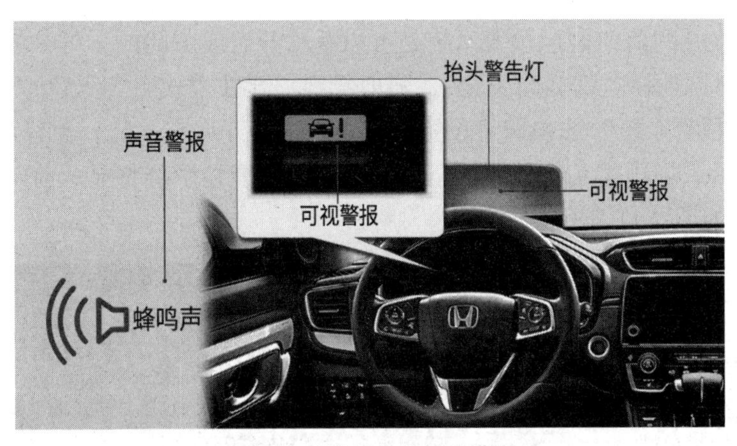

图2.7 系统提供的辅助措施

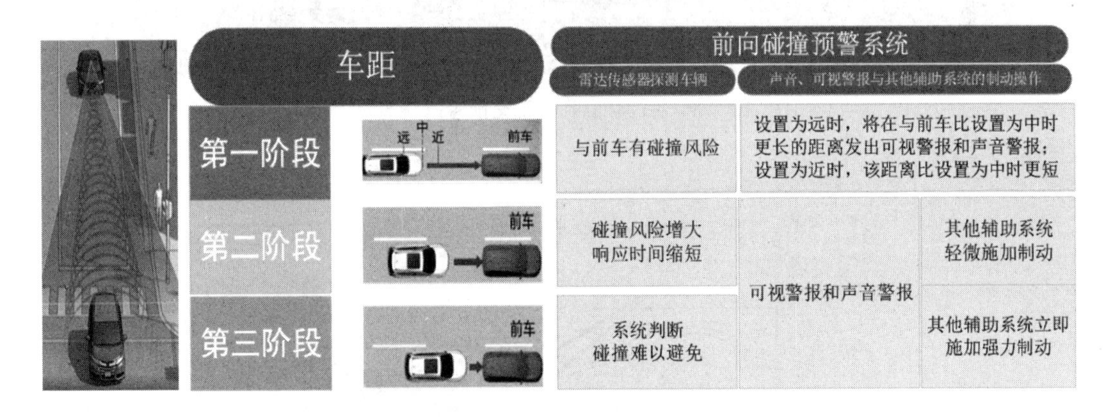

图2.8 前向碰撞警报阶段示意

2.1.4 一汽红旗汽车前向碰撞预警系统

一汽红旗 H9 的前向碰撞预警系统通过自车与目标车辆的相对距离、相对速度、相对加速度等信息，自动判断碰撞风险等级，如果满足条件，系统将发出警报。当系统判断可能发生碰撞时，仪表板会显示报警信息并发出警报音；当碰撞风险升级时，该系统在持续

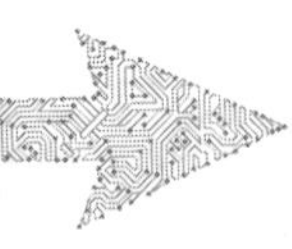

预警的同时，其他辅助系统也会发出类似于点制动效果的制动警报提示，如图 2.9 所示。

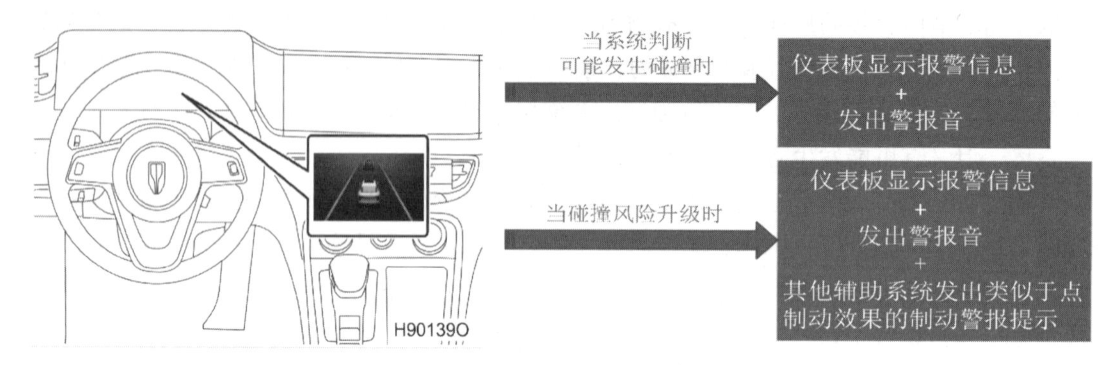

图2.9　一汽红旗H9的前向碰撞预警系统

一汽红旗 H9 的前向碰撞预警系统是可以手动开启或关闭的，可在信息娱乐系统的“车辆设置”中，选择“驾驶与安全”，随即看到“驾驶模式”“巡航功能”等选项，下滑至“前碰撞预警系统”选项即可设置该预警系统的开启与关闭，预警系统默认开启，如图 2.10 所示。当预警系统关闭时，组合仪表多功能显示屏将显示前向碰撞预警系统关闭指示灯，如图 2.11 所示。

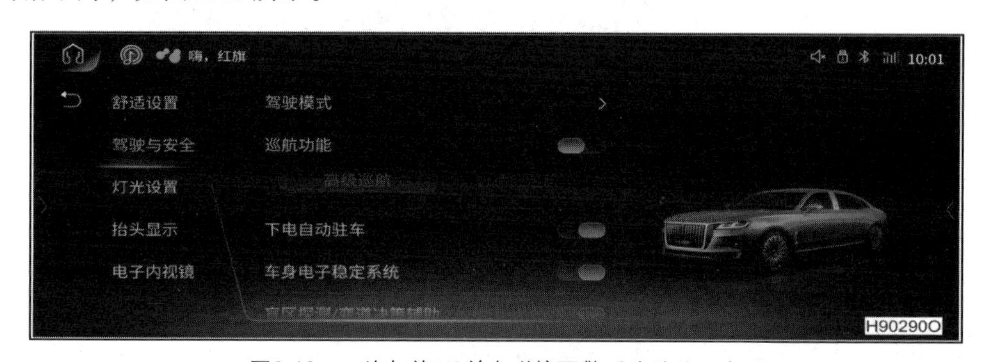

图2.10　一汽红旗H9前向碰撞预警系统默认开启

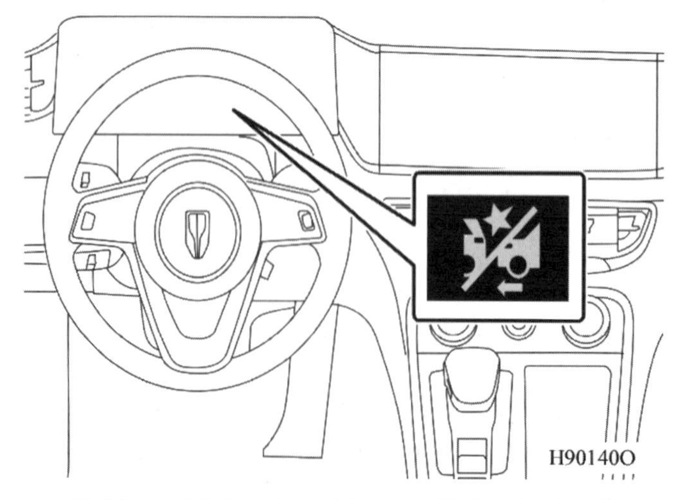

图2.11　一汽红旗H9显示前向碰撞预警系统关闭指示灯

一汽红旗 H5 前向碰撞预警系统的工作流程整体与一汽红旗 H9 基本一致，不同的是组合仪表多功能显示屏显示报警信息的图标不同，如图 2.12 所示。一汽红旗 H5 前向碰撞预警系统也是可以手动设置的，可在组合仪表多功能显示屏的驾驶辅助系统中短按转向盘 OK 键，可对“前防撞预警 / 主动制动” 的开启与关闭进行设置，通过转向盘上下选择按键选择低、中、高后，可对“前防撞预警灵敏度”进行设置，如图 2.13 和图 2.14 所示。如果关闭预警系统，组合仪表多功能显示屏将显示前向碰撞预警系统关闭指示灯，如图 2.15 所示。

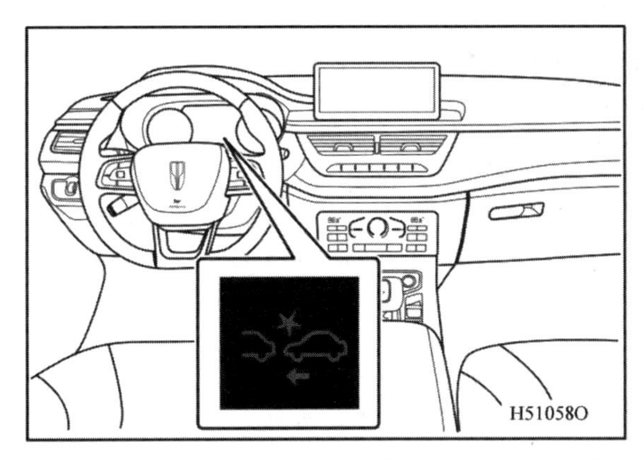

图2.12　一汽红旗H5显示报警信息的图标

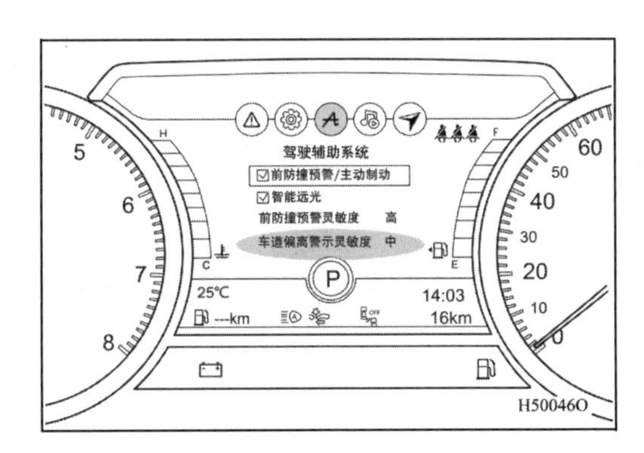

图2.13　一汽红旗H5“前防撞预警 / 主动制动”的开启与关闭设置

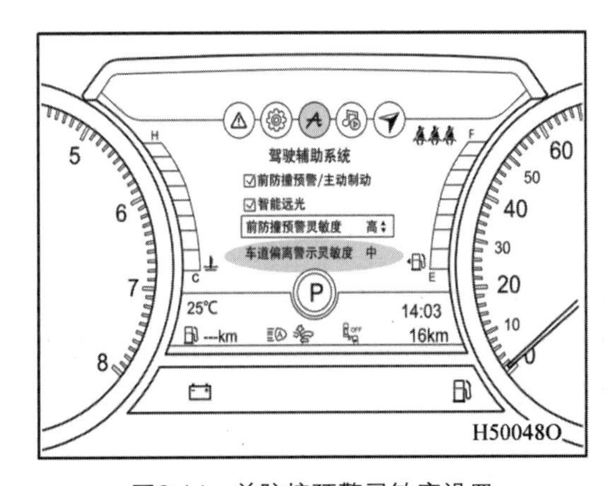

图2.14　前防撞预警灵敏度设置

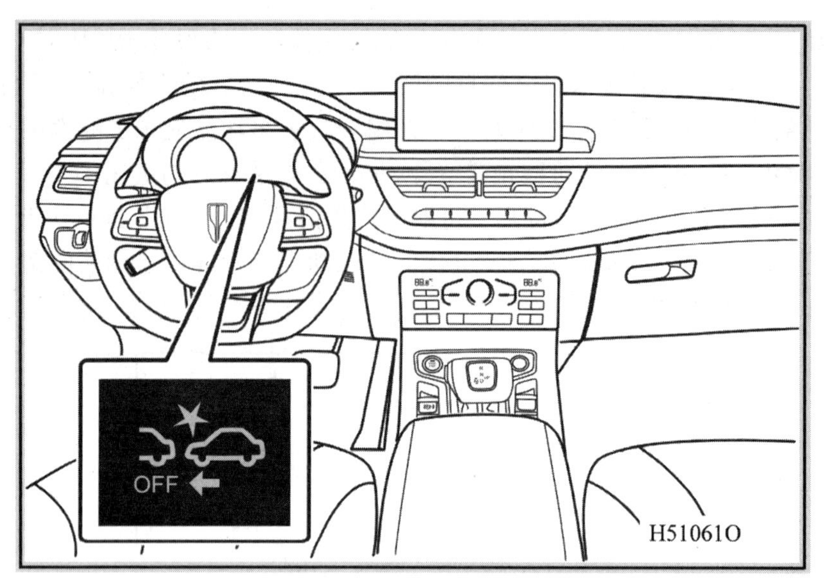

图2.15　一汽红旗H5显示前向碰撞预警系统关闭指示灯

知识拓展　调整或校准前向碰撞预警系统

下列情况需要调整或校准前向碰撞预警系统，否则前向碰撞预警系统可能无法正常工作：

风窗玻璃损坏或更换；

拆装 ADAS 摄像头单元或雷达定位支架；

车辆调整四轮定位后；

前保险杠被撞或变形。

温馨提示

前向碰撞预警系统仅对碰撞危险给出预警，驾驶员必须自行操控制动踏板或转向盘以防碰撞。

前向碰撞预警系统可能无法识别外观特殊的改装车辆或装饰过的车辆。例如：车辆尾部被严重遮挡、车辆形状奇怪（如超载运输树木的车辆）、车辆尾部严重损毁等情况的车辆。

前向碰撞预警系统通过识别车辆尾部来获取信息，所以不会对逆向来车和前方横向穿越车辆做出报警提示。

前向碰撞预警系统可能无法识别行人或自行车等窄小物体。雨、雪、冰、雾或灰尘挡住传感器时，可能导致前向碰撞预警系统性能下降或失效，因此驾驶员必须谨慎驾驶。

2.1.5　沃尔沃汽车前向碰撞预警系统

沃尔沃 XC90、S90、S60 车型均配备了前向碰撞预警系统，被命名为沃尔沃城市安全系统。沃尔沃部分车型的智能安全辅助技术可以有效探测并帮助车辆避免与其他车辆、行人、骑行者和大型动物发生碰撞，不论白天或夜晚，沃尔沃城市安全系统均可以应用，如图 2.16 所示。

图2.16 沃尔沃城市安全系统

沃尔沃城市安全系统工作原理如图 2.17 所示，首先通过环境感知单元获取各类信息，包括道路信息、车辆信息、行人信息等。放置在汽车前部附近的格栅内的小型雷达探测器不断发出高频雷达波，这些波将从最近的物体上反弹并返回传感器。获取这些信息后，系统几乎就可以立即确定另一辆汽车的位置、距离、速度和相对速度，然后利用计算分析系统对各类信息进行分析和计算。如果前方存在车辆并且系统判断存在碰撞危险，系统便会根据预警规则及时向驾驶员发出安全预警，如果驾驶员未及时干预，其他辅助系统将进行主动干预，如自动进行制动。需要注意的是，该系统的工作情况取决于物体的受照明情况，并且在黑暗环境下需要车辆的前照灯和后位灯均处于开启状态。

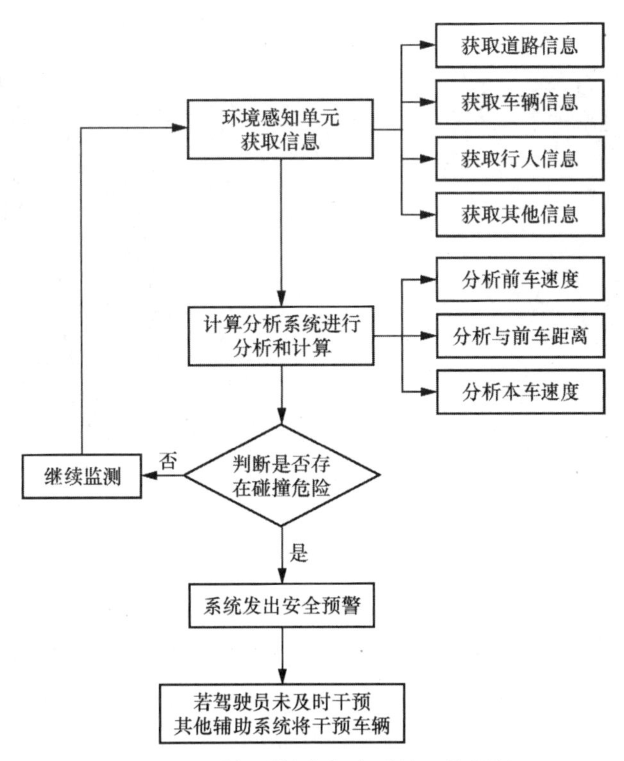

图2.17 沃尔沃城市安全系统工作原理

沃尔沃城市安全系统从启动到关闭所涉及的操作及显示信息如下。

（1）系统启动。沃尔沃城市安全系统在车速不超过 50km/h 时会默认启动，其启动界面如图 2.18 所示。

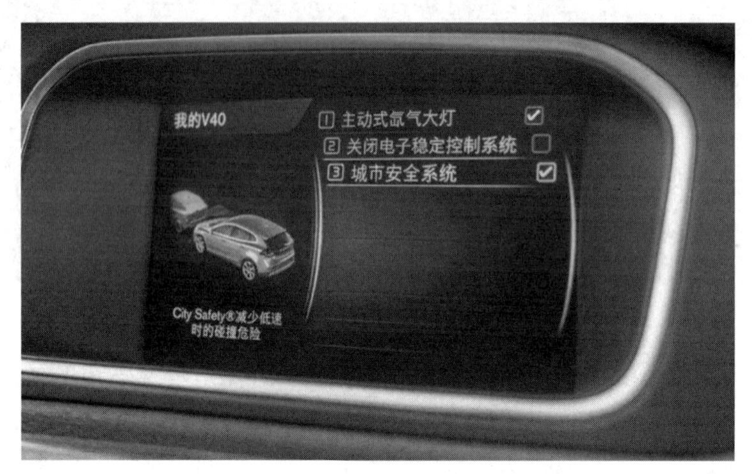

图2.18　沃尔沃城市安全系统启动界面

（2）实时监测。沃尔沃城市安全系统可以实时监测即将发生的碰撞，通过先进的雷达与摄像头技术可监测并识别行人、车辆、骑行者以及大型动物等，其中激光雷达负责监测车辆前方 150m 内的范围，摄像头则负责监测车辆前方 55m 内的车辆动态，结合毫米波雷达，可以有效地识别身高超过 80cm 的行人。而且无论是在日间还是在黎明或黄昏的弱光环境下均可通过监测识别潜在危险，该系统监测情况如图 2.19 所示。

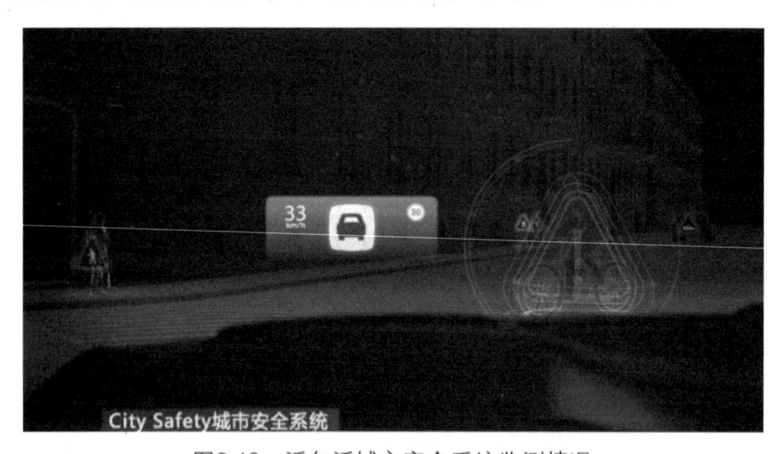

图2.19　沃尔沃城市安全系统监测情况

（3）分析预警。当发现危险时，沃尔沃城市安全系统可发出视听警告信号，必要时将自动采取紧急制动措施或提供助力转向，帮助车辆避免或者减缓碰撞，降低损失。据沃尔沃公司表示，沃尔沃城市安全系统的分析计算速度可达到每秒 50 次，可以根据距离和车速等信息准确分析出需要在什么时候进行预警或者制动才能够避免碰撞的发生。

（4）制动干预。在当系统监测到前车存在制动、停车行为或者有其他障碍物存在，而驾驶员未及时采取措施的情况下，沃尔沃城市安全系统会自动在制动系统上加力，对制动

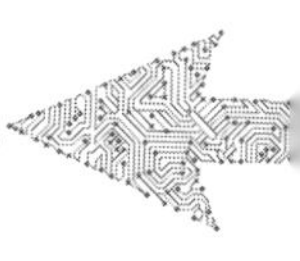

器进行预充压，以帮助驾驶员缩短制动距离，如果自车与前车的相对速度差低于 15km/h，沃尔沃城市安全系统可帮助驾驶员避免碰撞；当两车的相对速度差为 15 ~ 30km/h 时，沃尔沃城市安全系统可在碰撞发生前将速度降至最低，还可以通过调整转向盘来改变车辆的行驶路径以避开前车；而当自车距离障碍物很近，已经小于安全距离时，制动器便会自动制动以避免发生碰撞。沃尔沃城市安全系统制动干预如图 2.20 所示。

图2.20　沃尔沃城市安全系统制动干预

（5）系统关闭。以 V40 车型为例，在沃尔沃车内显示系统中找到“我的 V40”选项就可以将“城市安全系统”功能关闭，如图 2.21 所示。不同沃尔沃车型，选项会略有不同，但大同小异。当然其作为安全系统，如果关闭就失去所存在的意义了。

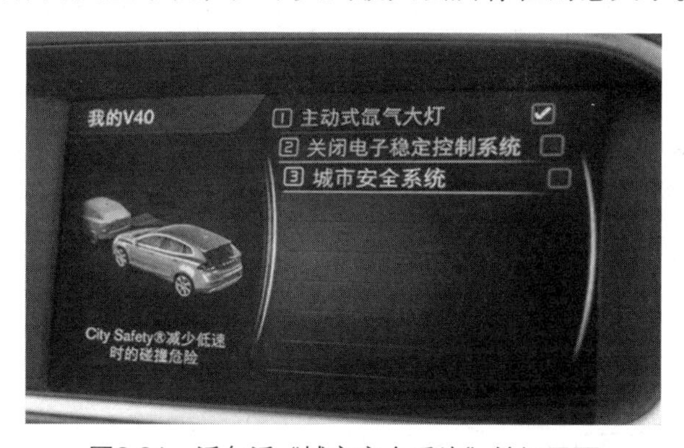

图2.21　沃尔沃“城市安全系统”关闭界面

知识拓展　沃尔沃的汽车安全特性

在遇到无法避免的碰撞时，沃尔沃的安全技术（如安全气囊、汽车座椅等）能够发挥重要作用。

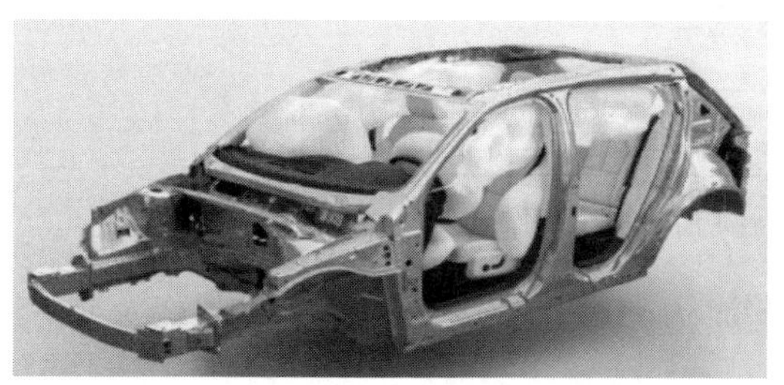

图2.22　沃尔沃安全气囊工作示意

安全气囊：沃尔沃不断改进安全气囊技术，并接连发明了侧向气囊和安全气帘。如今，沃尔沃汽车标配一系列安全气囊，能够在发生碰撞时有效保护驾驶员和乘客，沃尔沃安全气囊工作示意如图 2.22 所示。

汽车座椅：沃尔沃汽车座椅专为提高安全性与舒适度打造，如图 2.23 所示。座椅之间的框架能够吸收能量，降低对脊柱的损害；内置头颈部安全保护系统有助于降低颈部扭伤的风险。

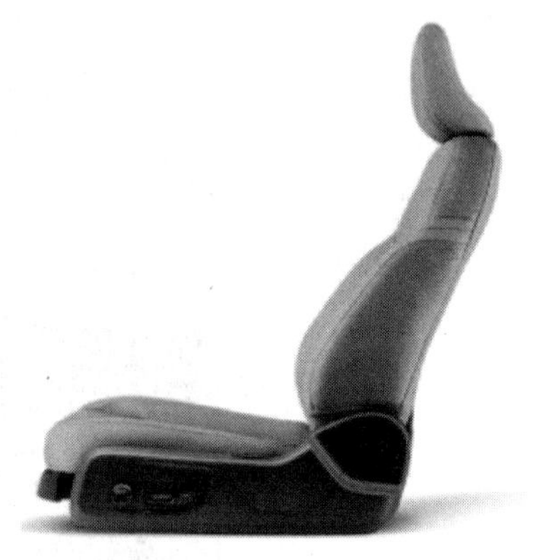
图2.23　沃尔沃汽车座椅示意

2.1.6　奔驰汽车前向碰撞预警系统

奔驰汽车前向碰撞预警系统工作原理如图 2.24 所示，该系统的增强版可针对碰撞提供三重保护，有助于最大程度地降低碰撞风险并减轻事故损失。当车速在 7～250km/h 时，如果自车与前车的安全距离小于驾驶员设定的安全距离，则仪表板中的警告灯将亮起；如果车距继续快速缩短，将响起间歇式警告音。当车速在 7～250km/h 时可以识别与移动物体的碰撞风险；当车速在 7～80km/h 时可以识别与静止物体的碰撞风险。在车距继续快速缩短，但驾驶员未及时干预的情况下，其他辅助系统也会被启动，如主动制动辅助系统可在紧急制动时为驾驶员提供帮助。

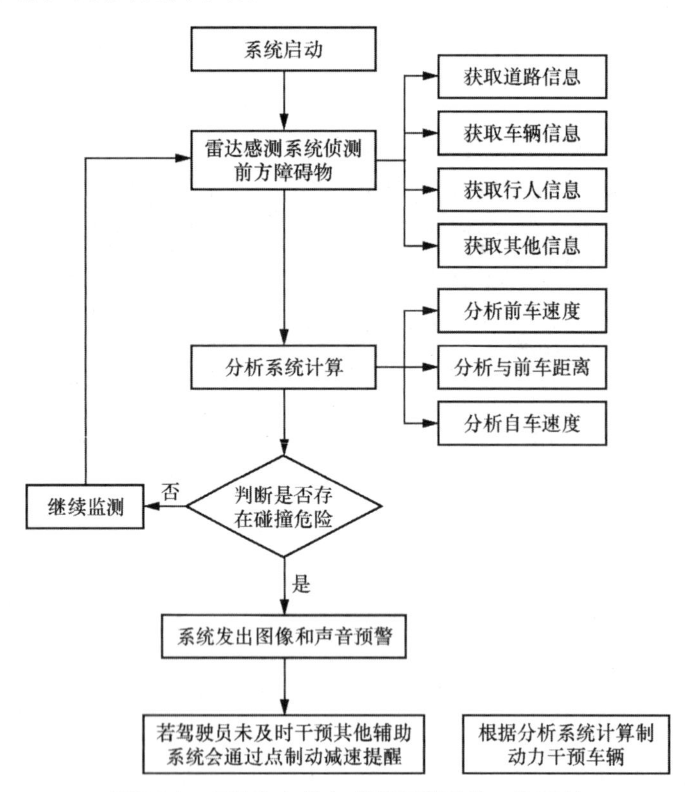

图2.24　奔驰汽车前向碰撞预警系统工作原理

以奔驰 GLC 车型搭载的前向碰撞预警系统为例介绍该系统可能涉及的操作及显示信息，该系统被奔驰命名为“防撞辅助系统”。

（1）系统启动/关闭。在中央信息显示屏中，如图 2.25 所示，找到“防撞辅助系统”选

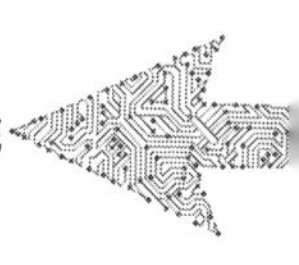

项，在此显示屏中按下“OK”键，可对该系统的启动/关闭进行选择，并且在驾驶员前方的仪表板中央的辅助系统图示功能表中通过相关符号予以显示。

图2.25　防撞辅助系统开启位置

（2）实时监测。当此系统开启后，防撞辅助系统将利用雷达感测系统协助侦测车辆前方障碍物，并利用分析系统计算出必要的制动力以辅助制动，防撞辅助系统动态监测前方目标信息。当识别到前方目标，但间距超过预警距离时，系统不会报警但会在仪表板中央显示信息提示前方有车辆，如图 2.26 所示；当识别到前方目标不断接近甚至间距小于 100m，但间距未达到预警距离时，系统不会报警，但会在仪表板中央显示前方目标及与自车的距离信息，具体如图 2.27 所示。

图2.26　防撞辅助系统监测情况

图2.27　防撞辅助系统监测与前方目标间距小于100m的情况

（3）分析预警。若车速达到 30km/h 或以上，自车与前方目标的间距小于预警距离时，仪表板上的警示灯会在与前方目标无法保持安全距离时亮起红色警示灯，如图 2.28 所示。若自车持续接近前方目标，预警系统不仅亮起仪表板上的红色警示灯，还会发出间歇的“嘀嘀嘀嘀”的声音预警。

图2.28　防撞辅助系统预警提示

（4）制动干预。由车辆前方的测距探头不断监测与前方目标的距离，并根据按照自车速度、相对车速建立的数学模型和控制算法计算出自车是否处于安全行驶状态。若车距太近（见图 2.29）则立刻报警提醒驾驶员，若驾驶员未及时干预，其他辅助系统会通过点制动减速提醒。若危险仍未解除，其他辅助系统将会连续紧急制动直至危险解除。有些车型的防撞辅助系统还会预先收紧安全带、自动调整前排乘客座椅，并关闭所有车窗和天窗，以此防止发生碰撞时产生的异物飞入车内。

图2.29　防撞辅助系统制动干预

【巩固与提升】

1．单选题

（1）以下不属于前向碰撞预警系统组成的是（　　）。

A．信息采集单元　　B．控制器

C．执行器　　D．单片机

（2）前向碰撞预警系统可以在车辆发生碰撞前进行报警，提醒驾驶员对车辆进行制动，是一种（　　）。

A．主动安全技术　　B．被动安全技术

C．前瞻技术　　D．创新技术

（3）（　　）最远探测距离能达到 250m。

A. 毫米波雷达　　B. 激光雷达
C. 视觉传感器　　D. 超声波雷达

（4）（　　）成本低，可识别目标类型。

A. 毫米波雷达　　B. 激光雷达
C. 视觉传感器　　D. 超声波雷达

（5）信息检测通过控制器局域网络获取自车状态信息，通过雷达或（　　）获取前车行驶状态信息。

A. 超声波　　B. 执行器　　C. 摄像头　　D. 道路信息

（6）安全距离预警分为（　　）个级别。

A. 5　　B. 3　　C. 4　　D. 2

（7）在行车的过程中通过车载传感器实时获取与前车的距离信息，并将此信息传输给（　　）进行处理。

A. 控制器　　B. 信息采集单元
C. 执行器　　D. 视觉传感器

（8）防撞辅助系统利用雷达感测系统侦测前方障碍物时，不包括（　　）。

A. 道路信息　　B. 行车信息　　C. 行人信息　　D. 其他信息

（9）防撞辅助系统利用分析系统进行计算时，不包括（　　）信息。

A. 本车速度　　B. 前车速度
C. 与前车距离　　D. 本车加速度

2. 简答题

（1）描述前向碰撞预警系统的工作原理。

（2）说出前向碰撞预警系统的应用。

（3）描述沃尔沃前向碰撞预警系统的工作原理。

【任务小结】

本任务主要介绍了前向碰撞预警系统认知，包括搭载前向碰撞预警系统的一些车型和对应操作，以及所搭载系统的工作原理和具体的工作流程。通过本任务的学习，学生应该能够理解前向碰撞预警系统的工作原理和具体系统响应预警的工作流程。

任务 2.2　车辆识别应用实践

【任务导入】

智能网联时代的汽车行业，对新学科、新型人才的需求，与传统汽车行业有着明显不同。

对职业院校学生来说，智能网联汽车人才需求更偏重数据采集、数据标定与测试、智能网联汽车研发助理等，行业急需“汽车 + 互联网技术 + 通信”的复合型技能人才。

技能人才需求企业大多集中在以摄像头、毫米波雷达和激光雷达为主要代表的智能传感器制造企业、整车和零部件企业，以及以车路协同为主要代表的信息技术企业，这些企业对技能人才的要求，表现在知识、能力、专业技能和素质等层面。其中知识层面，由于智能网联汽车是人工智能技术的应用场景，因此涉及电子、计算机、通信、汽车与交通等多方面知识，要求一专多能。

在前向碰撞预警系统中，首先需要利用摄像头获取车辆、行人、障碍物等的原始图像，然后基于一定的模型和算法进行环境感知分析，实现对障碍物的监测、定位和识别，从而为实现雷达传感器测距以及预警模型的建立提供基础。车辆识别中的视频信息可以理解为多帧的图片信息，所以本任务的实施将根据系统中录入的单帧图像和视频信息分别进行车辆监测与识别。

【相关知识】

人工智能现已被广泛应用于智能网联汽车 ADAS 以及自动驾驶领域，从自动驾驶初创公司、互联网公司到各大原厂委托制造商（Original Equipment Manufacturer，OEM），都正在积极探索如何通过机器学习和深度学习技术实现最终的自动驾驶解决方案。

机器学习是指计算机程序通过已知经验数据进行训练，通过迭代训练以提高其在指定任务上预测准确性的过程。机器学习算法通常分为三大类，分别是监督学习、无监督学习和强化学习。其主要应用在无人车环境感知和行为决策。在环境感知的应用属于监督学习的范畴，例如对摄像头中的图像进行物体识别；在行为决策中的应用一般属于强化学习的范畴，强化学习是从大量与环境交互的样本数据中，学习环境与行为的映射关系，从而使智能设备每感知一次环境，就能“智能”地做出行为。监督学习为强化学习提供了必要的环境信息，将“场景理解”的结果，输入强化学习模型当中，在监督学习的加持下，强化学习可以完成转向盘操作优化、路径规划和轨迹优化、动态路径规划、基于场景的高速公路及交叉路口的合并与拆分等高难度自动驾驶任务，通过来自专家系统的逆向强化学习，增加对行人、车辆等交通参与者的意图预测，并确保安全操作的执行优先级。而深度学习（机器学习的一个具体分支，其中既有监督学习方法，又有无监督学习方法）一定程度上是在模拟人脑从外界环境中学习、理解甚至解决模糊歧义的过程，可以自动地学习如何完成给定的任务，譬如识别图像、语音甚至控制无人汽车自动行驶等。

Python 是一种非常适合机器学习、深度学习项目的计算机程序设计语言，本次车辆识别应用实践就是基于 Python 开发环境搭建的，所以我们先来了解一下 Python。

2.2.1 Python认知

1. Python 简介

Python 是一种跨平台的计算机程序设计语言。它是一种高层次的结合了解释性、编译

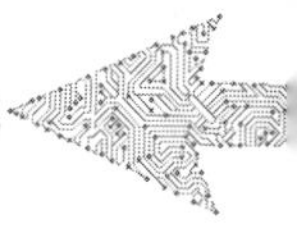

性、互动性和面向对象的脚本语言。最初被设计用于编写自动化脚本，随着其版本的不断更新和语言新功能的添加，越来越多地被用于独立、大型项目的开发。Python 是一种解释型脚本语言，可被应用于 Web 和 Internet 开发、科学计算和统计、人工智能、桌面界面开发、软件开发、后端开发和网络爬虫等领域。

2. Python 发展历史

Python 是由 Guido van Rossum（吉多·范·罗苏姆）于 20 世纪 80 年代末和 90 年代初，在荷兰国家数学与计算机科学研究中心设计出来的。Python 本身也是由诸多其他语言发展而来的，包括 ABC、Modula-3、C、C++、Algol-68、SmallTalk、UNIX Shell 和其他的脚本语言。Python 2.7 被确定为最后一个 Python 2.*x*，它除了支持 Python 2.*x* 语法，还支持部分 Python 3.1 语法。

3. Python 特点

①易于学习：Python 有相对较少的关键字和明确定义的语法，结构简单，学习起来更加简单。

②易于阅读：Python 代码定义得更清晰。

③易于维护：Python 的成功在于它的源代码是相当容易维护的。

④支持广泛的标准库：Python 的最大的优势之一是其具有丰富的、跨平台的库，与 UNIX、Windows 和 Macintosh 等兼容得很好。

⑤支持互动模式：Python 是一种支持互动模式，可以从终端输入执行代码并获得结果的语言、互动的测试和调试代码片段。

⑥可移植：基于其开放源代码的特性，Python 已经被移植（也就是使其工作）到许多平台。

⑦可扩展：如果需要一段运行很快的关键代码，或者是想要编写一些不愿开放的算法，可以使用 C 或 C++完成那部分程序，然后从 Python 程序中调用。

⑧支持数据库：Python 提供所有主要商业数据库的接口。

⑨支持 GUI 编程：Python 支持 GUI（Graphical User Interface，图形用户界面）编程，可以创建和移植到许多系统调用。

⑩可嵌入：可以将 Python 嵌入 C/C++程序，让程序用户获得“脚本化”的能力。

2.2.2 OpenCV库认知

Python 具有非常丰富的库，被广泛应用于机器学习和数据科学，借助这些库可以轻松实现项目需求。本节主要介绍机器视觉 OpenCV 库。

OpenCV 是一个跨平台的计算机视觉库，可以运行在 Linux、Windows 和 macOS 操作系统中。它轻量级而且高效——由一系列 C 函数和少量 C++类构成，同时也提供了 Python 接口，实现了很多图像处理和计算机视觉方面的通用算法。车辆识别属于计算机视觉领域应用，计算机视觉是一个跨学科领域，旨在用摄像头和计算机代替人眼对目标进行识别、跟踪和测量，之后对图像做进一步处理。

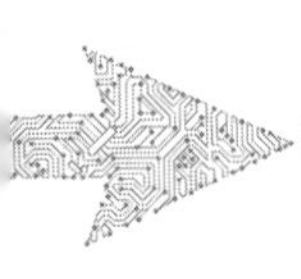

【任务实施】

2.2.3 搭建车辆识别的实训环境

完成车辆识别应用实践，首先需要配置相应的环境。集成开发环境（Integrated Development Environment，IDE）是用于提供程序开发环境的应用程序，一般包括代码编辑器、编译器、调试器和图形用户界面等工具。PyCharm 是一种 Python IDE，带有一整套工具，可以帮助用户在使用 Python 语言开发时提高其效率，比如调试、语法高亮、项目管理、代码跳转、智能提示、自动完成、单元测试、版本控制等工具。用 PyCharm 工具完成 Python 应用是非常高效的一种方式，因此下面以 Windows 为例，介绍 Python+PyCharm 环境配置方法以及 OpenCV 库的安装。

1. Python+PyCharm 环境配置方法

（1）Python 下载与安装

①在 Python 的官网（见图 2.30）下载对应版本。进入官网后选择下载位置以及对应版本（这里以 Python3.7.9 版本为例）并进行下载，如图 2.31 所示。

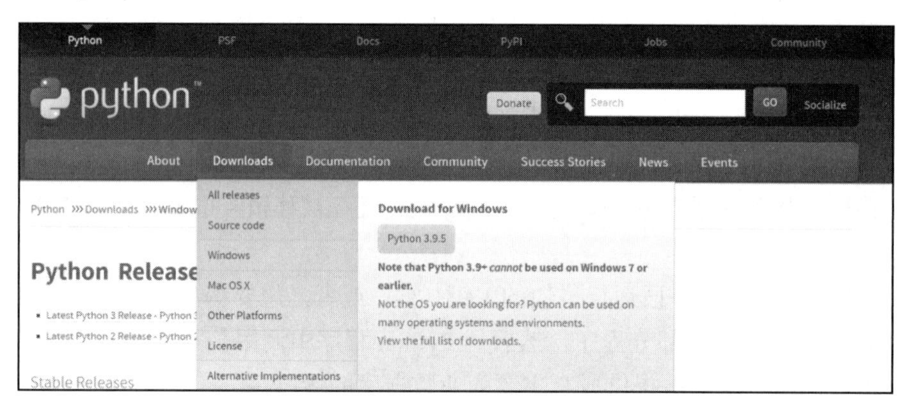

图2.30 Python官网界面

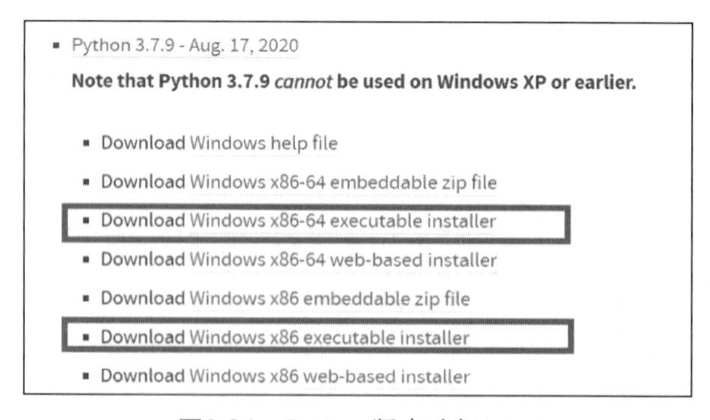

图2.31 Python版本选择界面

②下载完成之后双击打开安装文件，在弹出的对话框中选中“Add Python 3.7 to PATH”复选框，添加路径，在 Python 安装方式选择界面中单击“Customize installation”选项进行自定义安装，如图 2.32 所示。

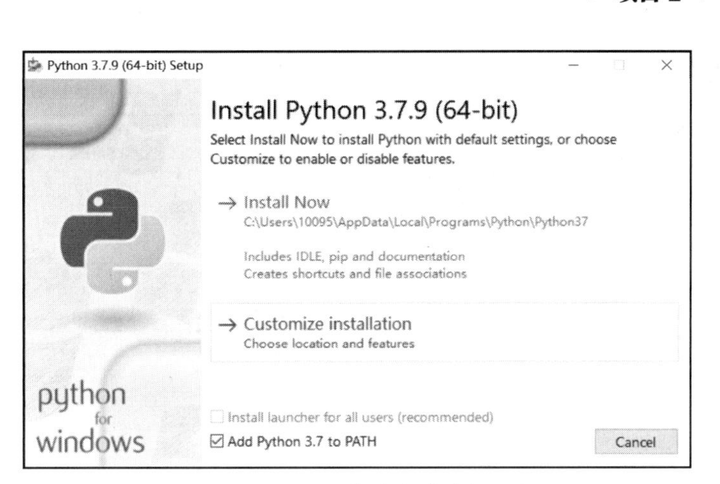

图2.32　Python安装方式选择界面

③如图 2.33 所示，在弹出的 Python 安装选项界面中，单击“Next”按钮，进入下一步。

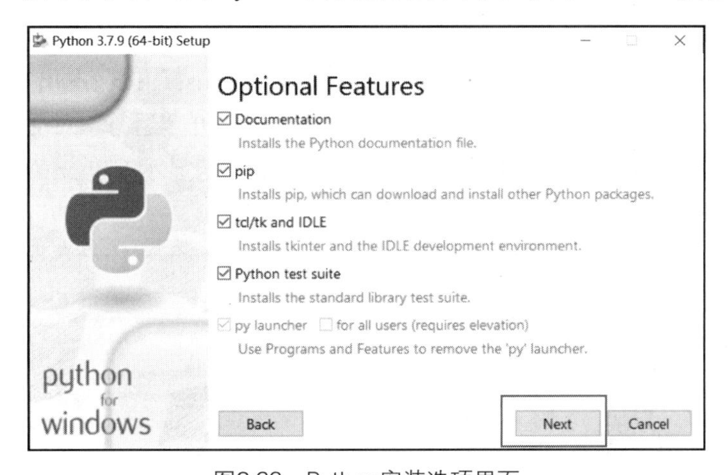

图2.33　Python安装选项界面

④如图 2.34 所示，在弹出的 Python 安装位置选择界面中选择一个安装位置，单击“Install”按钮，开始安装。

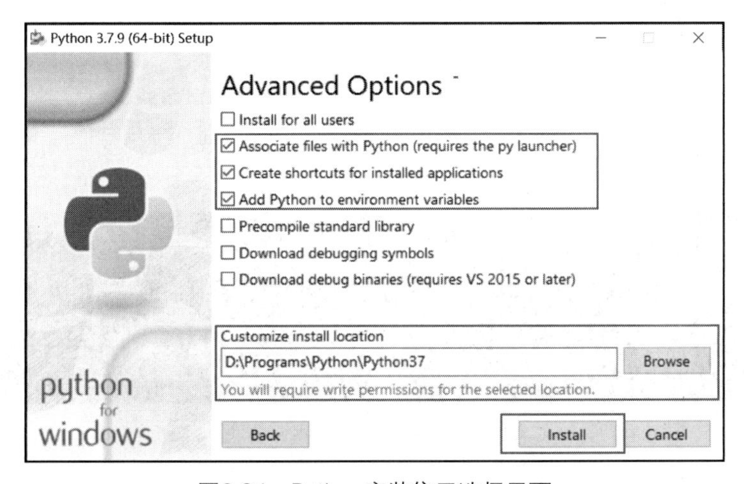

图2.34　Python安装位置选择界面

⑤等待进度条加载完毕，如图 2.35 所示。

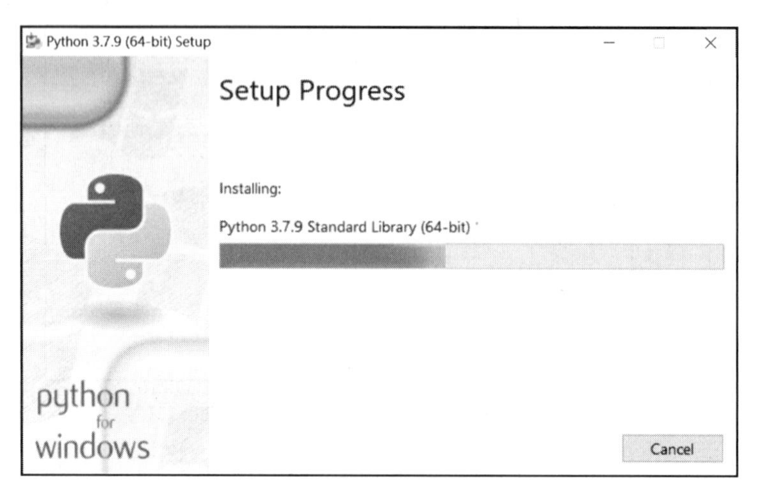

图2.35　Python安装进度界面

⑥出现图 2.36 所示的提示则表示安装完毕，单击“Close”按钮退出安装界面。

⑦验证 Python 是否安装成功：按“Win+R”组合键打开“运行”对话框，输入 cmd 并按“Enter”键；在打开的窗口中直接运行语句“python”若显示 Python 对应版本则表示安装成功，如图 2.37 所示。

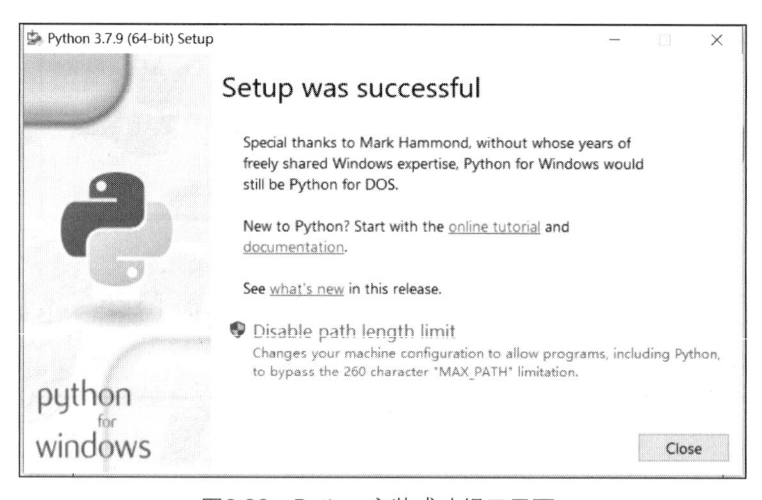

图2.36　Python安装成功提示界面

```
命令提示符 - python
Microsoft Windows [版本 10.0.19042.985]
(c) Microsoft Corporation。保留所有权利。

C:\Users\10095>python
Python 3.7.9 (tags/v3.7.9:13c94747c7, Aug 17 2020, 18:58:18) [MSC v.1900 64 bit (AMD64)] on win32
Type "help", "copyright", "credits" or "license" for more information.
>>>
```

图2.37　Python安装测试界面

⑧如果前面步骤②中未选中自动添加环境变量的相关选项，或者添加环境变量失败，

需要手动设置环境变量，在 Windows 中设置环境变量方式如下。

- 右键单击桌面“计算机”图标，在弹出的快捷菜单中选择“属性”选项。
- 单击“高级系统设置”选项，在弹出的“系统属性”对话框中单击“环境变量”按钮，然后在“系统变量”列表中选择“Path”选项，双击。
- 在“Path”行，添加 Python 安装路径（注意，路径直接用英文状态下分号“;”隔开）。

代码如下。

D:\Programs\Python\Python37

D:\Programs\Python\Python37\Scripts

⑨也可以打开 Python 解释器，运行程序进行测试，如图 2.38 所示。

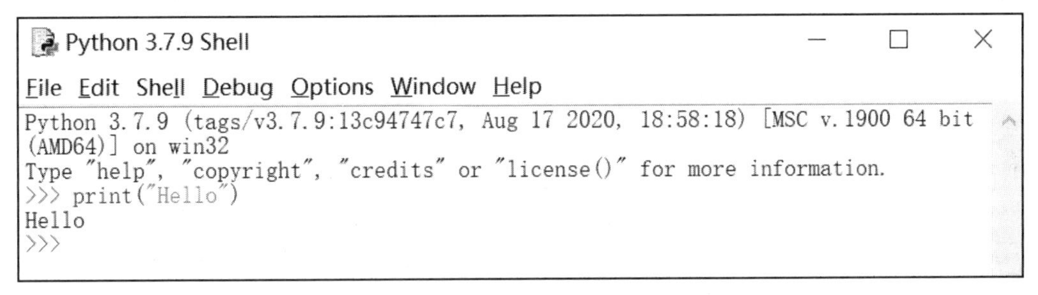

图2.38　Python解释器中的测试界面

（2）PyCharm 下载与安装

①进入 PyCharm 官网界面，如图 2.39 所示，进入后可以看到 PyCharm 有两个版本，分别是 Professional（专业版）和 Community（社区版）。其中，专业版是收费的，可以免费试用 30 天；而社区版是完全免费的。建议初学者使用社区版，更重要的是，使用该版本不会影响学习 Python。

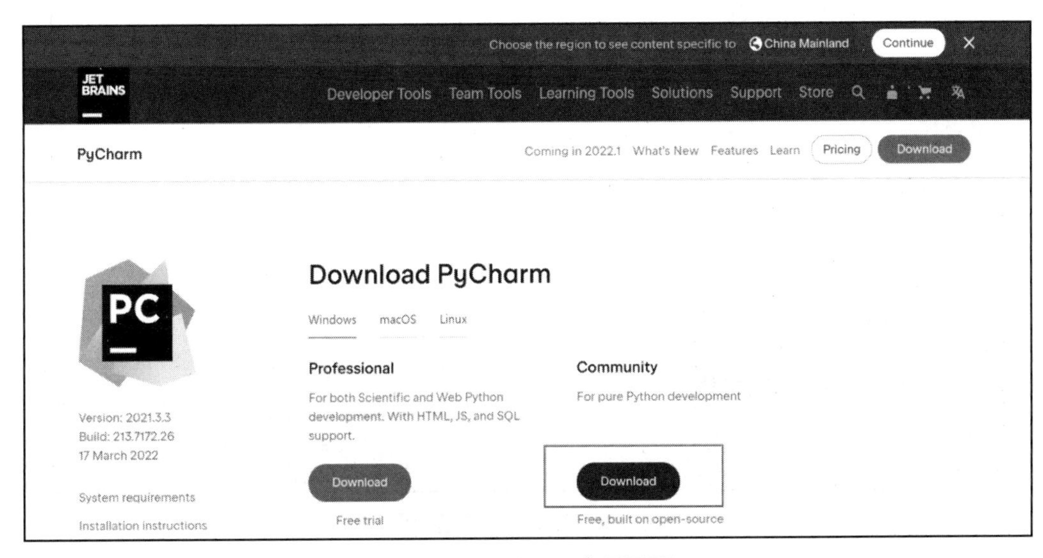

图2.39　PyCharm官网界面

这里需要注意，默认下载的是最新版本，仅支持 64 位，可以选择其他版本，如图 2.40 所示。

Version 2020.3　2020.3.5

PyCharm Professional Edition	PyCharm Community Edition	
2020.3.5 - Linux (tar.gz)	2020.3.5 - Linux (tar.gz)	Version: 2020.3.5 (Release notes) Build: 203.7717.81 Released: 26 March 2021
2020.3.5 - Windows (exe)	2020.3.5 - Windows (exe)	
2020.3.5 - macOS (dmg)	2020.3.5 - macOS (dmg)	Major version: 2020.3 Released: 2 December 2020
2020.3.5 - macOS Apple Silicon (dmg)	2020.3.5 - macOS Apple Silicon (dmg)	PyCharm Professional Edition third-party software PyCharm Community Edition third-party software

图2.40　PyCharm版本选择界面

②如图 2.39 所示，单击“Download”按钮进行下载，之后等待下载完成。下载完成后，会得到一个 PyCharm 安装包。双击打开下载的安装包，正式开始安装。在 PyCharm 欢迎界面中直接单击“Next”按钮，如图 2.41 所示。

③可以看到图 2.42 所示的 PyCharm 安装位置选择界面，本步骤中可自定义 PyCharm 的安装路径，建议不要安装在系统盘（通常 C 盘是系统盘），这里选择安装到 D 盘。继续单击“Next”按钮。

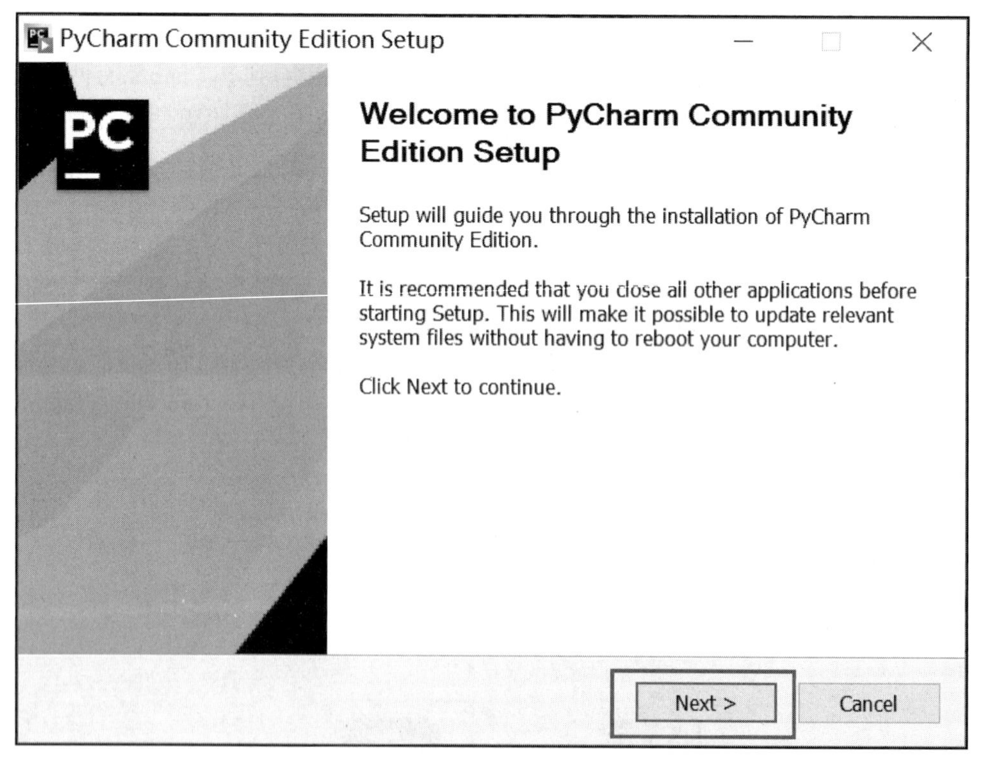

图2.41　PyCharm欢迎界面

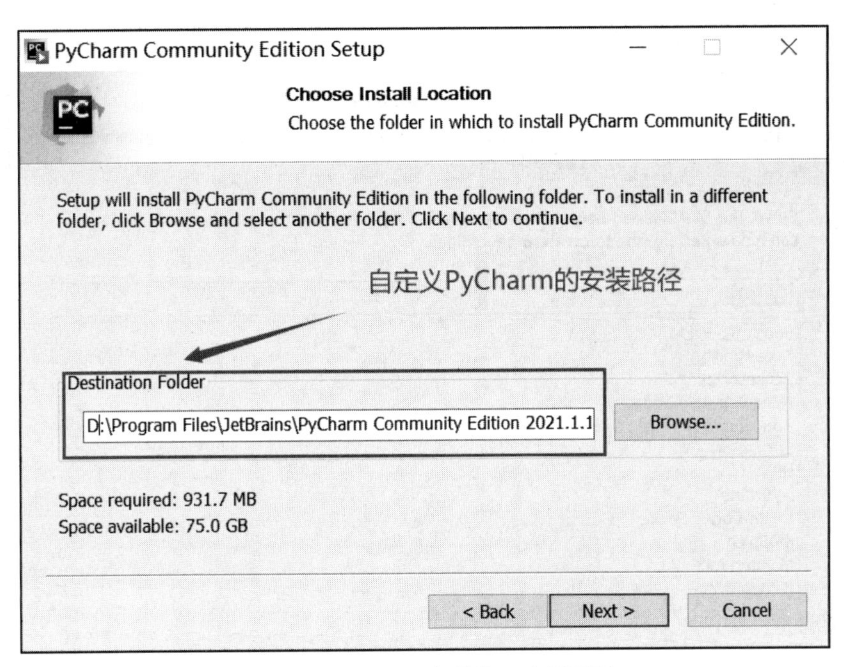

图2.42　PyCharm安装位置选择界面

④这里需要进行一些设置，可自行选择需要的功能，若无特殊需求，按如图 2.43 所示设置即可，继续单击“Next”按钮。由于版本不断更新，界面可能存在不同，按需要选中需要的选项即可。

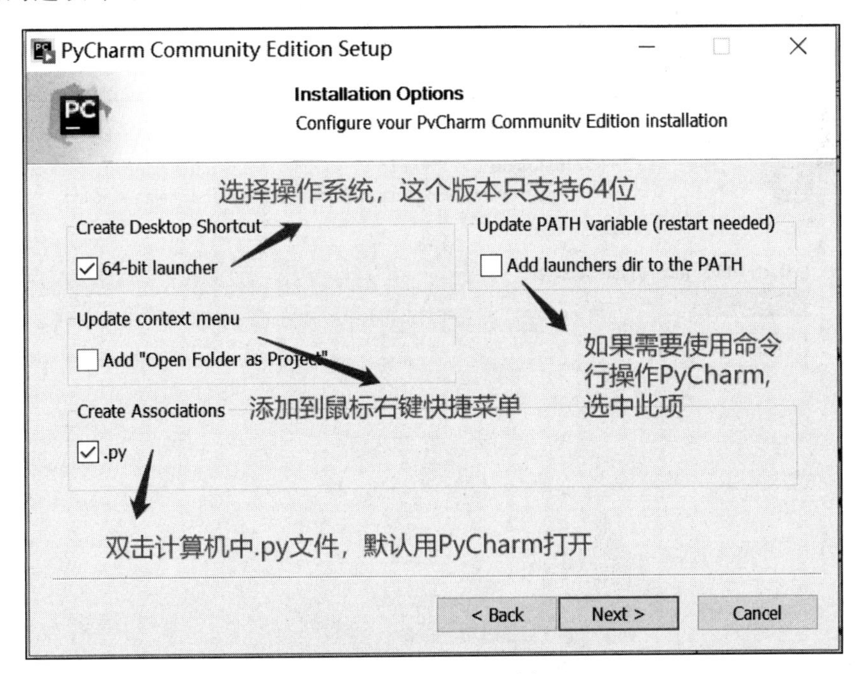

图2.43　PyCharm选项选择界面

⑤进入图 2.44 所示的界面，这里选择默认即可，单击“Install”按钮，并等待安装进度条达到 100%，PyCharm 就安装完成了。

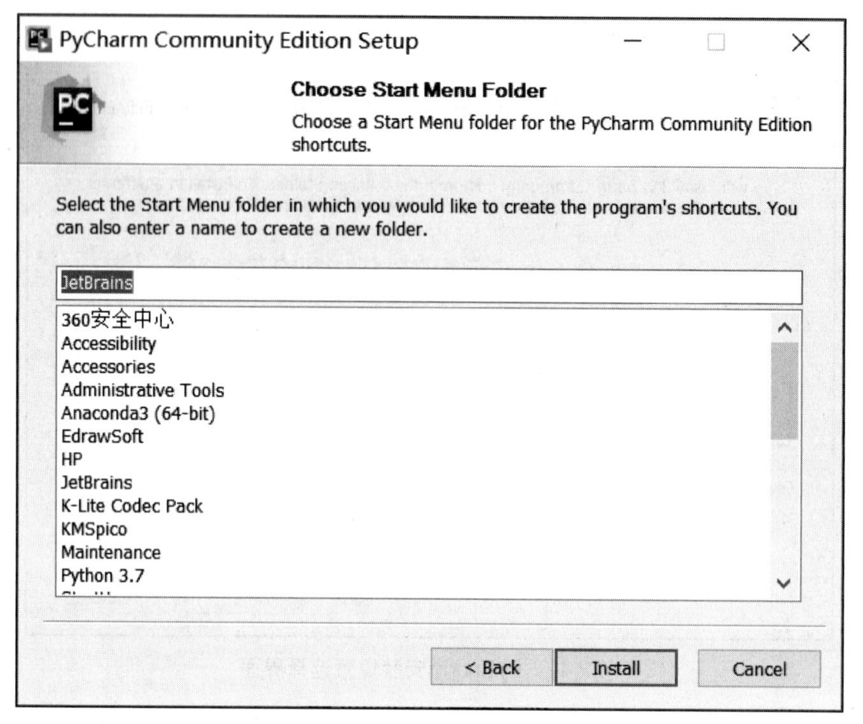

图2.44　PyCharm选项选择界面

需要注意的是，首次启动 PyCharm，会自动进行 PyCharm 配置（选择 PyCharm 界面显示风格等），可根据自己的喜好进行配置，由于配置过程非常简单，这里不给出具体图示。也可以直接退出，即表示全部选择默认配置，如图 2.45 和图 2.46 所示。

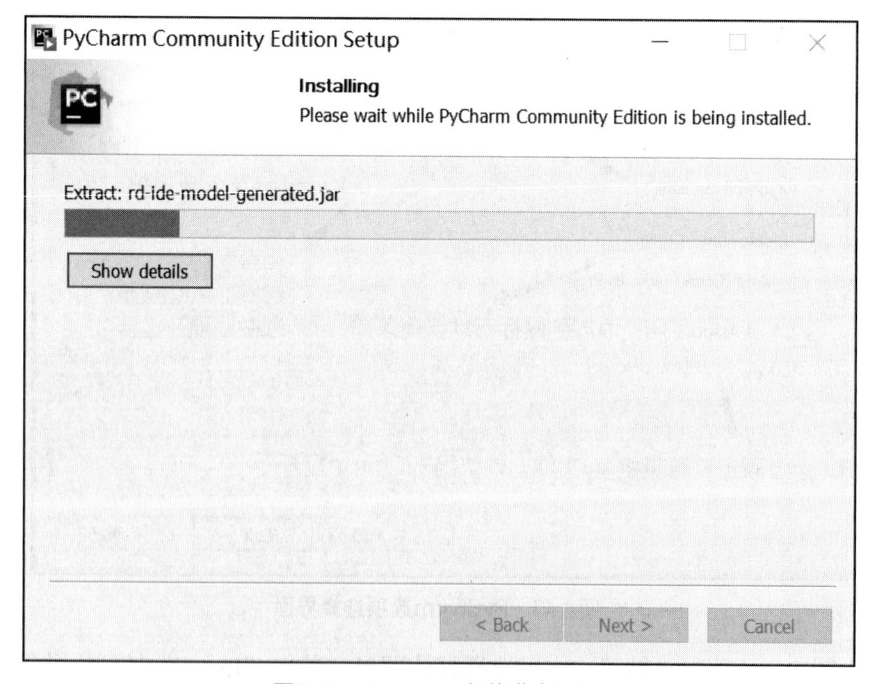

图2.45　PyCharm安装进度界面

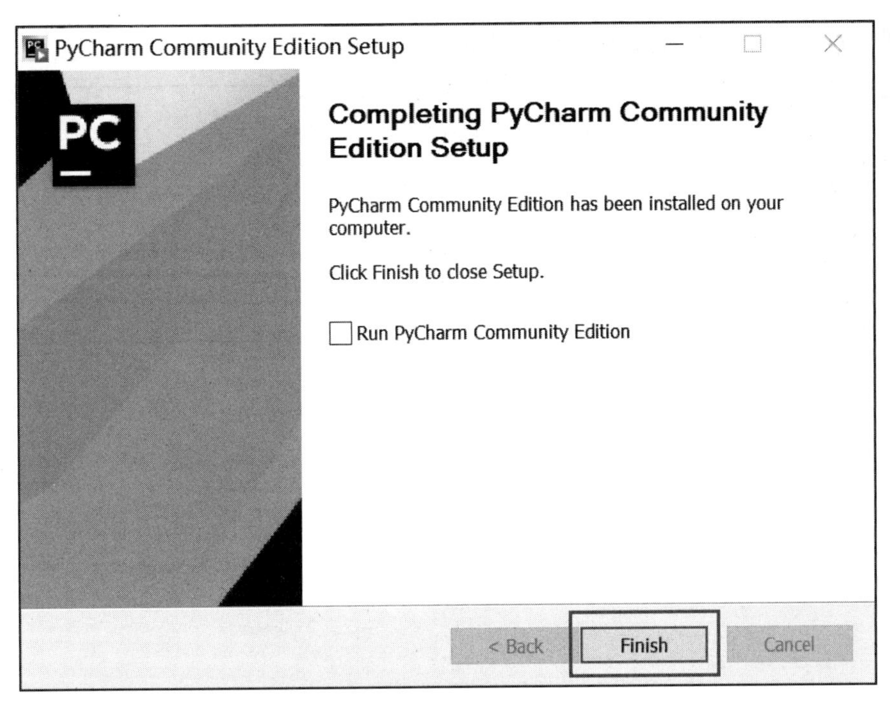

图2.46　PyCharm安装成功界面

（3）PyCharm 中配置 Python 解释器

①安装 PyCharm 之后，打开它会显示如图 2.47 所示的界面（不同版本界面可能不同），单击“Configure”选项，选择“Settings”。

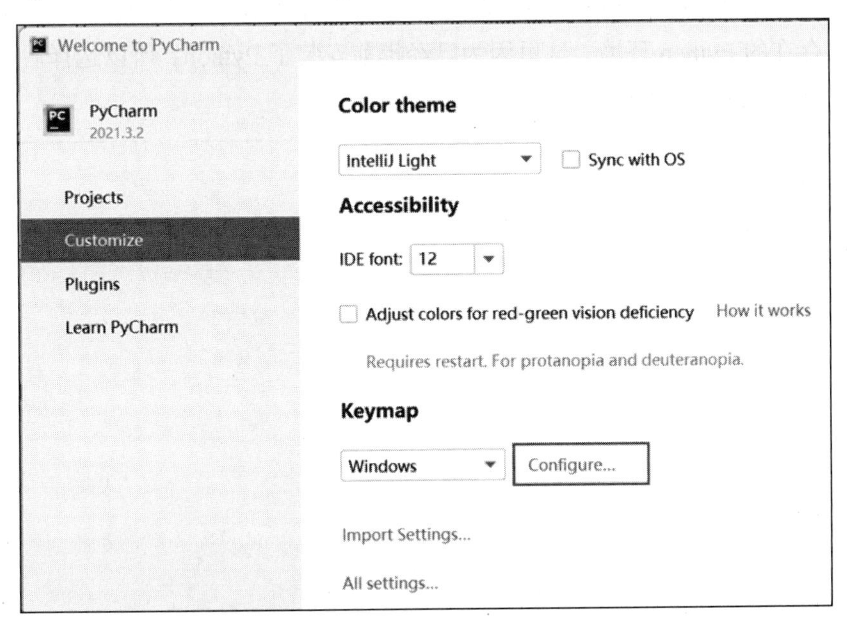

图2.47　PyCharm设置选择界面

②进入图 2.48 所示的界面，在此界面中，可以手动给 PyCharm 设置 Python 解释器。选择最左侧“Python Interpreter”，可以看到“<No interpreter>”，表示未设置 Python 解释释

器，这种情况下，单击设置按钮，选择“Add”。

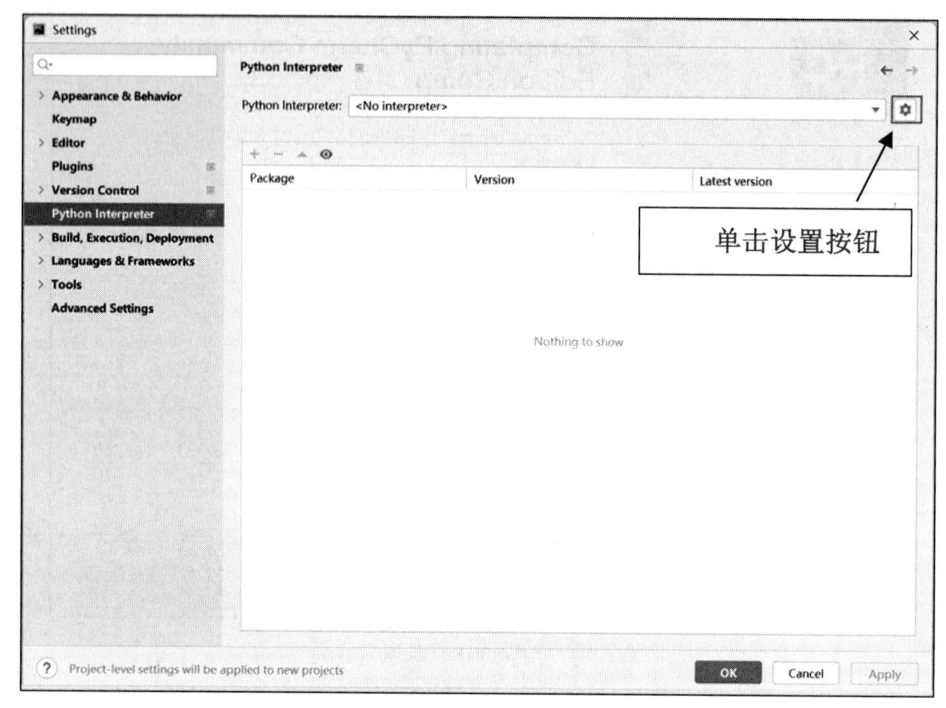

图2.48　PyCharm中Python Interpreter选择界面

③此时会弹出图 2.49 所示的界面。选择左侧“Virtualenv Environment”，右侧对应有两个选项，其中选择“New environment”表示新建 Python 环境，选择“Existing environment”表示使用已存在的 Python 环境，这里因为已经提前安装了 Python，所以选择后者。单击后面的“...”按钮，打开图 2.50 所示对话框。

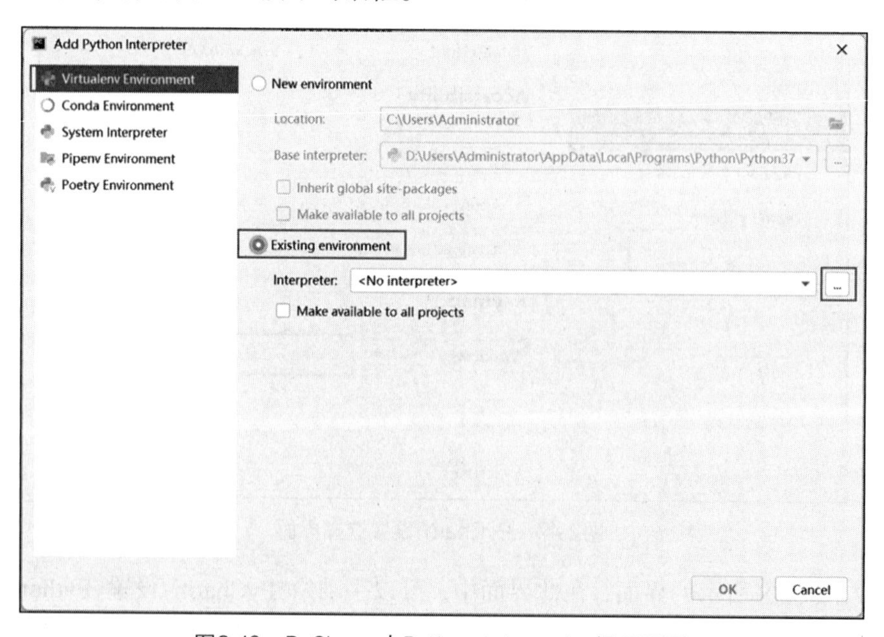

图2.49　PyCharm中Python Interpreter设置界面

④找到安装的 Python 目录，并选中“python.exe”，然后单击“OK”按钮，如图 2.50 所示。此时界面会自动跳转到图 2.51 所示的界面，并显示出可用的解释器，再次单击“OK”按钮。此时，就可以看到 Python 解释器配置成功了，如图 2.52 所示。

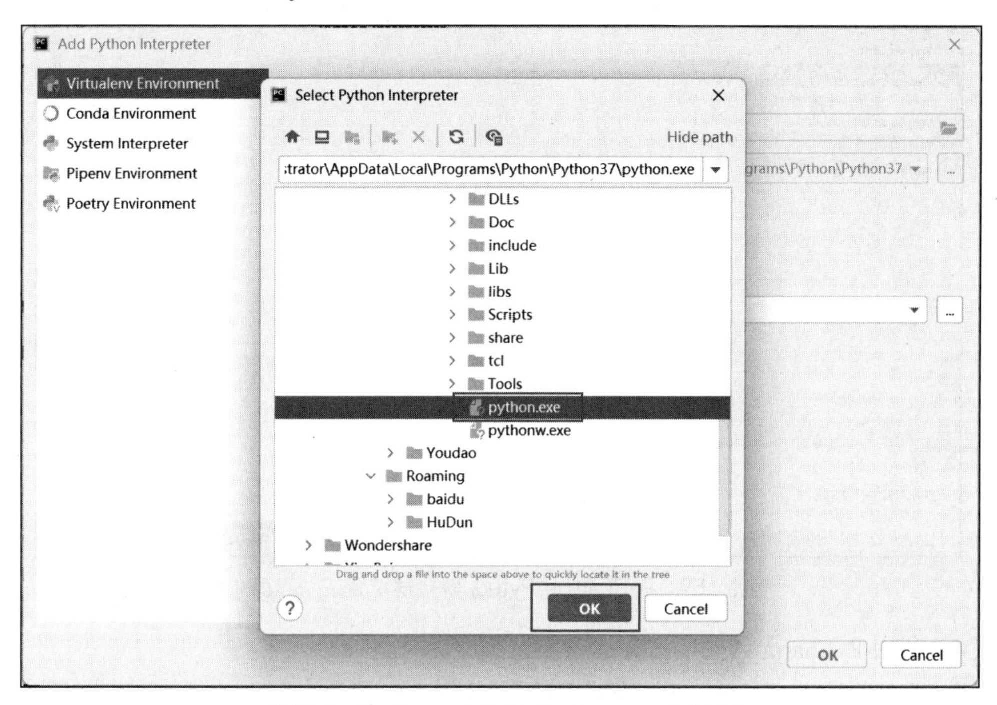

图2.50　PyCharm中选择“python.exe”界面

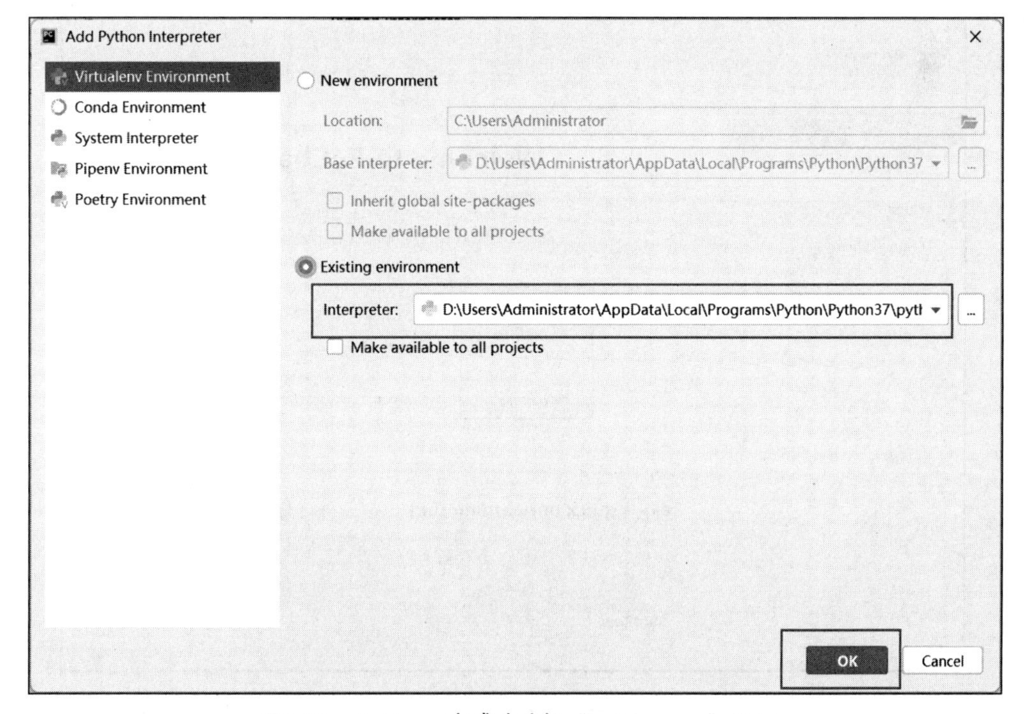

图2.51　PyCharm中成功选择“python.exe”界面

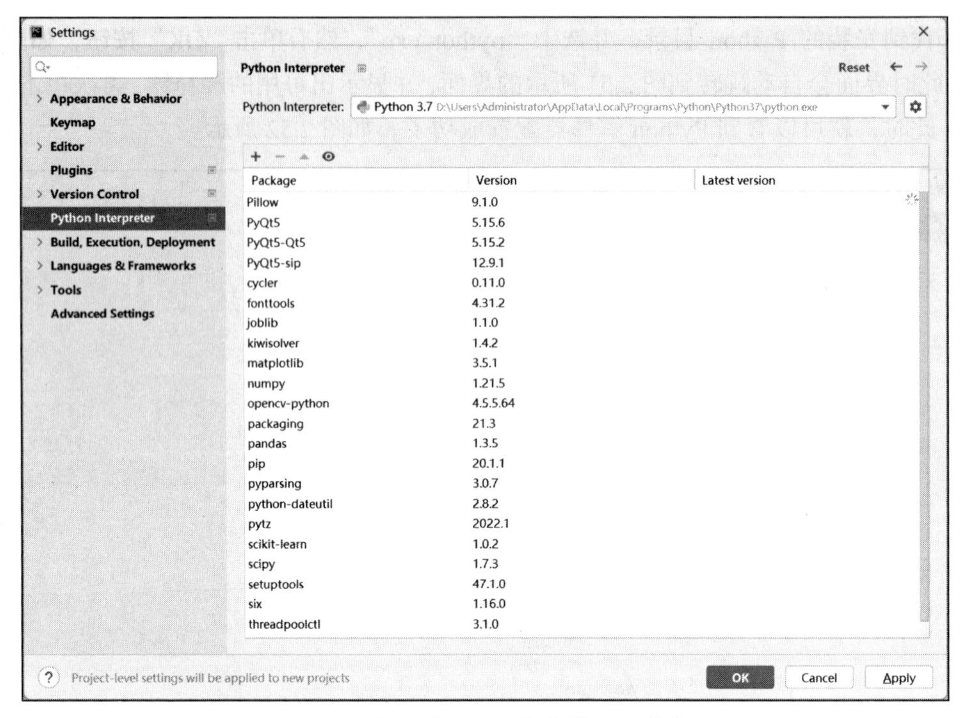

图2.52　PyCharm中Python解释器配置成功界面

（4）利用 PyCharm 创建项目并运行测试程序

①在欢迎界面单击“New Project”按钮，如图 2.53 所示。

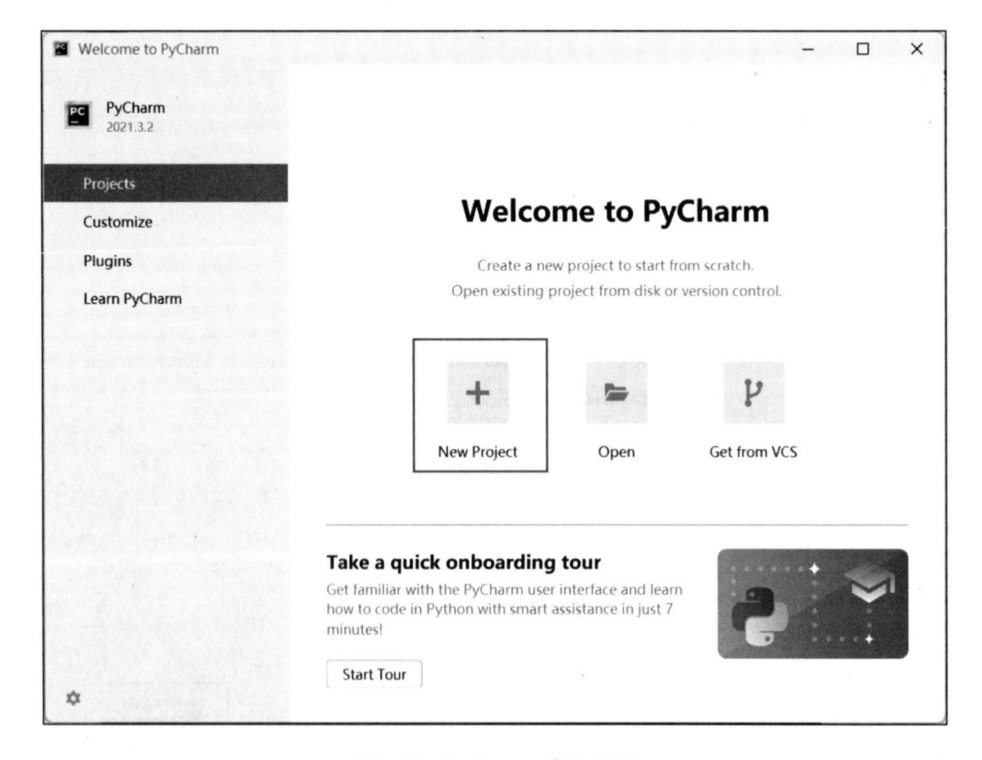

图2.53　PyCharm欢迎界面

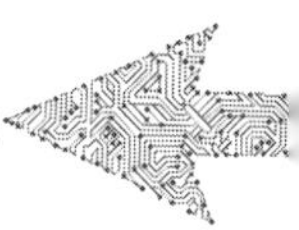

②配置项目路径和名称，确定 Python 解释器，配置完成后单击“Create”按钮，如图 2.54 所示。

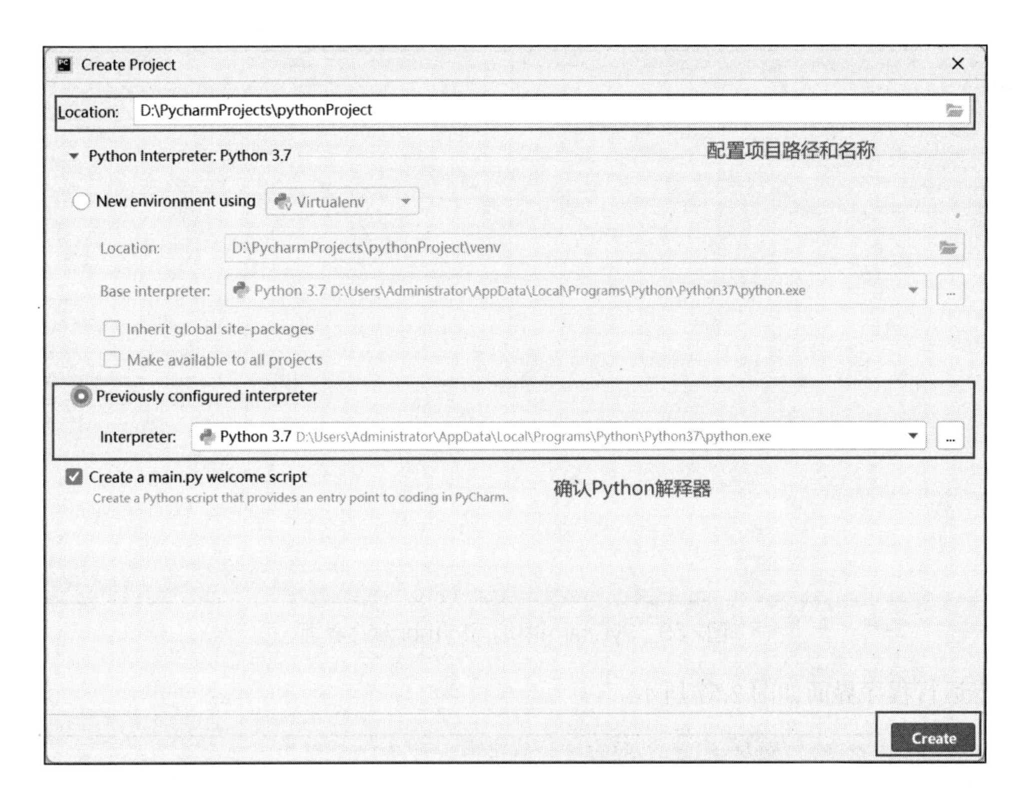

图2.54　PyCharm中项目创建界面

③在项目名上单击右键，在快捷菜单中选择“New”→“Python File”选项，新建 Python 文件，填写文件名，如图 2.55 所示。

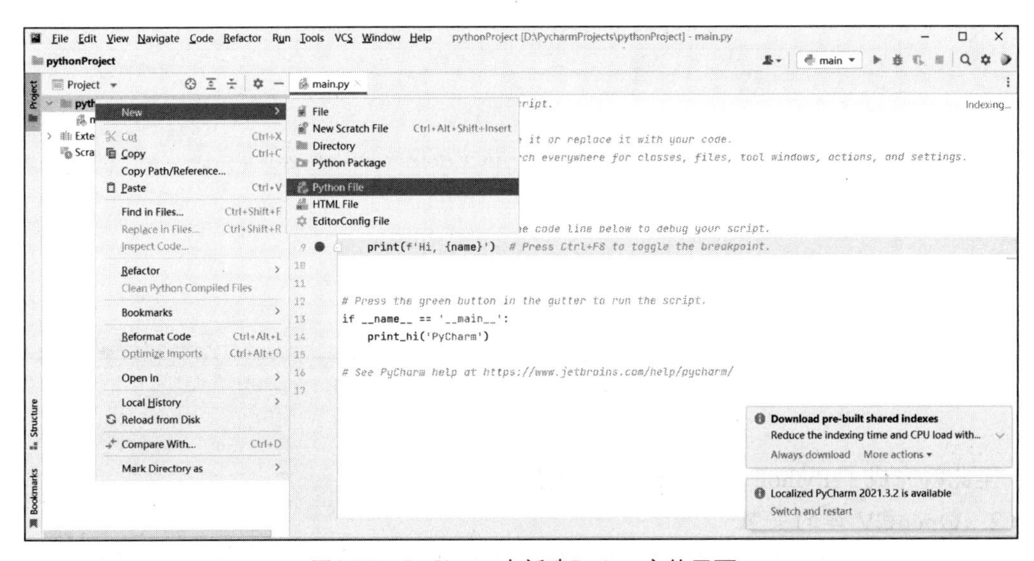

图2.55　PyCharm中新建Python文件界面

④Python 文件新建成功，编写 Python 程序“Hello World.py”，如图 2.56 所示，写好后保存、运行。

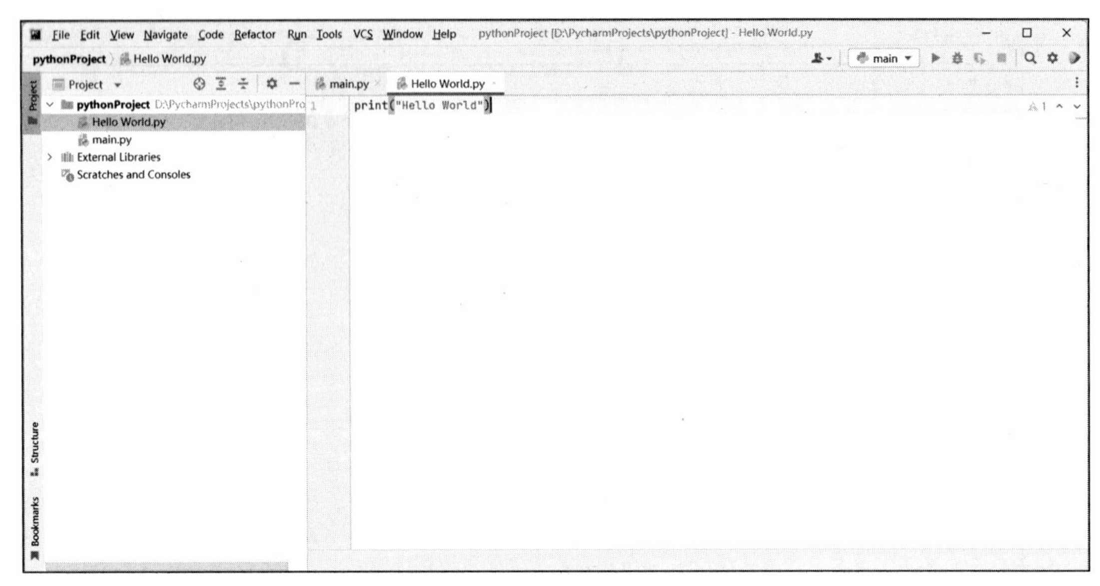

图2.56　PyCharm中编写Python程序界面

⑤运行程序界面如图 2.57 所示。

图2.57　PyCharm中的运行程序界面

至此就完成了 Python+PyCharm 的环境配置。

2. OpenCV 库的安装

OpenCV 是一个旨在解决计算机视觉问题的 Python 库，要利用这个库首先需要安装库。

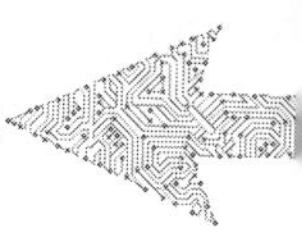

安装方法：打开命令提示符窗口，运行命令“pip install opencv-python”，等待安装完毕。OpenCV 库安装界面如图 2.58 所示。

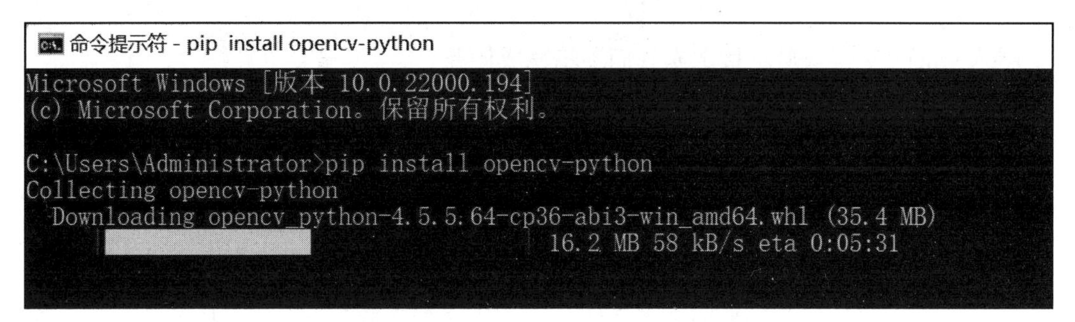

图2.58　OpenCV库安装界面

2.2.4　检测单帧图像中的车辆

车辆检测是计算机视觉领域的热点研究问题。车辆检测作为 ADAS 主要功能之一，需要对视频图像中的车辆目标进行实时分析，通过定位前方车辆的位置，测算安全距离，并及时地给驾驶员提供预警。

由于成像会受到光照、拍摄角度、遮挡等因素的干扰，因此目标检测一直是计算机视觉研究领域最具有挑战性的问题之一。传统的车辆检测算法中，占据主导地位的是基于人工特征提取的检测方法。即对选定区域进行手动的特征提取，最后使用分类器进行分类识别。随着机器学习、深度学习等人工智能技术的迅猛发展，计算机视觉技术与深度学习方法相结合的车辆目标检测技术逐渐被越来越多的研究者所采纳。

根据 2.2.3 节内容搭建好环境后，本节我们首先学习用传统的车辆检测算法检测单帧图像中的车辆，流程如图 2.59 所示。

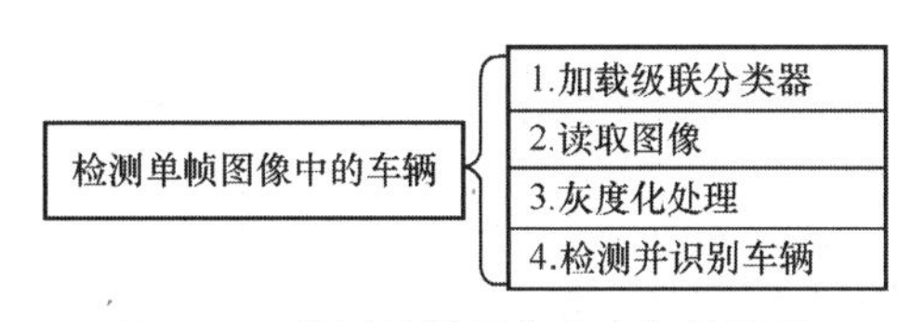

图2.59　检测单帧图像中车辆的流程

安装完成 Python 第三方库后，在编写程序时还需要将该库进行导入才可使用。在 Python 中导入的 OpenCV 模块的名称为 cv2，该模块是一个可以跨平台的视觉库模块，被广泛应用。OpenCV 模块中包含很多函数，例如读取图像函数 imread()显示图像函数 imshow()、保存图像函数 imwrite()等。

在 Python 中导入 OpenCV 模块的方法有以下两种。

第一种：import 语句，这种方法可以将模块中的所有函数导入，其语法格式是：import 模块名称。

第二种：from...import 语句，这种方法是将模块中的几个函数导入，其语法格式是：

from 模块名称 import 函数 1，函数 2。

在这里我们需要将模块中的所有函数导入，因此选择第一种方法，导入语句如下。

```
import cv2
```

导入 OpenCV 模块后，接下来我们逐步完成任务。

1. 加载级联分类器

第一步，我们需要创建一个级联分类器，它会给我们提供车辆特征。

（1）级联分类器的介绍

级联分类器基于特征判别和筛选的思路，将多个简单的分类器按照一定的顺序级联而成。

训练级联分类器很耗时，如果训练的数据量较大，可能需要几天才能完成。在 OpenCV 中，有一些训练好的级联分类器供用户使用。这些级联分类器可以用来检测人脸、脸部特征和其他物体。这些级联分类器以 XML 文件的形式存放在 OpenCV 源文件的目录中，加载不同级联分类器的 XML 文件就可以实现对不同对象的检测。

（2）加载级联分类器的语法格式

如果想调用模块里面的函数，格式是：模块名.函数名。

以下语句我们可以理解为调用 OpenCV 模块中的 CascadeClassifier()函数，而 CascadeClassifier()函数是 OpenCV 中的一个级联分类器。

```
cv2.CascadeClassifier(filename)
```

参数说明如下。

filename：文件名。

创建 CascadeClassifier 对象来提取车辆特征，参数"./cars.xml"表示一个训练好的识别车辆特征的 XML 文件。语句如下。

```
car_detector = cv2.CascadeClassifier("./cars.xml")
```

2. 读取图像

第二步，我们需要读取并显示图像，再进行后续的处理。

（1）读取图像的语法格式

以下语法格式我们可以理解为调用 OpenCV 模块中的 imread()函数，imread()函数用于读取图片文件中的数据。

```
cv2.imread(filepath,flags)
```

参数说明如下。

filepath：读入图片的完整路径。

路径包括两种：一种是绝对路径，需要从根目录写起；另一种是相对路径，需要源程序和文件在同一级目录中。

flags：读入图片的标志，该参数可省略。

（2）在窗口中显示图像的语法格式

以下语法格式我们可以理解为调用 OpenCV 模块中的 imshow()函数和 waitkey()函数，

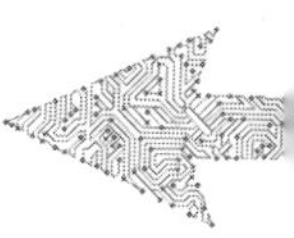

imshow()函数用于显示图像，waitkey()函数用于在一个给定的时间内（单位为 ms）等待用户按键触发，如果用户没有按下键，则继续等待（循环）。

```
cv2.imshow(window_name, image)
cv2.waitkey(parameter)
```

参数说明如下。

window_name：一个字符串，代表要在其中显示图像的窗口的名称。

image：要显示的图像名称。

parameter：等待时间，其值可以为 NONE（空）或 0。

我们使用 imread()函数导入图片，导入图片后使用 imshow()函数来显示图片，接下来等待用户事件，waitkey()函数使窗口保持静态直到用户按下任意键。代码如下。

```
img =cv2.imread(r'C:\PycharmProjects\pic.jpg')
cv2.imshow('img', img)
cv2.waitKey()
```

读取图像部分代码运行结果如图 2.60 所示。

图2.60　读取图像结果

3. 灰度化处理

第三步，我们在读取图像后，要将其转化为灰度图像（即黑白图片）。

（1）图像灰度化介绍

将彩色图像转化为灰度图像的过程称为图像的灰度化处理。彩色图像中每个像素的颜色由 R（Red，红色）、G（Green，绿色）、B（Blue，蓝色）3 个分量决定，而每个分量有 255 种值可取，这样一个像素点可以有 1600 多万（255×255×255）种颜色变化。

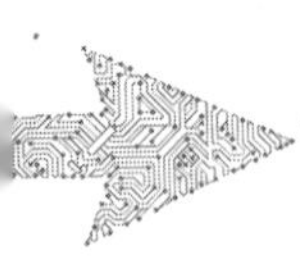

而灰度图像是 R、G、B 这 3 个分量都相同的一种特殊的图像，其一个像素点的变化有 255 种。

一幅图像的所有颜色都可以通过调节 RGB 值进行表示，如果是一幅彩色图像则 R、G、B 值不一定相同，将彩色图像灰度化就是指将彩色图像变成灰度图像，这时候 R、G、B 这 3 个分量的值是相同的，这就是将一幅彩色图像转化为灰度图像的原理。图像灰度化便于后续对图像的特征进行提取，以及得到图像的灰度曲线图。

（2）图像灰度化方法

这里我们使用 cvtColor()函数将图像从一个颜色空间转换到另一个颜色空间（目前常见的颜色空间均支持），并且在转换的过程中能够保证数据的类型不变，即转换后图像的数据类型和位深与源图像的一致。

（3）cv2.cvtColor()函数的语法格式

```
cv2.cvtColor(img, cv2.COLOR_RGB2GRAY)
```

参数说明如下。

img：源图像。

cv2.COLOR_RGB2GRAY：将彩色图像转化为灰度图像。

将彩色图像转化为灰度图像的代码如下。

```
gray = cv2.cvtColor(img1, cv2.COLOR_RGB2GRAY)
```

代码运行后图像的效果如图 2.61 所示。

(a) 运行前

图2.61　图像灰度化效果对比

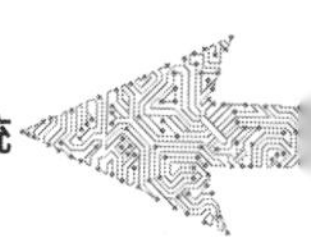

(b) 运行后

图2.61 图像灰度化效果对比(续)

4. 检测并识别车辆

第四步，我们检测车辆，并为识别到的车辆添加矩形边框。

在 OpenCV 中，常用 CascadeClassifier.detectMultiScale()函数检测物体，使用 rectangle()函数标注物体，通过调整函数的参数可以使检测与标注结果更加精确。

(1) detectMultiScale()函数语法格式

```
    objects=cv2.CascadeClassifier.detectMultiScale(image[,scaleFactor[,minNeighbors[,
flags[, minSize[, maxSize]]]]])
```

参数说明如下。

image：待检测图像，通常为灰度图像。

scaleFactor：在相继前后两次的扫描中，搜索窗口的缩放比例。

minNeighbors：构成检测目标的相邻矩形的最小个数。

flags：该参数通常被省略。

minSize：目标的最小尺寸，小于这个尺寸的目标将被忽略。

maxSize：目标的最大尺寸，大于这个尺寸的目标将被忽略。

objects：返回值，目标的矩形框向量组。

检测到车辆之后，使用 rectangle()函数来创建矩形，把检测到的车辆用矩形画出来。

(2) rectangle()函数语法格式

```
    cv2.rectangle(image, start_point, end_point, color, thickness)
```

参数说明如下。

image：要在其上绘制矩形的图像。

start_point：矩形的起始坐标。坐标表示为两个值的元组，即（x 坐标值，y 坐标值）。

end_point：矩形的结束坐标。坐标表示为两个值的元组，即（x 坐标值，y 坐标值）。

color：要绘制的矩形的边框线的颜色。OpenCV 默认读取的图片是按照 BGR 通道读取的。BGR 与 RGB 概念是相似的，除了区域顺序颠倒。例如，（255,0,0）为蓝色。

thickness：矩形边框线的粗细，单位为像素。

检测与识别部分代码示例如下。

```
cars=car_cascade.detectMultiScale(gray,1.05,cv2.CASCADE_SCALE_IMAGE,
(20,20),(100,100))
print(cars)
for(x, y, w, h)in cars:
    cv2.rectangle(img,(x,y),(x+w,y+h),(0,0,255), 2)
cv2.imshow("img final",img)
cv2.waitKey()
```

识别车辆过程如图 2.62 所示。

(a)

(b)

(c)

(d)

图2.62　识别车辆过程

识别车辆最终结果如图 2.63 所示。

图2.63 识别车辆最终结果

完整代码如下。

```
import cv2
#1. 加载级联分类器
car_cascade = cv2.CascadeClassifier('cars.xml')
#2. 读取图像
img= cv2.imread(r'C:\PycharmProjects\pic.jpg')
#3 灰度化处理
gray= cv2.cvtColor(img, cv2.COLOR_BGR2GRAY)
#4. 检测并识别车辆
cars=car_cascade.detectMultiScal(gray,1.05,cv2.CASCADE_SCALE_IMAGE,(20,20), (100,100))
print(cars)
for (x, y, w, h)in cars:
   cv2.rectangle(img,(x,y),(x+w,y+h),(0,0,255), 2)
cv2.imshow("img final",img)
cv2.waitKey()
```

2.2.5 检测视频中的车辆

2.2.4 节中我们使用传统方法检测单帧图像中的车辆，但是在实际识别车辆的过程中，目标往往具有运动特性，因此本节我们学习如何使用传统方法通过视频识别车辆。

图2.64 检测视频中车辆的流程

使用 OpenCV 捕获视频非常简单，图 2.64 能够让大家更好地理解检测视频中车辆的流程。视频文件可以理解为图片被逐帧读取，由于帧的快速处理而产生视频，使得独立的图片动起来。

本节中我们仍需使用 OpenCV 库，因此首先仍然需要导入 OpenCV 模块。代码如下。

```
import cv2
```

导入 OpenCV 模块后，接下来我们逐步完成检测视频中车辆的流程。

1. 加载级联分类器

第一步，我们需要创建一个级联分类器，它会给我们提供车辆特征。代码如下。

```
car_detector = cv2.CascadeClassifier("./cars.xml")
```

创建 CascadeClassifier()函数来提取车辆特征，参数"./cars.xml"表示车辆特征的 XML 文件路径。

加载级联分类器的语法格式如下。

```
cv2.CascadeClassifier(filename)
```

参数说明如下。

filename：文件名。

2. 读取视频

第二步，我们需要读取视频。

（1）读取视频部分的代码示例

```
camera=cv2.VideoCapture(r'C:\PycharmProjects\carMove.mp4')
while camera.isOpened():
    ret,frame = camera.read()
    cv2.imshow("video",frame)
    if cv2.waitKey(1)== ord(' '): #按空格键退出视频
        break
camera.release()
cv2.destroyAllWindows()
```

使用 VideoCapture()函数从视频文件、图片序列、摄像头中捕获视频。

（2）读取视频部分的函数语法格式

```
cv2.VideoCapture(filepath)
```

参数说明如下。

filepath：要读入图片的完整路径，若为 0 则表示默认使用计算机内置的第一个摄像头。

判断视频对象是否成功读取，成功读取视频对象则返回 True。代码如下。

```
cap.isOpened()
```

按帧读取视频。ret.frame 是 camera.read()方法的两个返回值。其中 ret 是布尔值，如果读取帧是正确的则返回 True，如果文件读取到结尾，它的返回值就为 False。frame 是每一帧的图像，是一个三维矩阵。代码如下。

```
ret,frame = camera.read()
```

若没有按空格键，则视频每 1ms 显示一帧。代码如下。

```
if cv2.waitKey(1)== ord(' '):
    break
```

调用 release()放摄像头，调用 destroyAllWindows()关闭所有图像窗口。代码如下。

```
camera.release()
cv2.destroyAllWindows()
```

读取视频效果如图 2.65 所示。

图2.65　读取视频效果

3. 灰度化处理

第三步，与读取图像一样，将每一帧转化为灰度图像。代码如下。

```
grayvideo = cv2.cvtColor(frame, cv2.COLOR_BGR2GRAY)
```

代码运行后的效果如图 2.66 所示。

(a) 运行前

(b) 运行后

图2.66　视频灰度化效果对比

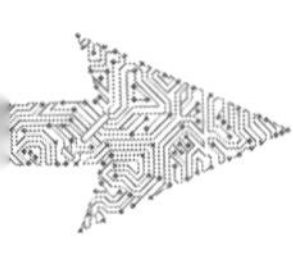

4. 检测并识别车辆

第四步，检测车辆并为识别到的车辆添加矩形边框。代码如下。

```
cars=car_cascade.detectMultiScale(grayvideo,1.2,2,cv2.CASCADE_SCALE_IMAGE,(25, 25),(200, 200))
    for(x,y,w,h)in cars:
        cv2.rectangle(frame,(x,y),(x+w,y+h),(0,0,255),2)
```

识别车辆过程如图 2.67 所示。

(a)

(b)

彩图 2.67

图2.67　识别车辆过程

完整代码如下。

```
import cv2
#1. 加载级联分类器
car_cascade = cv2.CascadeClassifier('cars.xml')
#2. 读取视频
camera=cv2.VideoCapture(r' C:\PycharmProjects\carMove.mp4')
while camera.isOpened():
    grabbed,frame = camera.read()
    #3. 灰度化处理
    grayvideo = cv2.cvtColor(frame, cv2.COLOR_BGR2GRAY)
    #4. 检测并识别车辆

cars=car_cascade.detectMultiScale(grayvideo,1.2,2,cv2.CASCE_IMAGE,(25,25),(200,200))
```

```
    #5. 在车的定位上画图
    for(x,y,w,h)in cars:
        cv2.rectangle(frame,(x,y),(x+w,y+h),(0,0,255),2)
        cv2.imshow("video",frame)
    if cv2.waitKey(1)== ord(' '): #按空格键退出视频
        break
camera.release()
cv2.destroyAllWindows()
```

【实训工单】

通过综合利用我们在本任务中所学的知识与技能,完成下面两个实训工单:搭建 Python 的实训环境和使用 Python 对车辆进行检测与识别。

实训工单 1 搭建 Python 的实训环境

<table>
<tr><td>实训场地</td><td></td><td>实训设备</td><td></td><td>班级</td><td></td><td>日期</td><td></td></tr>
<tr><td>组别</td><td></td><td>组长</td><td></td><td>学时</td><td></td><td>小组成绩</td><td></td></tr>
<tr><td>学生姓名</td><td></td><td>学号</td><td></td><td>电话号码</td><td></td><td>个人成绩</td><td></td></tr>
<tr><td>任务背景</td><td colspan="7">某公司为完成基于 Python 的项目，需要综合管理部派员工为公司所有计算机安装 Python 集成开发环境</td></tr>
<tr><td>任务目标</td><td colspan="7">综合利用所学知识与技能，完成 Python 集成开发环境搭建</td></tr>
<tr><td>任务要求</td><td colspan="7">1. 根据需要选择 Python 版本并下载、安装
2. 根据需要选择 PyCharm 版本并下载、安装
3. 在 PyCharm 中配置 Python 解释器
4. 利用 PyCharm 创建项目并运行测试程序</td></tr>
<tr><td>任务内容</td><td colspan="7">1. Python 下载与安装□
2. PyCharm 下载与安装□
3. PyCharm 中配置 Python 解释器□
4. 利用 Pycharm 创建项目并运行测试程序□</td></tr>
<tr><td>任务总结</td><td colspan="7">通过本任务学习的收获:</td></tr>
<tr><td>任务评估</td><td colspan="7">对学生的综合评价与建议:

教师签字:</td></tr>
</table>

实训工单 2　使用 Python 对车辆进行检测与识别

<table>
<tr><td>实训场地</td><td></td><td>实训设备</td><td></td><td>班级</td><td></td><td>日期</td><td></td></tr>
<tr><td>组别</td><td></td><td>组长</td><td></td><td>学时</td><td></td><td>小组成绩</td><td></td></tr>
<tr><td>学生姓名</td><td></td><td>学号</td><td></td><td>电话号码</td><td></td><td>个人成绩</td><td></td></tr>
<tr><td>任务背景</td><td colspan="7">某车企为实现在行驶中智能识别前方障碍物或车辆，保障行车安全，需要进行车辆识别</td></tr>
<tr><td>任务目标</td><td colspan="7">综合利用所学知识与技能，使用 Python 对车辆进行检测与识别</td></tr>
<tr><td>任务要求</td><td colspan="7">1. 利用 PyCharm 创建项目
2. 导入 OpenCV 模块
3. 检测单帧图像中的车辆
4. 检测视频中的车辆</td></tr>
<tr><td>任务内容</td><td colspan="7">1. 利用 Pycharm 创建项目□
2. 导入 OpenCV 模块□
3. 检测单帧图像中的车辆□
（1）加载级联分类器□
（2）读取图像□
（3）灰度化处理□
（4）检测并识别车辆□
4. 检测视频中的车辆□
（1）加载级联分类器□
（2）读取视频□
（3）灰度化处理□
（4）检测并识别车辆□</td></tr>
<tr><td>任务总结</td><td colspan="7">通过本任务学习的收获：</td></tr>
<tr><td>任务评估</td><td colspan="7">对学生的综合评价与建议：

教师签字：</td></tr>
</table>

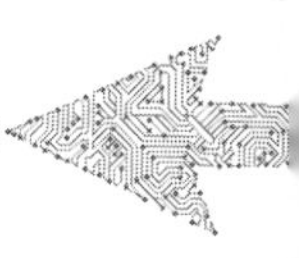

【任务小结】

本任务介绍了前向碰撞预警系统中的车辆识别部分，首先简单介绍了 Python 以及选用 Python 的理由，并介绍了如何进行 Python+PyCharm 实验环境的配置以及第三方库的安装。接下来针对单帧图像以及视频分别介绍了车辆的检测与识别，包括加载级联分类器、读取图像/视频、灰度化处理、检测并识别车辆 4 个步骤。通过本任务的学习，学生应该能够掌握前向碰撞预警系统中车辆识别的流程。

任务 2.3 毫米波雷达测距应用实践

【任务导入】

由于毫米波雷达具有探测距离远、探测性能好、响应速度快和适应能力强等特点，因此运用多普勒效应可以更好地探测运动物体，提高对运动车辆的感知准确性。综合以上特点，毫米波雷达符合前向碰撞预警系统的功能需求。本任务将以实训的形式重点介绍毫米波雷达的相关特性。

【相关知识】

2.3.1 毫米波雷达认知

（1）毫米波雷达的定义

毫米波雷达是工作在毫米波频段的雷达，它通过发射与接收高频电磁波来探测目标。毫米波为波长在 1～10mm 的电磁波，频率范围为 30～300GHz。毫米波雷达主要应用于 ADAS 中的前向碰撞预警系统、自适应巡航控制系统和盲区监测系统等。其结构示意如图 2.68 所示。

图2.68 毫米波雷达结构示意

（2）毫米波雷达的工作原理与组成

通过内置天线向外发射毫米波，接收机接收目标反射信号，经信号处理器处理后快速、准确地获取汽车周围的环境信息（如雷达与被测物体的相对距离、相对速度、相对角度和行驶方向等），然后将周围环境信息传递给车载计算单元进行计算分析，并结合车辆动态信息

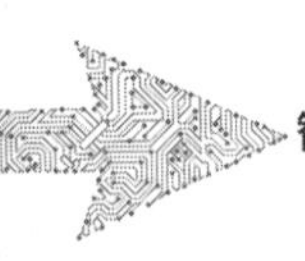

进行数据综合判定，将最终指令传输给控制执行层。毫米波雷达工作原理示意如图 2.69 所示。

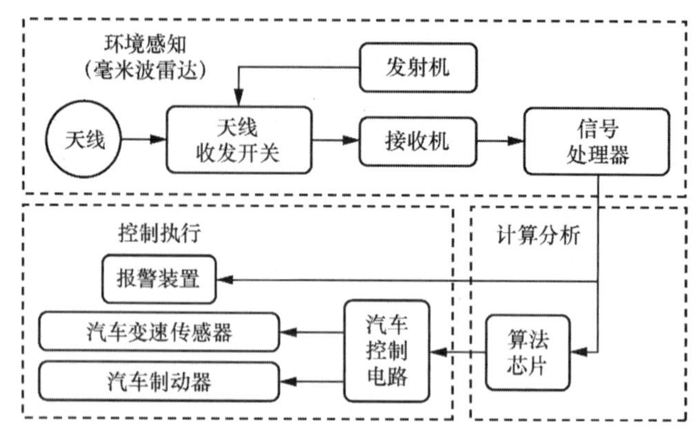

图2.69　毫米波雷达工作原理示意

（3）毫米波雷达的布置位置

毫米波遇到金属会发生强烈的电磁波反射，所以为了保证毫米波可以正常发射，毫米波雷达需要布置在没有金属遮挡的区域。毫米波雷达重点用于探测与周围车辆的距离及相对速度，所以为了保证探测精度，毫米波雷达通常布置在车身中位高度处。

毫米波雷达普遍布置在前保险杠下部和后保险杠内部，如图 2.70 和图 2.71 所示。

图2.70　前部毫米波雷达布置示意

图2.71　后部毫米波雷达布置示意

2.3.2　毫米波雷达的测距原理

（1）多普勒效应

多普勒效应的定义：波源和观察者有相对运动时，观察者接收到的波的频率与波源发出的波的频率并不相同的现象。

声音的多普勒效应：当声源与观察者相对运动时，声源与观察者互相接近时则观察者听到的音调将升高，声源与观察者互相远离时则观察者听到的音调将降低（见图 2.72）。

光的多普勒效应：光波频率的变化使人感到颜色的变化。如果恒星远离我们而去，则光的谱线就会向红光方向移动，称为红移；如果恒星朝向我们运动，光的谱线就会向紫光方向移动，称为蓝移（见图 2.73）。

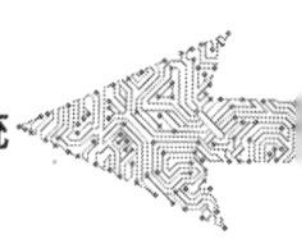

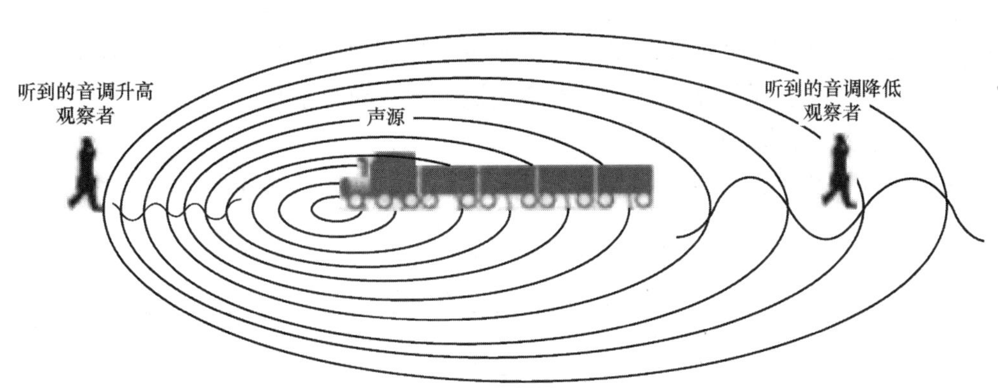

图2.72 声音的多普勒效应示意

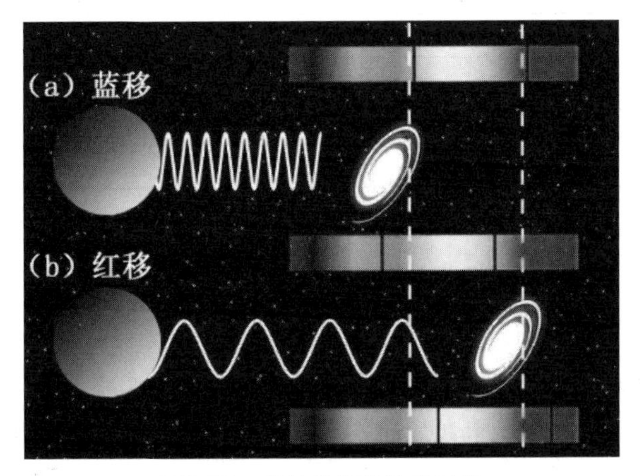

图2.73 光的多普勒效应示意

（2）毫米波雷达的测距原理

毫米波雷达利用多普勒效应来测量目标的距离和速度，通过发射源向测量目标发射毫米波信号，并分析发射信号频率和反射信号频率之间的差值，精确测量出目标相对毫米波雷达的距离和速度等信息。当测量目标向雷达靠近，雷达的回波信号将被压缩，频率变大；当测量目标远离雷达时，雷达的回波信号将被拉伸，频率变小，如图 2.74 所示。

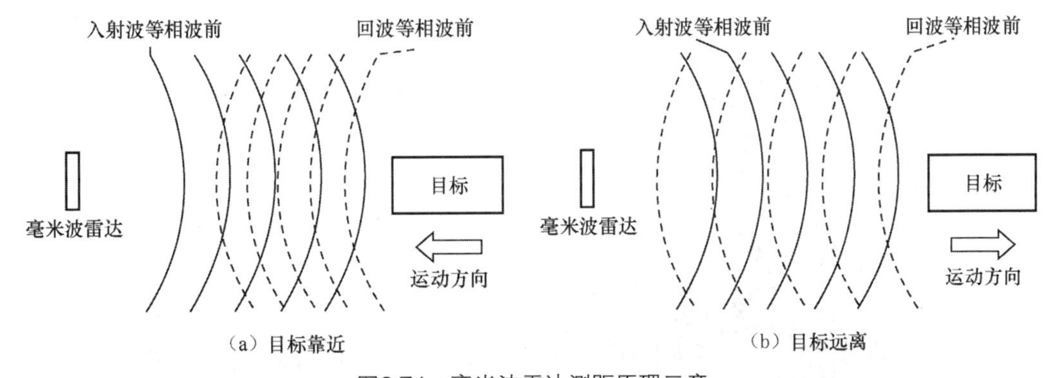

图2.74 毫米波雷达测距原理示意

物体辐射的波长因为波源和观测者的相对运动而产生变化。在运动的波源前面，波被压缩，波长变得较短，频率变得较高，即蓝移；在运动的波源后面，会产生相反的效应，波长变得较长，频率变得较低，即红移；波源的速度越高，所产生的效应越强。根据波红移（蓝移）的程度，可以计算出波源循着观测方向运动的速度。

（3）毫米波雷达的分类

毫米波雷达按照发射毫米波频率分为两类，分别是 24GHz 雷达与 77GHz 雷达，它们的区别如表 2.2 所示。

表 2.2　毫米波雷达分类

雷达类型	24GHz 雷达	77GHz 雷达
技术成熟度	较成熟	成本和性能仍需优化
频率	低	高
波长	长	短
天线	大	小
工艺性	易	难
精度	低	高
增益（探测距离，天线个数）	低（近，少）	高（远，多）

学习提示

毫米波雷达的技术特性源于毫米波的物理特性。毫米波本质上是一种电磁波，如果想进一步了解毫米波的特性，可以从电磁波的产生原理、传播特性和物理特征等角度进行研究。

【任务实施】

2.3.3　查看毫米波雷达基本参数

我们以 HLK-LD303-24G 型号的毫米波雷达为例，进行毫米波雷达测距性能的实训。

首先需要明确毫米波雷达的发射面，如图 2.75 所示，印制电路板（Printed Circuit Board，PCB）的正面分布着集成电路、电源接口和数据接口，PCB 的背面分布着毫米波的发射天线。在实训开始前需要明确天线的朝向，以免无法获取毫米波雷达的测距结果。

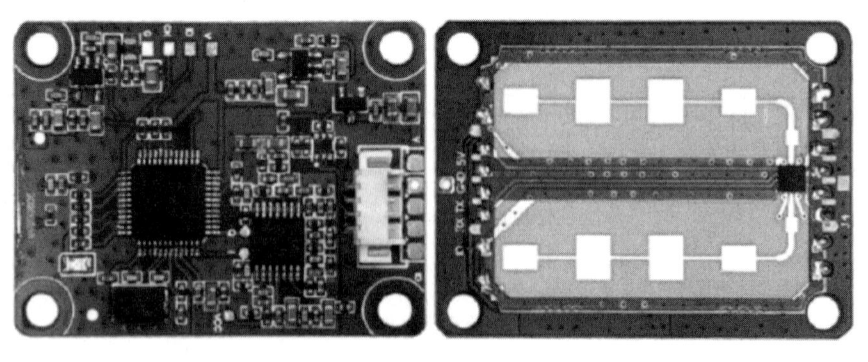

(a) 正面　　(b) 背面

图2.75　毫米波雷达PCB板

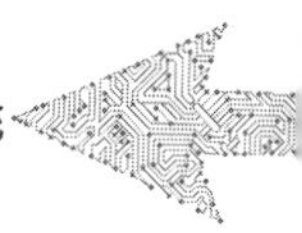

该型号毫米波雷达的接口共有 4 个引脚，分别为 VCC、TX、RX 和 GND，如图 2.76 所示。

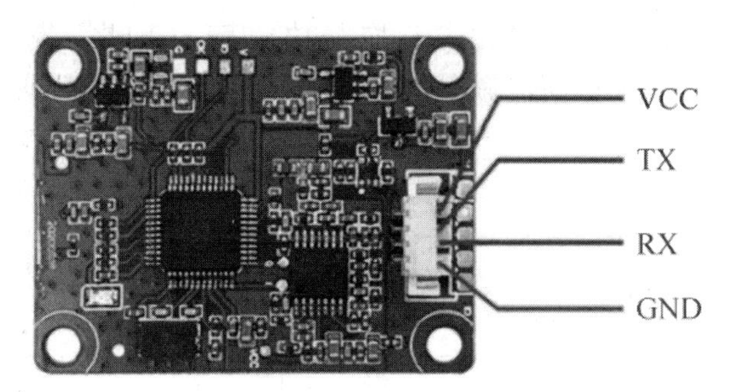

图2.76　毫米波雷达引脚功能

其中各引脚功能如下：

VCC 引脚提供 5V 工作电压；

TX 引脚为串口发送引脚，用来将毫米波雷达的测距结果以串口数据的形式发送出去；

RX 引脚为串口接收引脚，用来接收上位机发送给毫米波雷达的串口控制指令数据；

GND 引脚提供接地。

2.3.4　查看毫米波雷达技术参数

该型号毫米波雷达的相关技术参数如表 2.3 所示。

表 2.3　相关技术参数

项目	技术参数
发射频率/GHz	24.00～24.25
天线样式	水平角度 43° /垂直角度 116°
工作电流	79mA（5V）
工作电压	DC5～12V
工作温度/℃	-20～60
数据接口	TTL 串口
数据格式	115200，8，n，1 （波特率，一次传输 8bit，无校验位，一个停止位）
响应时间/ms	≥60
探测范围/cm	10～350
探测盲区/cm	10
探测精度/cm	5

可将以上技术参数作为该型号毫米波雷达实训测试结果的参考量，用来验证该型号毫米波雷达的实际测试结果是否正确。

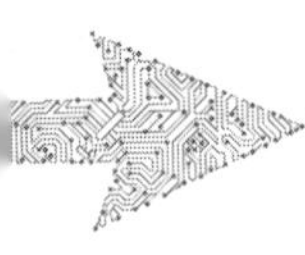

2.3.5 查看毫米波雷达通信协议

由于毫米波雷达接收和发送的数据接口均为 TTL 串口，因此需提前明确串口的通信协议，如表 2.4 和表 2.5 所示，以便正确读取毫米波雷达返回的测试数据内容。

1. TX 输入协议

表 2.4 毫米波雷达输入接口协议

字阈	帧头	地址	命令号	命令参数	校验	帧尾
字节长度	2	1	1	2	1	2
内容	BAAB	00	E5	XX	00	55BB

帧头：固定 2 字节，0xBAAB。

地址：0x00，固定字节。

命令号：设置最大检测距离的命令号，为 0xE5，固定字节。

命令参数：设置最大检测距离，占 2 字节，高位在前。

校验：无校验，0x00，固定字节。

帧尾：固定 2 字节，0x55BB。

设置成功返回：0D 0A 77 72 69 74 65 20 6F 6B 0D 0A。

2. RX 输出协议

表 2.5 毫米波雷达输出接口协议

字阈	帧头	长度	地址	距离	预留	状态	信号强度	微动	雷达关闭	校验
字节数	2	1	1	2	1	1	2	1	1	1
内容	55A5	0A	D3	XX	XX	X	XX	X	X	XX

长度：除帧头及校验字节外的字节数，0x0A，固定字节。

地址：0xD3，固定字节。

距离：单位：cm，占 2 字节，高位在前。

预留：占个字节，取值 0x00，固定字节。

状态：目标有无，占 1 字节，0 为无人，1 为有人。

信号强度：单位为 dBZ，占 2 字节，高位在前。

微动：取值 0 或 1，0 为无微动，1 为有微动。

雷达关闭：雷达是否已关闭，取值 0 或 1，0 为没有关闭，1 为已关闭。

校验：除校验字节外所有字节和，并取低 8 位，占 1 字节。

3. RX 返回值解析

例如 55 A5 0A D3 00 58 00 01 01 4C 01 01 7F，其中 00 58 为测试距离值，01 4C 为信号强度值，这两个值均为十六进制数值，需要转换为十进制数，转换后距离为 88cm，信号强度为 332 dBZ。

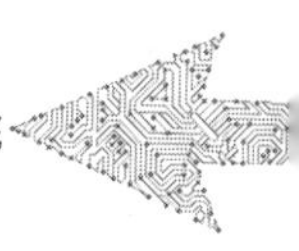

2.3.6 搭建测试环境

实训试验需要准备计算机、数据线和毫米波雷达。其中计算机作为主控端，预装了毫米波雷达的上位机软件，通过数据线与毫米波雷达相连，提供电源及通信，搭建方式如图 2.77 所示。

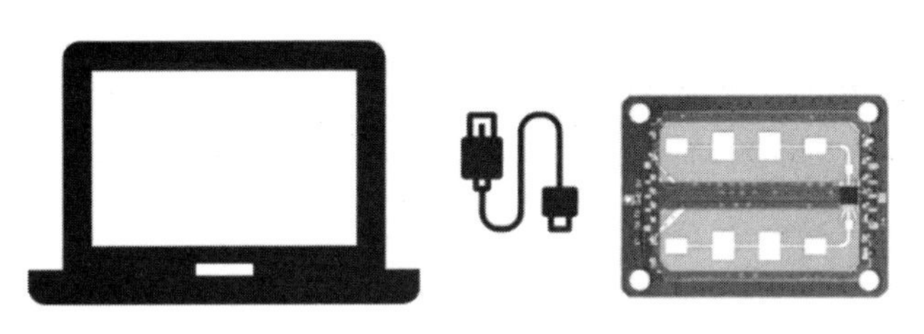

图2.77 毫米波雷达实训试验搭建方式

1. 毫米波雷达测距软件安装

双击文件夹中的.exe 文件，即可打开毫米波雷达测距软件。软件界面如图 2.78～图 2.80 所示。

图 2.78 所示为毫米波雷达测试软件主界面，在此界面将串口号与计算机中的串口号对应，并将串口数据格式设置为“115200，8，n，1”，详见 2.3.4 节。

以上设置完毕后，单击“连接”按钮，毫米波雷达开始工作，结果显示区将随不同障碍物而变化。

图2.78 毫米波雷达测试软件主界面

图2.79 毫米波雷达测试软件设置界面

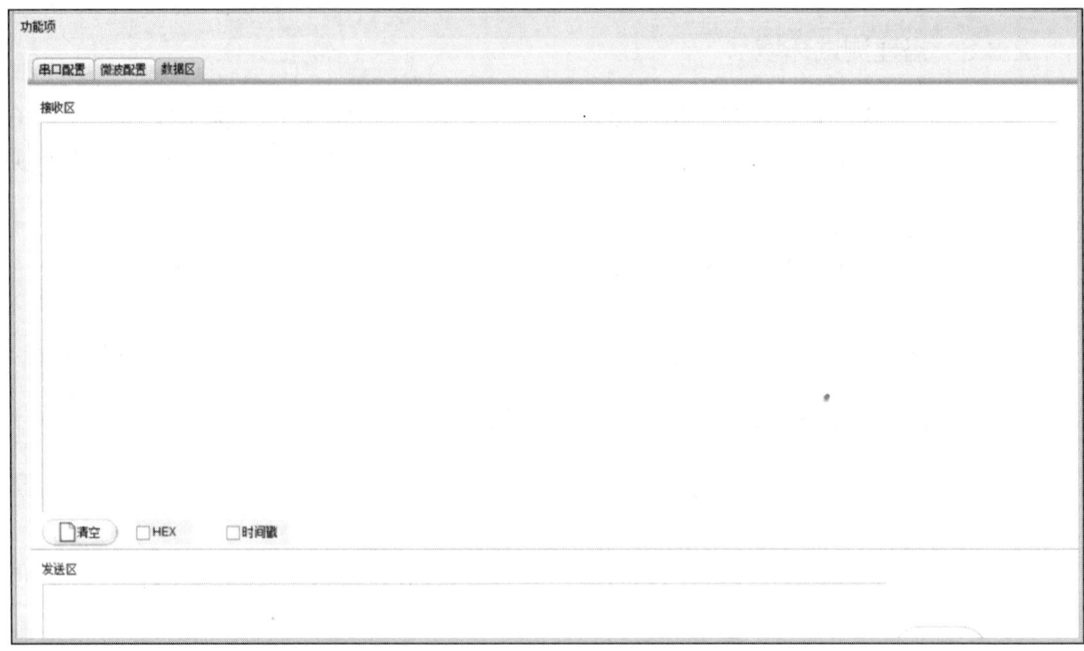

图2.80　毫米波雷达测试软件数据界面

2. 接入毫米波雷达并进行串口调试

接入毫米波雷达后，软件会自动匹配串口通道，如自动匹配失败，可以在计算机的设备管理器中进行调试，如图 2.81 所示。

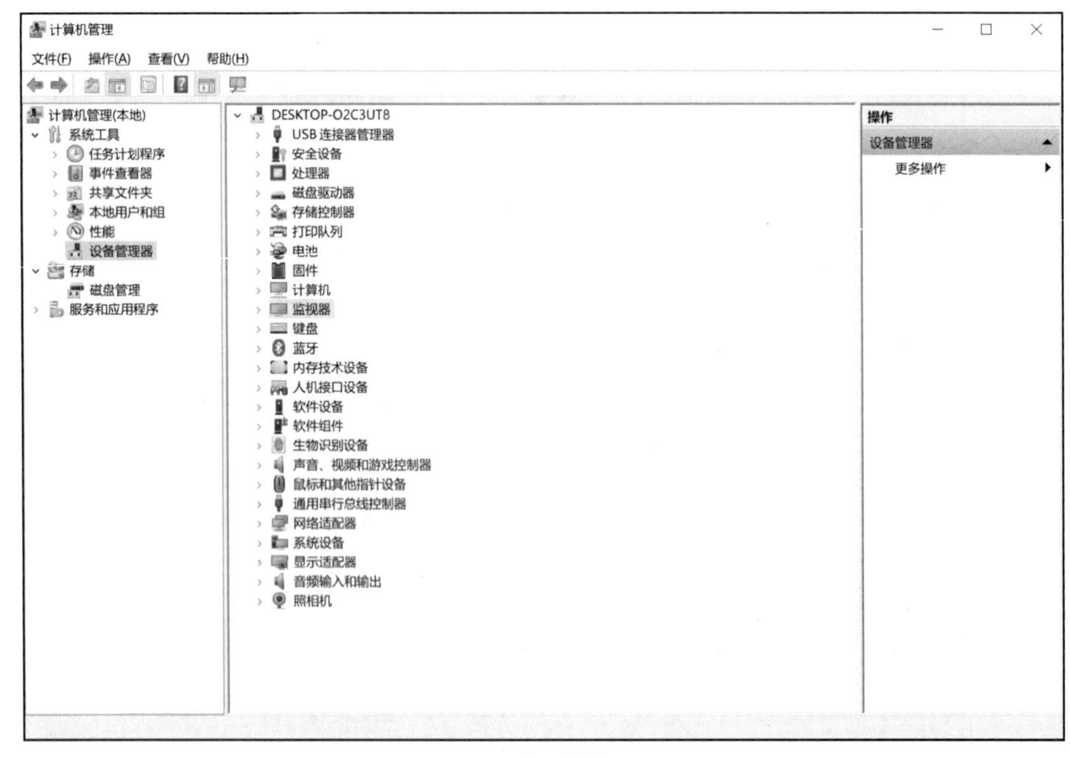

图2.81　串口调试界面

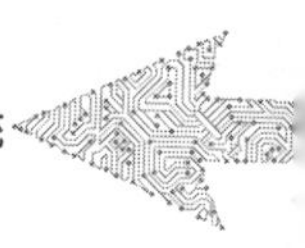

串口调试成功后，单击软件界面中的“连接”按钮，即可进行毫米波雷达测距性能测试，如图 2.82 和图 2.83 所示。

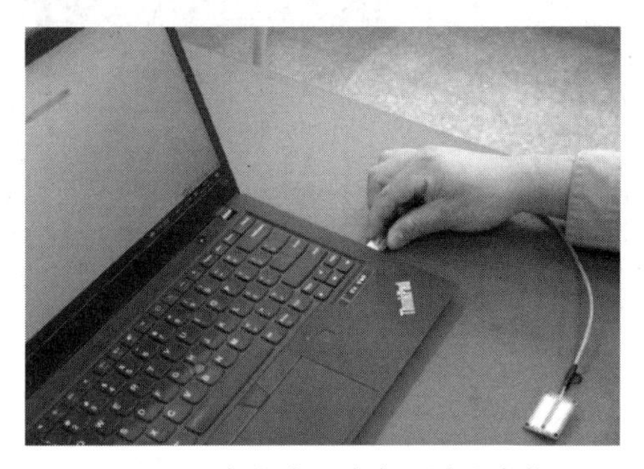

图2.82　毫米波雷达实训试验实物

图2.83　实测界面

3. 毫米波雷达测距性能测试

使用不同材质障碍物的测试过程如图 2.84 和图 2.85 所示，在保持毫米波雷达位置及工作状态不变的前提下，通过更换不同材质的障碍物，如金属板、硬纸壳、书本和塑料壳等，在毫米波雷达前方相同的几组位置处，探索毫米波雷达面对不同材质障碍物时测距性能的差异，并将测试数据记录在实训工单上。

图2.84　金属障碍物试验实训

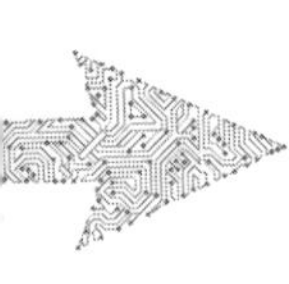

图2.85 纸质障碍物试验实训

职业提示

毫米波雷达是集成度较高的传感器，除了要了解其安装方式，还要掌握其电气属性和通信规则，对毫米波雷达系统进行全面认识。

【实训工单】

通过本任务中我们对毫米波雷达的学习，完成下面两个实训工单：搭建毫米波雷达实训环境和毫米波雷达测距性能验证与测试。

实训工单 1 搭建毫米波雷达实训环境

实训场地		实训设备		班级		日期	
组别		组长		学时		小组成绩	
学生姓名		学号		电话号码		个人成绩	
任务背景	某公司为完成毫米波雷达的测距性能验证项目，需要综合测试部派员工搭建毫米波雷达测试环境，用于测距性能验证与测试						
任务目标	综合利用在本任务中所学的知识与技能，完成毫米波雷达实训环境的搭建						
任务要求	1. 安装毫米波雷达测试用上位机软件 2. 连接毫米波雷达测试样件 3. 调试计算机串口，保证毫米波雷达与计算机通信通畅 4. 验证毫米波雷达测距性能良好						
任务内容	1. 毫米波雷达测试软件安装□ 2. 毫米波雷达测试样件安装□ 3. 计算机配置串口编号□ 4. 验证毫米波雷达测距性能□						
任务总结	通过本任务学习的收获：						
任务评估	对学生的综合评价与建议： 教师签字：						

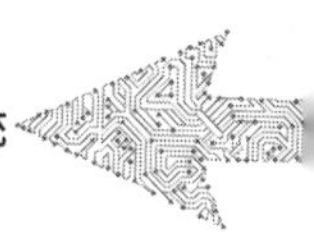

实训工单 2　毫米波雷达测距性能验证与测试

<table>
<tr><td>实训场地</td><td></td><td>实训设备</td><td></td><td>班级</td><td></td><td>日期</td><td></td></tr>
<tr><td>组别</td><td></td><td>组长</td><td></td><td>学时</td><td></td><td>小组成绩</td><td></td></tr>
<tr><td>学生姓名</td><td></td><td>学号</td><td></td><td>电话号码</td><td></td><td>个人成绩</td><td></td></tr>
<tr><td>任务背景</td><td colspan="7">某公司为完成毫米波雷达的性能验证项目，需要综合测试部派员工运用毫米波雷达测试环境，对毫米波雷达进行测距性能验证与测试</td></tr>
<tr><td>任务目标</td><td colspan="7">综合利用在本任务中所学的知识与技能，完成毫米波雷达测距性能验证与测试</td></tr>
<tr><td>任务要求</td><td colspan="7">1. 确认毫米波雷达测距结果是否完整且正常
2. 验证毫米波雷达对不同材质障碍物的测距性能
3. 验证毫米波雷达对不同形状、尺寸障碍物的测距性能
4. 验证毫米波雷达对障碍物运动速度的敏感度</td></tr>
<tr><td>任务内容</td><td colspan="7">1. 毫米波雷达测距结果包括哪些测试数据，是否存在异常□

2. 毫米波雷达对不同材质障碍物的测距性能□
在毫米波雷达前方 200cm 处放置不同材质、大小相当的障碍物，记录距离读数，总结距离读数是否存在差别。
<table>
<tr><th>障碍物材质</th><th>距离读数/cm</th></tr>
<tr><td>金属板</td><td></td></tr>
<tr><td>纸壳</td><td></td></tr>
<tr><td>纸张</td><td></td></tr>
<tr><td>塑料板</td><td></td></tr>
<tr><td>玻璃</td><td></td></tr>
</table>
3. 毫米波雷达对不同形状、尺寸障碍物的测距性能□
在毫米波雷达前方 200cm 处放置不同形状和尺寸、相同材质的障碍物。
<table>
<tr><th>障碍物材质</th><th>距离读数/cm</th></tr>
<tr><td>书脊面（书立起）</td><td></td></tr>
<tr><td>书正面（书立起）</td><td></td></tr>
<tr><td>书卷筒面（书立起）</td><td></td></tr>
<tr><td>书展开（书立起）</td><td></td></tr>
<tr><td>书平放</td><td></td></tr>
</table>
4. 毫米波雷达对障碍物运动速度敏感度□
将手放在毫米波雷达前方 200cm 处，手指张开，手心面向毫米波雷达，以不同的速度前后挥手，观察不同的速度对应的探测距离是否存在差异</td></tr>
<tr><td>任务总结</td><td colspan="7">通过本任务学习的收获：</td></tr>
<tr><td>任务评估</td><td colspan="7">对学生的综合评价与建议：

教师签字：</td></tr>
</table>

【任务小结】

学生通过本任务学习了毫米波雷达的定义与分类、工作原理与组成，以及毫米波雷达的测试方法、测试环境搭建方法、测距数据的读取方法和毫米波雷达对不同障碍物的测距性能特点，能够更深入地了解毫米波雷达的工作原理和性能特点。同时在任务实施过程中，学生会发现毫米波雷达在探测障碍物时的缺点与不足，并从技术角度分析原因，为毫米波雷达后续的工程应用提供实测依据。

【项目总结】

本项目讲解了 ADAS 关键技术中的前向碰撞预警系统，通过系统认知，学生学习了前向碰撞预警系统的基本概念、组成与工作原理；通过应用实例，学生学习了搭载前向碰撞预警系统的应用车型，以及系统实现的工作原理与工作流程；通过应用实践，学生学习了如何进行车辆识别以及毫米波雷达测距。

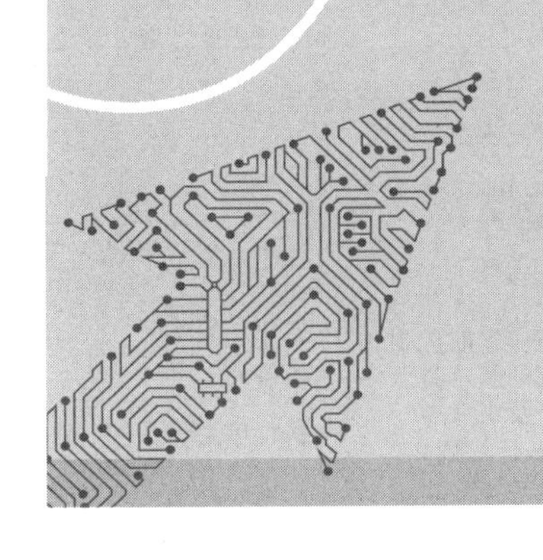

项目3 自适应巡航控制系统

03

【项目背景】

随着我国经济的发展，道路环境建设越来越好，国民收入上升，汽车已经成为家庭普及产品，很多家庭均拥有汽车，甚至一家拥有多辆汽车。汽车已经成为大多数家庭日常和短途出行的首选交通工具。在长途旅行或在高速公路上行驶时，经常会因长时间驾驶，致使驾驶员产生疲劳、困倦等现象。这时如果对前方出现的车辆反应不够及时就容易造成交通事故。此时如果车辆可以在当前道路上自行行驶，或可以根据前方出现的车辆及时调整车速以及与前车的距离，这样一是可以减轻驾驶员疲劳，二是可以避免交通事故的发生，保障驾驶员和乘客的安全。自适应巡航控制系统就具备这样的功能。本项目主要从系统认知着手，以丰富的应用实例和应用实践为主，带大家了解自适应巡航控制系统。

【项目目标】

目标	内容
知识目标	1. 掌握自适应巡航控制系统基本概念及组成、工作原理。 2. 了解搭载自适应巡航控制系统的车型。 3. 理解自适应巡航控制系统的工作流程。 4. 理解交通标志识别技术的工作原理和工作流程
能力目标	1. 能够描述自适应巡航控制系统的应用。 2. 能够描述不同车型的自适应巡航控制系统工作流程。 3. 能够独立安装 NumPy 库。 4. 能够实现交通标志图像的读取。 5. 能够实现交通标志图像的预处理。 6. 能够实现交通标志的识别
素质目标	1. 具有主动学习的意识，能够将所学知识和技能投入工作实践中，并在工作实践中持续总结。 2. 具备良好的逻辑思维、自我思考、自我解决问题的能力。 3. 具备集体意识和团结协作能力

【知识框架】

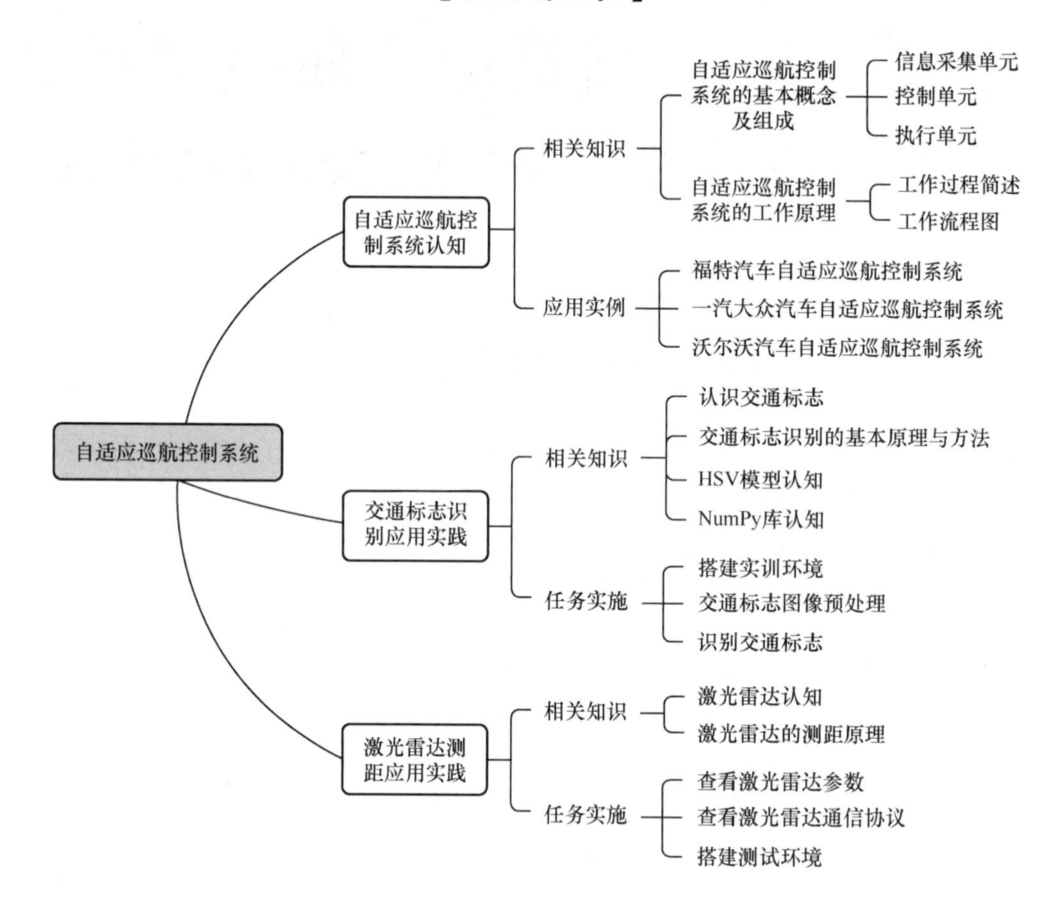

任务 3.1　自适应巡航控制系统认知

【任务导入】

驾驶员在驾驶汽车时需要时刻注意自车车速与前方道路状况，需要保持注意力高度集中，而实际驾驶过程中驾驶员往往会出现分神以及疲劳的状态。自适应巡航控制系统能有效缓解驾驶员疲劳，避免因驾驶分神而出现的交通事故。

【相关知识】

3.1.1　自适应巡航控制系统的基本概念及组成

自适应巡航控制（Adaptive Cruise Control，ACC）系统是一种高级驾驶辅助系统，可以按照驾驶员设定的车速匀速行驶，同时根据前车车速变动与前车保持安全距离。自适应巡航控制系统主要由信息采集单元、控制单元以及执行单元组成。

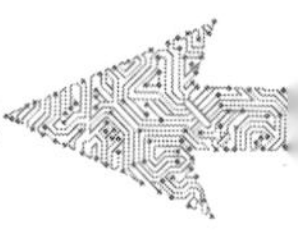

1. 信息采集单元

自适应巡航控制系统中的信息采集单元是系统中获得自车信息和外部环境信息的单元。自适应巡航控制系统中的信息采集单元主要包括用来检测车间距信息的车间距传感器，以及用来检测车辆行驶路线信息的车速传感器和横摆角速度传感器。

2. 控制单元

自适应巡航控制系统的控制单元相当于微型计算机，用来处理信息采集单元发送过来的信息，把发送来的信息通过特定的算法处理，生成相应的命令发送给执行单元。

控制单元主要由微处理器、存储器、输入输出接口、大规模集成电路等组成。

3. 执行单元

自适应巡航控制系统的执行单元是该系统中最后执行命令的部分，接收从控制单元发送过来的信号，将其转变成车辆具体的操作。执行单元主要由电子节气门执行器、制动执行器等组成。

3.1.2 自适应巡航控制系统的工作原理

自适应巡航控制系统中的信息采集单元可以采集信息（自车及前方行驶环境信息）。当前方有车辆时检测前车速度以及距离信息，并发送给控制单元。控制单元接收来自信息采集单元的信息并处理信息，若小于安全距离，自适应巡航控制系统通过控制单元发送命令给执行单元。执行单元接收到命令后执行命令，确保自车减速到能够与前车保持安全距离。当前方无车辆时，自适应巡航控制系统会使自车按设定速度行驶。具体工作流程如图 3.1 所示。

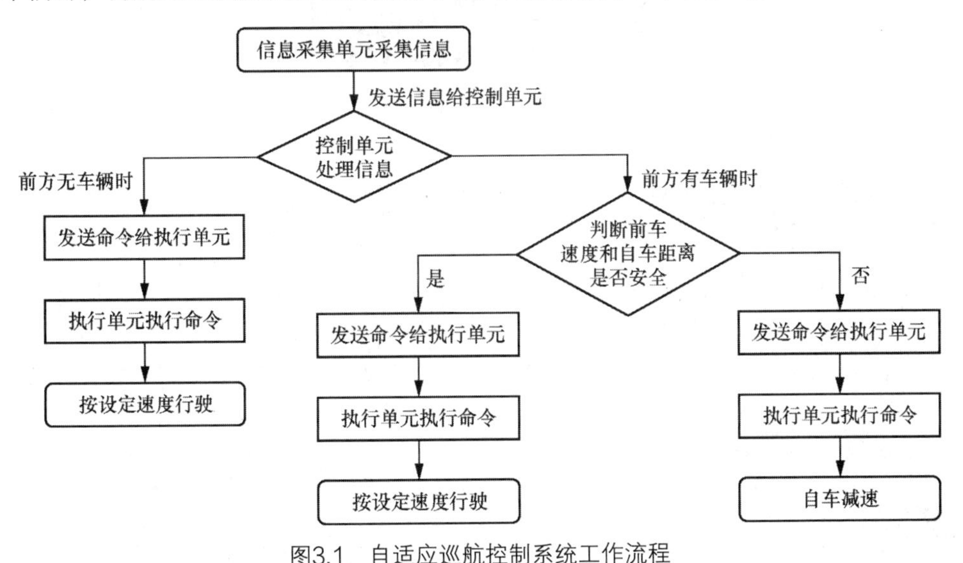

图3.1 自适应巡航控制系统工作流程

【应用实例】

3.1.3 福特汽车自适应巡航控制系统

福特汽车的多种车型都配有自适应巡航控制系统，包括福特翼虎、福特蒙迪欧 2020 款、福特撼路者 2020 款以及福特领界 S。该系统除了可以保持设定的巡航速度之外还可以设定自车与前车之间应保持的行驶距离，最多有 4 种可供选择的车距。

开启自适应巡航控制系统，将变速器置于行驶挡 D，按下系统启动按钮，具体如图 3.2 所示，信息显示屏将显示指示灯、当前车距设置及设定车速。系统的雷达会自动扫描前车，同时通过按钮来控制转向盘。当自适应巡航控制系统检测到自车行驶速度低于前车车速，自车与前车距离无法保持在安全距离时，系统会执行减速操作，自动降低车速，使自车与前车始终保持在安全距离，如图 3.3 所示。当自适应巡航控制系统启动后，只需要踩下制动踏板即可关闭系统。需要注意的是，福特汽车的自适应巡航控制系统一般在车速超过 25km/h 时才会起作用，当车速低于 25km/h 时就需要驾驶员人工控制，如图 3.4 所示。

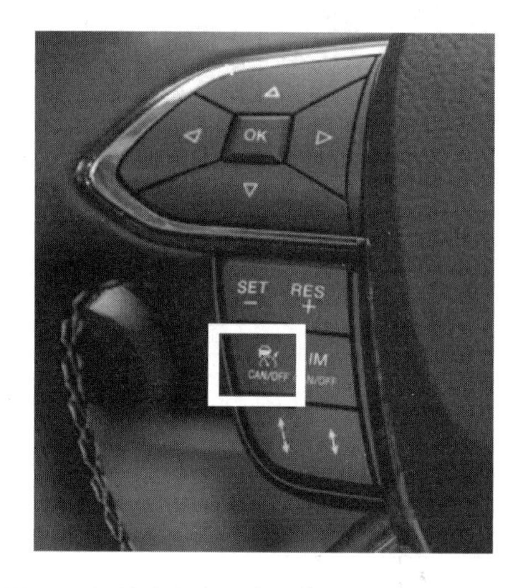

图3.2　福特汽车自适应巡航控制系统启动按钮

图3.3　福特汽车自适应巡航控制系统执行减速操作

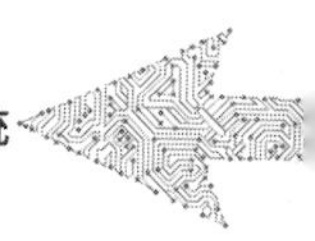

图3.4 福特汽车自适应巡航控制系统

3.1.4 一汽大众汽车自适应巡航控制系统

一汽大众旗下多款车型配有自适应巡航控制系统，包括新 CC、迈腾、高尔夫等。一汽大众汽车自适应巡航控制系统可在车速处于 30～160km/h 时使用，支持定速巡航和车距保持功能。

在系统启动时按下位于转向盘左侧的多功能设定按钮（见图 3.5），该系统会通过中距雷达检测前方 160m 范围内的扇形区域，如图 3.6 所示。当检测到前车车速小于自车车速或两车距离小于安全距离时，系统执行减速操作，根据设定好的距离自动调整两车间距。如前方没有车辆，则自车会按照驾驶员设定好的速度行驶。具体操作方法如表 3.1 所示。

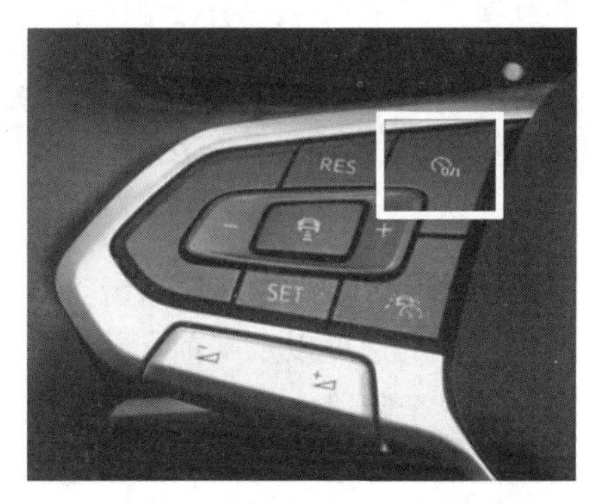

图3.5 一汽大众汽车自适应巡航控制系统多功能设定按钮

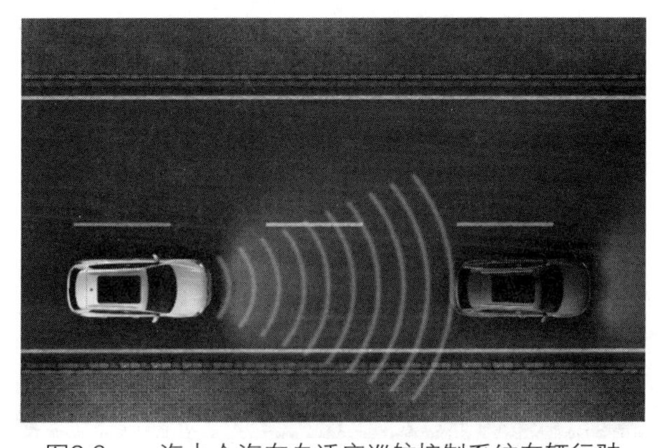

图3.6 一汽大众汽车自适应巡航控制系统车辆行驶

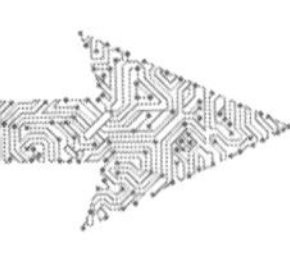

表 3.1　一汽大众汽车自适应巡航控制系统操作方法

功能	多功能转向盘上的按钮	操作方法
启动自适应巡航控制系统	按压转向盘上的多功能设定按钮	此时系统启动但尚未存储巡航车速，也未控制车速
激活自适应巡航控制系统的控制功能	按压转向盘上的多功能设定按钮	此时系统将把自车速度存储下来，作为自车行驶速度
关闭自适应巡航控制系统	按压转向盘上的多功能设定按钮	此时系统关闭，同时将此次巡航车速记录删除

3.1.5　沃尔沃汽车自适应巡航控制系统

沃尔沃汽车自适应巡航控制系统没有最低车速要求，在自车车速不超过 180km/h 的情况下都可以控制自车与前车保持安全距离，如图 3.7 所示。

图3.7　沃尔沃汽车自适应巡航控制系统

沃尔沃汽车自适应巡航控制系统开启时可以通过点击多功能显示屏（见图 3.8）上的选项启动。启动后需要驾驶员选择所需的速度以及与前车的时间间隔。沃尔沃汽车自适应巡航控制系统与前车的时间间隔分为 5 个阶段，每一阶段为 1～2.5s，当系统启动后，使用前一个驾驶周期中最后选取的时间间隔。当系统检测到前车速度减缓时，系统将通过预先设定的与前车的时间间隔来自动调整，当前车加速后自车会恢复选择的速度。

图3.8　沃尔沃汽车多功能显示屏

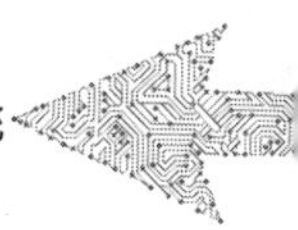

【巩固与提升】

1. 单选题

（1）自适应巡航控制系统的英文缩写为（　　）。

A. ABS　　B. ACC　　C. LKA　　D. ADAS

（2）以下不属于自适应巡航控制系统组成部分的是（　　）。

A. 传感器　　B. 控制器　　C. 加速踏板　　D. 执行器

（3）自适应巡航控制系统中传感器的作用是（　　）。

A. 将信息显示在多功能显示屏上

B. 收集自车和环境道路信息

C. 确定车辆的控制命令

D. 对自车信息进行计算处理

（4）传感器收集的信息用来（　　）。

A. 传递给驾驶员进行分析和处理

B. 保存起来留作备用

C. 传递给执行单元进行决策操作

D. 传递给控制单元根据算法进行分析

（5）关于自适应巡航控制系统工作情况，下列说法错误的是（　　）。

A. 当前车速度小于自车速度时系统会制动，迫使自车停靠路边

B. 当前车速度小于自车速度时系统会执行减速操作

C. 当前车速度大于自车速度时系统会继续保持设定速度行驶

D. 当前方没有车辆时，系统会按设定速度行驶

2. 判断题

（1）执行单元主要由电子节气门执行器、制动执行器等组成。（　　）

（2）自适应巡航控制系统的执行单元相当于微型计算机，用来处理传感器发送过来的信息，把发送来的信息通过特定的算法处理，生成相应的命令发送给执行单元。（　　）

（3）福特汽车自适应巡航控制系统除了可以保持设定的巡航速度之外还可以设定自车与前车之间保持的行驶距离，最多有 4 种可供选择的车距。（　　）

（4）一汽大众汽车自适应巡航控制系统可在车速处于 80～160km/h 时使用，支持定速巡航和车距保持功能。（　　）

（5）沃尔沃汽车自适应巡航控制系统没有最低车速要求。（　　）

3. 简答题

（1）简述自适应巡航控制系统的基本概念。

（2）简述自适应巡航控制系统的工作原理。

（3）列举 3 个以上带有自适应巡航控制系统的车型。

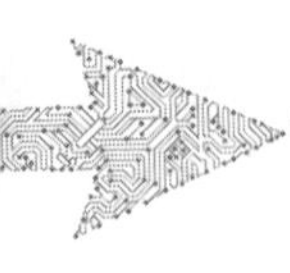

【任务小结】

本任务主要介绍了自适应巡航控制系统的基本概念及组成、工作原理，以及部分搭载自适应巡航控制系统的车型，这些车型的自适应巡航控制系统的开启条件和工作流程。通过本任务的学习，学生应该能够理解自适应巡航控制系统的工作原理和具体系统响应的工作流程。

任务 3.2　交通标志识别应用实践

【任务导入】

道路交通事故发生的原因是多元和复杂的。交通标志作为道路基础设施的重要组成部分，能为驾驶员提供关于路况的信息和合理的建议，以促进道路行车安全。但是如果完全依靠驾驶员注意和发现交通标识并做出正确的反应，难免会增加驾驶员的负担、加速驾驶员疲劳，从而增加交通事故的概率。

在自适应巡航控制系统中，交通标志识别可以为整车控制提供相应的帮助。例如识别禁止类标志可以帮助系统提前进行危险预判；识别警告类标志可以帮助系统提前进行避障处理；识别指示类标志可以帮助系统进行控制预处理，以确保行车遵循道路指示。因此对交通标志的准确识别可以为自适应巡航控制系统提供完美的“助攻”。

鉴于各种交通标志的重要程度，本任务将以禁止类标志中的限速标志为例，详述交通标志识别的原理及应用实践。

【相关知识】

3.2.1　认识交通标志

我国现代的交通标志分为主标志和辅助标志两大类。部分交通标志示例如图 3.9 所示，详情可查看国标《道路交通标志和标线》。

1. 主标志

主标志分为警告标志、禁令标志、指示标志、指路标志、旅游区标志和道路施工安全标志 6 种。

（1）警告标志

警告标志起警告作用，是警告车辆驾驶员、行人注意危险地点的标志。

（2）禁令标志

禁令标志起禁止某种行为的作用，是禁止或限制车辆驾驶员、行人交通行为的标志。

（3）指示标志

指示标志起指示作用，是指示车辆驾驶员、行人行进的标志。

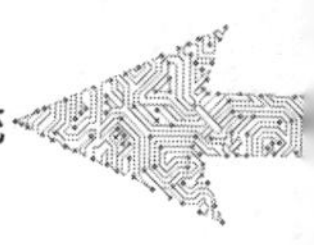

（4）指路标志

指路标志起指路作用，是传递道路方向、地点、距离信息的标志。

（5）旅游区标志

旅游区标志是提供旅游景点方向、距离的标志。

（6）道路施工安全标志

道路施工安全标志是通告道路施工区通行的标志，用以提醒车辆驾驶员和行人注意。

2. 辅助标志

辅助标志是在主标志无法完整表达或指示其内容时，为维护行车安全与交通畅通而设置的标志，形式为白底、黑字、黑边框，形状为长方形，附设在主标志下，起辅助说明作用。

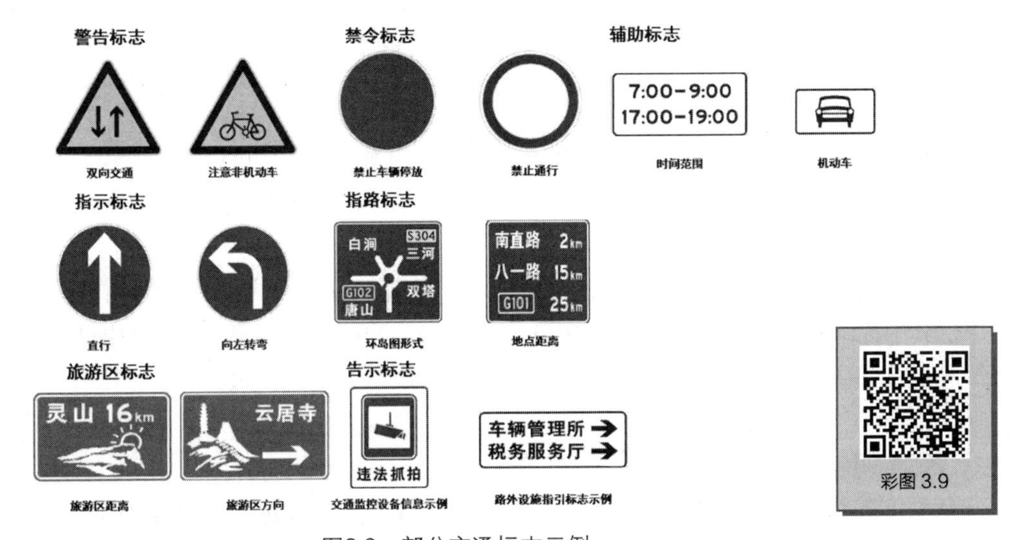

图3.9　部分交通标志示例

3.2.2 交通标志识别的基本原理与方法

交通标志是通过安置于车辆前方的摄像头来进行检测与识别的，通过对交通标志的采集、处理、识别，将所获取的信息第一时间传送给驾驶员或直接对汽车采取相应的操作，从而减少交通安全隐患。

交通标志识别主要包括两个阶段：检测阶段和识别阶段。检测阶段主要的方法有基于颜色的方法和基于形状的方法两类，每一类都包括数种常用的方法；而识别阶段主要有基于统计分析的方法、基于神经网络的方法以及句法分类法等。

鉴于各种交通标志的重要程度，本节将以禁止类标志中的限速标志为例，采用模板匹配的方式对交通标志进行识别。

3.2.3 HSV模型认知

1. HSV 模型介绍

HSV 是根据颜色的直观特性由 A. R. Smith（A.R.史密斯）在 1978 年创建的一种颜色空间，称为六角锥体模型（Hexcone Model），如图 3.10 所示。这个模型中颜色的参数分别

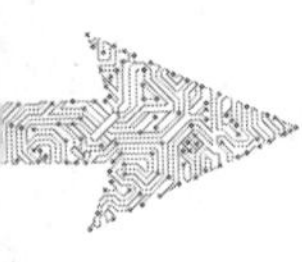

是：色调（Hue，H）、饱和度（Saturation，S）、明度（Value，V）。

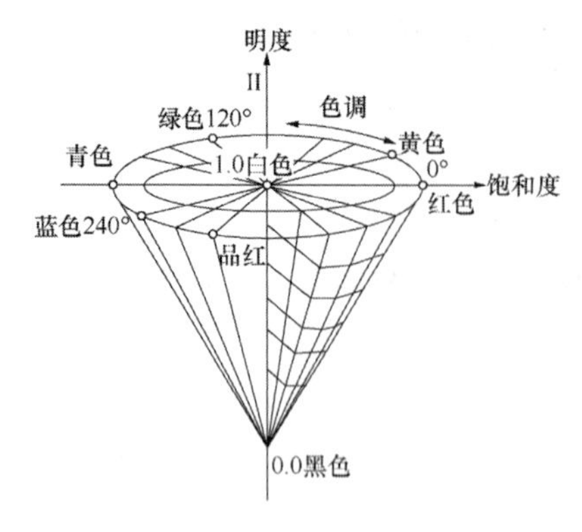

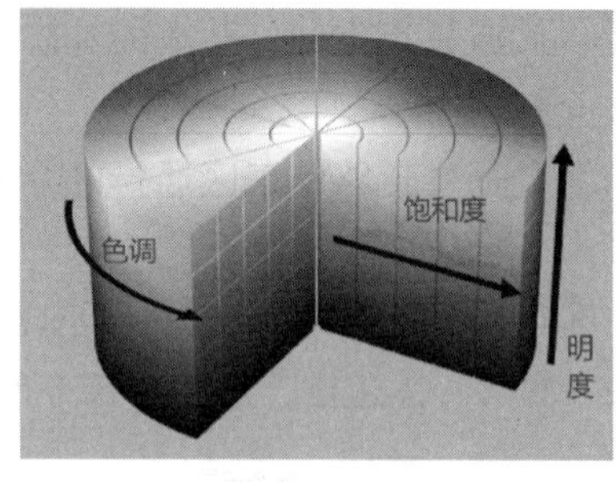

图3.10　HSV模型

（1）色调

色调用角度度量，取值范围为 0° ~ 360°，从红色开始按逆时针方向计算，红色为 0°，绿色为 120°，蓝色为 240°。

（2）饱和度

饱和度表示颜色接近光谱色的程度。一种颜色，可以看成某种光谱色与白色混合的结果。其中光谱色所占的比例越大，颜色接近光谱色的程度就越高，颜色的饱和度也就越高。饱和度高，颜色则深而艳。光谱色的白光成分为 0，饱和度达到最高。通常其取值范围为 0 ~ 100%，值越大，颜色越饱和。

（3）明度

明度表示颜色明亮的程度。对于光源色，明度值与发光体的光亮度有关；对于物体色，此值和物体的透射比或反射比有关。通常明度取值范围为 0%（黑）～100%（白）。RGB 和 CMY 模型都是面向硬件的，而 HSV 模型是面向用户的。

HSV 模型的三维表示从 RGB 立方体演化而来。设想从 RGB 沿立方体对角线的白色顶点向黑色顶点观察，就可以看到立方体的六边形边界外形。六边形边界表示色调，水平轴表示饱和度，明度沿垂直轴测量。

2. HSV 颜色分量范围

一般对颜色空间的图像进行有效处理都是在 HSV 颜色空间中进行的，对于基本色中对应的 HSV 颜色分量需要给定一个范围，如表 3.2 所示。

表 3.2　HSV 颜色分量范围

颜色	黑色	灰色	白色	红色		橙色	黄色	绿色	青色	蓝色	紫色
H_{min}	0	0	0	0	156	11	26	35	78	100	125
H_{max}	180	180	180	10	180	25	34	77	99	124	155
S_{min}	0	0	0	43		43	43	43	43	43	43
S_{max}	255	43	30	255		255	255	255	255	255	255
V_{min}	0	46	221	46		46	46	46	46	46	46
V_{max}	46	220	255	255		255	255	255	255	255	255

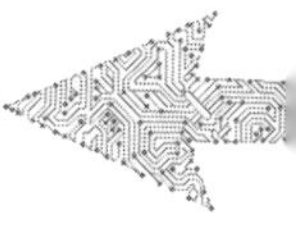

3.2.4 NumPy库认知

NumPy 是 Python 语言的一个扩展程序库，支持大量的维度数组与矩阵运算，此外也针对数组运算提供大量的数学函数库。NumPy 库由多维数组对象组成，包含数学运算、逻辑运算、形状操作、排序、选择、输入/输出（I/O）、离散傅里叶变换、基本线性代数运算、基本统计运算、随机模拟等功能。

一个图像本质上是包含像素数据的标准 NumPy 数组。因此，可以使用基本的 NumPy 操作，对图像进行翻转、压缩、截取等操作。

【任务实施】

交通标志识别技术流程如图 3.11 所示，接下来我们将逐一说明标志识别的过程。

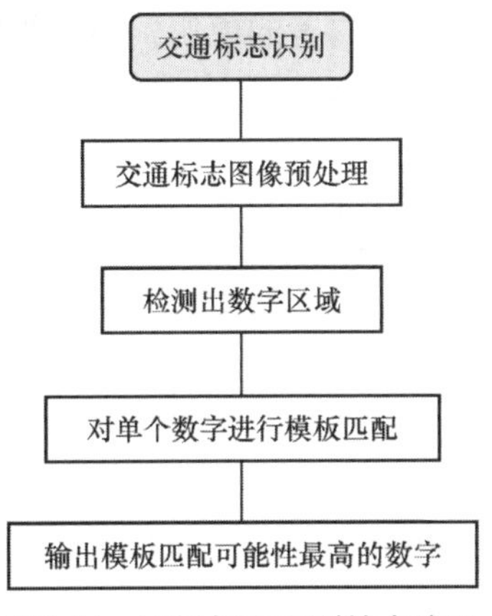

图3.11　交通标志识别技术流程

3.2.5 搭建实训环境

完成交通标志识别应用实践，首先需要配置相应的环境。我们使用 Python+PyCharm 进行编程，并且使用 OpenCV 库和 NumPy 库。

在项目 2 中已经讲解，在 Windows 系统下，Python+PyCharm 环境配置方法以及 OpenCV 库的安装，这里不再赘述。下面讲解一下 NumPy 库的安装。

在项目 2 的指导操作下成功安装 Python 后，打开命令提示符窗口，并使用 pip 安装 NumPy。

安装方法：打开命令提示符窗口，运行命令“pip install numpy”，等待安装完毕，安装界面如图 3.12 所示。

```
C:\Users>pip install numpy
Defaulting to user installation because normal site-packages is not writeable
Collecting numpy
  Downloading numpy-1.20.3-cp38-cp38-win_amd64.whl (13.7 MB)
     |████████████████████████████████| 13.7 MB 6.4 MB/s
Installing collected packages: numpy
Successfully installed numpy-1.20.3
```

图3.12　NumPy库安装界面

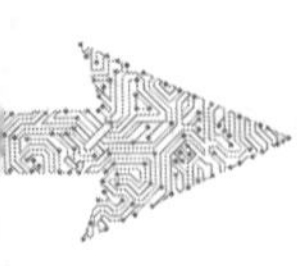

3.2.6 交通标志图像预处理

交通标志图像预处理的主要目的是消除图像中无关的信息，恢复有用的真实信息，增强有关信息的可检测性和最大限度地简化数据，从而增强特征抽取、图像分割、匹配和识别的可靠性。在预处理之前，为方便之后的操作，需要导入 OpenCV 模块、NumPy 模块以及 OS 模块，导入语句如下。

```
import cv2
import numpy as np
import os
```

这里介绍一下 OS 模块（包含多种操作系统接口），里面包含很多操作文件和目录的函数，可以帮助我们直接对操作系统进行操作。例如：调用操作系统的可执行文件、命令，直接操作文件、目录等。OS 模块是 Python 中内置的模块，不需要提前安装。

导入上述模块后，接下来我们逐步完成任务。

1．读取图像

首先我们需要读取图像，再进行后续的处理。代码如下。

```
img =cv2.imread(r'C:\PycharmProjects\pic.jpg')
cv2.imshow('src', img)
cv2.waitKey()
```

读取图像的语法格式如下。

```
cv2.imread(filepath,flags)
```

参数说明如下。

filepath：读入图像的完整路径。

路径包括两种：一种是绝对路径，需要从根目录写起；另一种是相对路径，需要源程序和文件在同一级目录中。

flags：读入图像的标志，可省略。

运行代码后读取图像效果如图 3.13 所示。

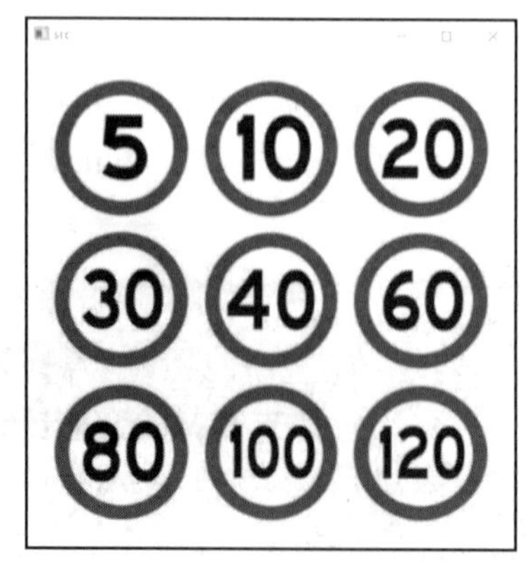

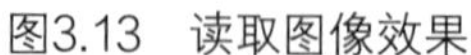

图3.13　读取图像效果

2. 转换为 HSV

HSV 颜色空间是基于颜色的图像分割十分合适的颜色空间。所以将原始图像的颜色空间从 BGR 转换为 HSV。代码如下。

```
hsv = cv2.cvtColor(src,cv2.COLOR_BGR2HSV)
cv2.imshow('hsv',hsv)
```

语法格式如下。

```
cv2.cvtColor(image,cv2.COLOR_BGR2HSV)
```

参数说明如下。

image：源图像。

cv2.COLOR_BGR2HSV：这个函数把图像的颜色空间从 BGR 转换成 HSV，注意 BGR2HSV 在 OpenCV 中默认的颜色空间是 BGR。

运行代码后转换为 HSV 的效果如图 3.14 所示。

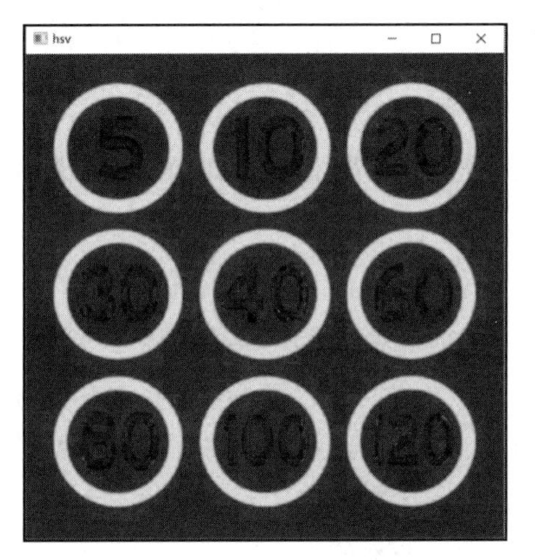

图3.14 转换为HSV的效果

彩图 3.14

3. 优化处理

（1）颜色过滤

确定提取红色的范围（HSV 颜色），然后通过 inRange()函数（参数图像的颜色空间为 HSV）提取红色。inRange()函数可以根据设定的阈值，去除阈值之外的背景部分。代码如下。

```
low_hsv=np.array([0,43,46])
high_hsv=np.array([10,255,255])
mask=cv2.inRange(hsv,lowerb=low_hsv,upperb=high_hsv)
cv2.imshow('mask',mask)
```

语法格式如下。

```
cv2.inRange(hsv, lower_color, upper_color)
```

参数说明如下。

hsv：源图像。

lower_color：HSV 颜色的最小范围。

upper_color：HSV 颜色的最大范围。

图像的 HSV 值在对应的范围内，则该图像 HSV 值变成 255，否则变成 0。

我们以提取红色为例，先设置阈值，再使用 inRange()函数清除掉其他颜色，将在两个阈值内的像素值设置为白色，而将不在阈值内的像素值设置为黑色。

（2）进一步优化处理

对图像进行进一步优化处理，把轮廓边缘变得更加清晰。代码如下。

```
#高斯模糊
mohu=cv2.GaussianBlur(mask,(5,5),0)
#二值化处理
thresh=cv2.threshold(mohu,0,255,cv2.THRESH_BINARY|cv2.THRESH_OTSU)[1]
#闭运算
ker=np.ones((5,5),np.uint8)
close=cv2.morphologyEx(thresh,cv2.MORPH_CLOSE,ker)
cv2.imshow('close',close)
```

①高斯模糊。高斯模糊也叫高斯平滑，通常用 GaussianBlur()函数来减少图像噪声以及减少细节层次。

语法格式如下。

```
cv2.GaussianBlur(src, ksize, sigmaX, sigmaY, borderType)
```

参数说明如下。

src：输入图像。

ksize：高斯内核大小。高度和宽度应该是奇数，并且可以具有不同的值。

sigmaX：沿 x 轴（水平方向）的内核标准偏差。

sigmaY：沿 y 轴（垂直方向）的内核标准偏差。

borderType：在将内核应用于图像边界时指定图像边界。

②二值化处理。图像是由矩阵构成的，矩阵中每个点的 RGB 值不同，因此呈现出的颜色不同，最终呈现出一幅彩色的图像。二值化就是给定一个阈值，让小于这个阈值的灰度值为 0，大于或等于这个阈值的灰度值为 255，这样显示出来的就是一幅黑白图像。OpenCV 模块中的 threshold()函数的作用就是将图像信息二值化。

语法格式如下。

```
cv2.threshold(src, thresh, maxval, type)
```

参数说明如下。

src：源图像，必须是单通道。

thresh：阈值，取值范围为 0 ~ 255。

maxval：填充色，取值范围为 0 ~ 255。

maxval 参数有如下两种：cv2.THRESH_BINARY，大于阈值的部分被置为 255，小于

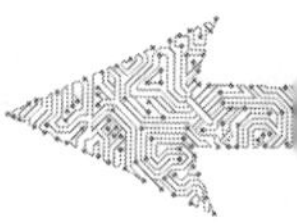

阈值的部分被置为 0；cv2.THRESH_OTSU，把阈值 thresh 设为 0，算法会找到最优阈值，并作为第一个返回值 ret 返回。

type：阈值处理类型。

③闭运算。闭运算相当于去掉图像里面的小黑点。

语法格式如下。

```
cv2.morphologyEx(src, op, kernel)
```

OpenCV 模块中的 morphologyEx()函数是一种形态学变化函数。基本的形态学操作有两种：膨胀与腐蚀。闭运算相当于先膨胀，再腐蚀。相关内容将在 3.2.7 节进行详细的讲解。

参数说明如下。

Src：传入的图像。

Op：进行变化的方式，op = cv2.MORPH_CLOSE 表示进行闭运算。

Kernel：方框的大小。

运行代码后颜色过滤及优化的效果如图 3.15 所示。

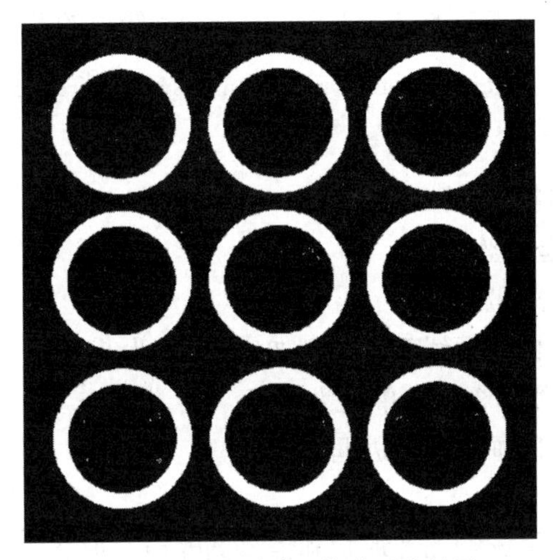

图3.15 颜色过滤及优化后的效果

3.2.7 识别交通标志

本节中我们采用模板匹配的方法，对交通标志中的数字进行识别。

模板匹配的基本原理是抽取未知文字的特征与事先存储好的标准文字特征进行匹配，在一定的距离或相似度测度下，找出与未知文字的特征匹配得最好的标准特征，然后将该标准特征所代表的文字作为未知文字的识别结果。

对图像进行预处理后，我们需要检测标志的轮廓，并获取轮廓的外接矩形，根据矩形的坐标，在源图像上进行裁剪，得到目标区域。接下来对它们进行形态学操作，提取矩形中间的数字和模板进行匹配，最终识别交通标志中的数字。

1. 轮廓提取

使用 OpenCV 模块中的 findContours()函数来查找检测物体的轮廓，语法格式如下。

```
cv2.findContours(close,cv2.RETR_EXTERNAL,cv2.CHAIN_APPROX_NONE)
```

参数说明如下。

close：带有轮廓信息的图像。

cv2.RETR_EXTERNAL：输出轮廓中只有外侧轮廓信息。

cv2.CHAIN_APPROX_NONE：存储所有轮廓点的信息，相邻两个轮廓点在图像上也是相邻的。

返回值为图像轮廓（contours）和图像层次（hierarchy）。

2. 获取轮廓外接矩形

OpenCV 模块中的 boundingRect()函数用于获取图像的最小矩形边框，rectangle()函数用于在任何图像上绘制矩形，语法格式如下。

```
x,y,w,h = cv2.boundingRect(img)
```

参数说明如下。

img：一个二值图，也就是它的参数。

返回 4 个值，即轮廓外接矩形的左上角坐标(x,y)和矩形的宽与高 w、h。

```
cv2.rectangle(image, start_point, end_point, color, thickness)
```

参数说明如下。

image：要在其上绘制矩形的图像。

start_point：矩形的起始坐标。

end_point：矩形的结束坐标。

color：要绘制的矩形的边框线颜色，例如(255,0,0)为蓝色。

thickness：矩形边框线的粗细，单位为像素。

返回值是一个图像，即画出蓝色边框的矩形。

3. 形态学操作

形态学操作主要是去除影响图像形状和信息的噪声。形态学运算在图像分割中非常有用，可以得到无噪声的二值图像。使用 OpenCV 模块中的 morphologyEx()函数可实现各类形态学变化，语法格式如下。

```
cv2.morphologyEx(src, op, kernel)
```

参数说明如下。

src：传入的图像。

op：进行形态学变化的方式，有两种：cv2.MORPH_OPEN 为开运算，cv2.MORPH_CLOSE 为闭运算。

kernel：方框的大小。

形态学变化的基本操作是腐蚀和膨胀。腐蚀是把图像“变瘦”，其原理是在源图像的小区域内取局部最小值；膨胀则与腐蚀相反，即把图像“变胖”，其原理是在源图像的小区域内取局部最大值。

开运算是先腐蚀再膨胀，用于去除背景中的小噪声；闭运算则是先膨胀后腐蚀，用于去除内部的小噪声。

4. 模板匹配

模板匹配是在一幅图像中寻找与另一幅模板图像最匹配（相似）部分。即在待检测的图像上，从左到右、从上到下计算模板图像与重叠子图像的匹配度，匹配度越大，两者相同的可能性越大。本节所用到的模板图像如图 3.16 所示。

moban0.png

moban1.png

moban2.png

moban3.png

moban4.png

moban5.png

moban6.png

moban7.png

moban8.png

图3.16　模板图像

OS 模块下的 listdir() 函数用于返回指定的文件夹包含的文件或文件夹的名字列表，通常用于提取文件夹中的文件，用一个循环遍历所有文件。OpenCV 模块下的 matchTemplate() 函数用于实现模板匹配；minMaxLoc()函数用于获取匹配后的结果，语法格式如下。

```
os.listdir(path)
```

参数说明如下。

path：需要列出的目录路径。

```
cv2.matchTemplate(image,templ,method[,mask])
```

参数说明如下。

image：源图像。

templ：模板图像。

method：匹配方法。CV_TM_CCOEFF 相关系数匹配法：1 表示完美的匹配；-1 表示最差的匹配。语法格式如下。

```
cv2.minMaxLoc(result)
```

参数说明如下。

result：cv2.matchTemplate()的返回值。

返回值为匹配结果的最小值、最大值，并得到最大值、最小值的索引。

5. 标记识别信息

使用 OpenCV 模块中的 putText()函数在图像上绘制文本字符串，语法格式如下。

```
cv2.putText(image,text,org,font,fontScale,color[,thickness[,lineType[,bottomLeft
Origin]]])
```

参数说明如下。

image：要在其上绘制文本字符串的图像。

text：要绘制的文本字符串。

org：图像中文本字符串左下角的坐标。

font：字体类型，如 FONT_HERSHEY_SIMPLEX 等。

fontScale：字体比例因子乘以 font-specific 的基本大小。

color：要绘制的文本字符串的颜色。如(255,0,0)为蓝色。

thickness：线的粗细，单位为像素。

lineType：一个可选参数，给出要使用的线的类型。

bottomLeftOrigin：一个可选参数。如果为 true，则图像数据原点位于左下角；否则，位于左上角。

运行代码后识别交通标志的效果如图 3.17 所示。

图3.17　识别交通标志后的效果

完整代码如下。

```
import cv2
import numpy as np
import os
#读取图像
src=cv2.imread(r'C:\Users\Q\Desktop\logo\4.jpg')
#转换为 HSV
hsv = cv2.cvtColor(src,cv2.COLOR_BGR2HSV)
low_hsv=np.array([0,43,46])
high_hsv=np.array([10,255,255])
mask=cv2.inRange(hsv,lowerb=low_hsv,upperb=high_hsv)
#高斯模糊
mohu=cv2.GaussianBlur(mask,(5,5),0)
#二值化处理
thresh=cv2.threshold(mohu,0,255,cv2.THRESH_BINARY | cv2.THRESH_OTSU)[1]
#闭运算
ker=np.ones((5,5),np.uint8)
close=cv2.morphologyEx(thresh,cv2.MORPH_CLOSE,ker)
#检测物体的轮廓
contours,hierarchy=cv2.findContours(close,cv2.RETR_EXTERNAL,cv2.CHAIN_APPROX_NONE)
```

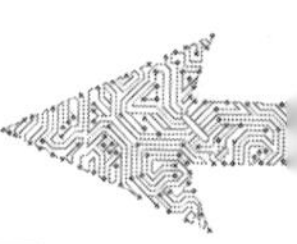

```
a=0
for i in contours:
    #获取轮廓外接矩形的左上角坐标和矩形的宽高
    #然后提取宽高比例为 0.8～1.3 和面积大于 200 的轮廓
    x,y,w,h=cv2.boundingRect(i)
    if  0.8 <= w/h <=1.3:
        if w*h<200:
            pass
        else:
            #裁剪矩形并保存图像
            a+=1
            img=src[y:y+h,x:x+w]
            #放大到指定尺寸
            img=cv2.resize(img,(500,460))
            cv2.rectangle(src,(x,y),(x+w,y+h),(255,0,0),2)
            # 对截取矩形图像进行处理
            gray = cv2.cvtColor(img, cv2.COLOR_BGR2GRAY)
            ret,thresh=cv2.threshold(gray,70,255,cv2.THRESH_BINARY_INV)
            # 开、闭运算
            ker = np.ones((6, 6), np.uint8)
            close = cv2.morphologyEx(thresh, cv2.MORPH_CLOSE, ker)
            # 掩码
            h, w = gray.shape[0], gray.shape[1]
            point1 = [0.15 * w, h / 4]
            point2 = [0.15 * w, 4 * h / 5]
            point3 = [0.83 * w, 4 * h / 5]
            point4 = [0.83 * w, h / 4]
            list1 = np.array([[point1, point2, point3, point4]], dtype=np.int32)
            mask = np.zeros_like(gray)
            mask = cv2.fillConvexPoly(mask, list1, 255)
            mask1 = cv2.bitwise_and(mask, thresh)
            # 开运算
            ker = np.ones((6, 6), np.uint8)
            mask1 = cv2.morphologyEx(mask1, cv2.MORPH_OPEN, ker)
            # 闭运算
            ker = np.ones((5, 5), np.uint8)
            mask1 = cv2.morphologyEx(mask1, cv2.MORPH_CLOSE, ker))
            # 找外轮廓
            contours1,hierarchy1=cv2.findContours(mask1,cv2.RETR_EXTERNAL,
cv2.CHAIN_APPROX_NONE)
            a = len(contours1)
              if 0<a<=3:
                list3=[]
                for i,element in enumerate(contours1):
                  x2, y2, w2, h2 = cv2.boundingRect(element)
                  list3.append(x2)
                # 轮廓外接矩形
                list2 = []
                #存放轮廓列表
                for lk in contours1:
                  x1, y1, w1, h1 = cv2.boundingRect(lk)
                  roi = mask1[y1:y1 + h1, x1:x1 + w1]
                  roi = cv2.resize(roi, (60, 90))
                  #把 roi 变成三通道图像
                  roi=cv2.cvtColor(roi,cv2.COLOR_GRAY2BGR)
                  list2.append(roi)
                  #遍历模板，进行模板匹配
                  filename = os.listdir(r'C:\Users \muban')
                  scores = []
                  for i in range(9):
                      src1 = cv2.imread('muban/' + filename[i])
                      result=cv2.matchTemplate(src1,roi,cv2.TM_CCOEFF)
                      (_, score, _, _) = cv2.minMaxLoc(result)
                      scores.append(score)
                  x3 = np.argmax(scores)  # x 是列表最大值所对应的下标
                  y3=scores[x3]
```

```
                print('最可能取值:', x3,'分数=',scores[x3])
                if y3>70063248:
                    print('x1=',x1,list3)
                    if x1==min(list3):
                        cv2.putText(src,'limt:'+str(x3),(x,y+20),cv2.FONT_HERSHEY
_SIMPLEX,1,(255,0,0),2)
                    elif x1==max(list3):
                        cv2.putText(src,'limt:'+'  '+str(x3),(x,y+20),
cv2.FONT_HERSHEY_SIMPLEX,1,(255,0,0),2)
                    else:
                        cv2.putText(src,'limt:' +' '+ str(x3),(x,y + 20),
cv2.FONT_HERSHEY_SIMPLEX,1,(255,0,0), 2)
                else:pass
            else:pass
    else:pass
cv2.imshow('src',src)
cv2.waitKey(0)
cv2.destroyAllWindows()
```

【实训工单】

通过综合利用我们在任务 3.2 中所学的知识与技能，完成下面的实训工单：使用 Python 识别交通标志。

实训工单　使用 Python 识别交通标志

实训场地		实训设备		班级		日期	
组别		组长		学时		小组成绩	
学生姓名		学号		电话号码		个人成绩	
任务背景	某车企为实现在行驶中智能识别交通标志，保障行车安全，需要对交通标志进行识别						
任务目标	综合利用所学知识与技能，完成对交通标志的识别						
任务要求	1. 利用 PyCharm 创建项目 2. 导入 OpenCV、NumPy、OS 模块 3. 交通标志图像预处理 4. 识别交通标志						
任务内容	1. 利用 PyCharm 创建项目□ 2. 导入 OpenCV、NumPy、OS 模块□ 3. 交通标志图像预处理□ 4. 识别交通标志□						
任务总结	通过本任务学习的收获：						
任务评估	对学生的综合评价与建议： 教师签字：						

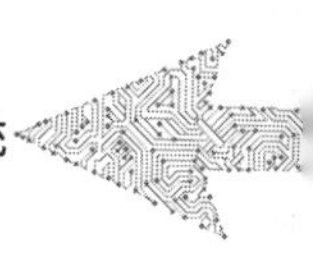

【任务小结】

本任务介绍了自适应巡航控制系统中的交通标志识别应用实践，包括交通标志认知、交通标志识别的基本原理与方法、HSV 模型以及 NumPy 库认知。接着我们以禁止类交通标志中的限速标志为例，逐步介绍了如何识别交通标志。通过本任务的学习，学生应能够掌握交通标志识别的工作原理、工作流程。

任务 3.3　激光雷达测距应用实践

【任务导入】

由于激光雷达具有探测距离远、探测范围广、分辨率高、采集信息丰富和抗干扰能力强等特点，运用光的直线传播特性和光传播速度快的特性，可提高车辆感知的实时性、完整性和准确性。综合以上特点，激光雷达符合自适应巡航控制系统的功能需求。本任务将以实训的形式重点介绍激光雷达的相关特性。

【相关知识】

3.3.1　激光雷达认知

1. 激光雷达的定义

激光雷达是工作在光波频段的雷达，它通过发射激光来探测目标。激光为原子受激辐射发出的光，具有光的特性。激光雷达广泛应用于 ADAS 中的前向碰撞预警系统、自适应巡航控制系统和盲区监测系统等，是目前 ADAS 中技术特性相当优良的雷达。其实物如图 3.18 所示。

图3.18　激光雷达实物

2. 激光雷达的组成与工作原理

激光雷达由发射系统、接收系统以及信号处理与控制系统组成，发射系统为激光发射装置，主要负责发出激光信号；接收系统为激光接收装置，主要负责接收反射回来的激光信号；信号处理与控制系统主要负责处理接收到的激光信号。其工作原理示意如图 3.19 所示。

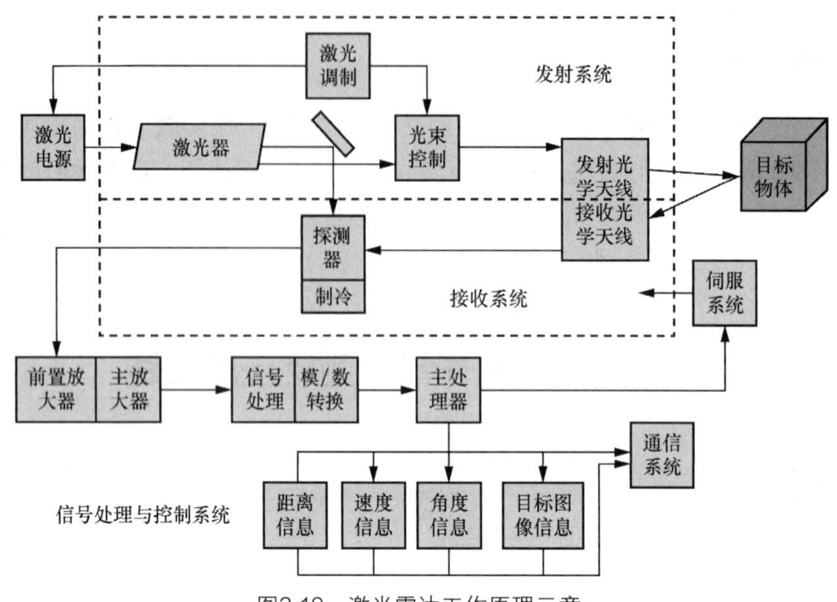

图3.19　激光雷达工作原理示意

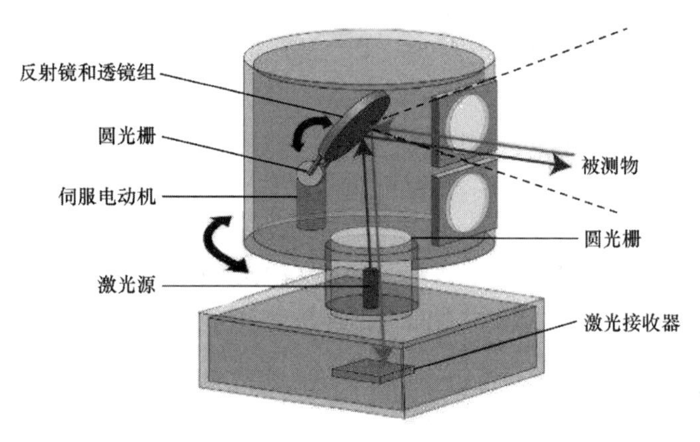

图3.20　机械激光雷达内部结构示意

我们以机械激光雷达为例，激光发射装置固定在激光雷达的底部，沿激光雷达轴线向上方发射激光，由伺服电动机带动反射镜和透镜组共同旋转，将激光反射到激光雷达径向，随着反射镜和透镜组的旋转，实现激光对周围环境的扫描，如图 3.20 所示。

3. 激光雷达的布置位置

激光遇到障碍物会发生光的反射，且激光雷达需要对周围环境进行 360° 扫描。为了保证激光可以正常发射，激光雷达通常布置在车顶区域，如图 3.21 所示。这样既能保证激光雷达不被遮挡，又能最大限度地扩大激光雷达的采集范围。

图3.21　激光雷达布置位置示意

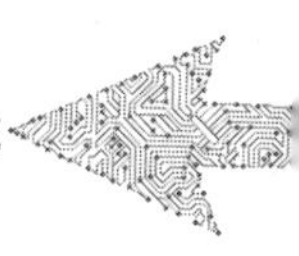

3.3.2 激光雷达的测距原理

1. 测距原理

激光雷达的测距原理是通过测算激光发射信号与激光回波信号的往返时间，从而计算出与目标物的距离，即飞行时间法。

激光雷达发射出激光，并记录发射时间，激光遇到障碍物后会发生反射，激光雷达接收到反射回来的激光，并记录接收时间，计算出时间差。根据光速 C 和时间差 T，即可计算出障碍物与激光雷达的距离，如图 3.22 所示。

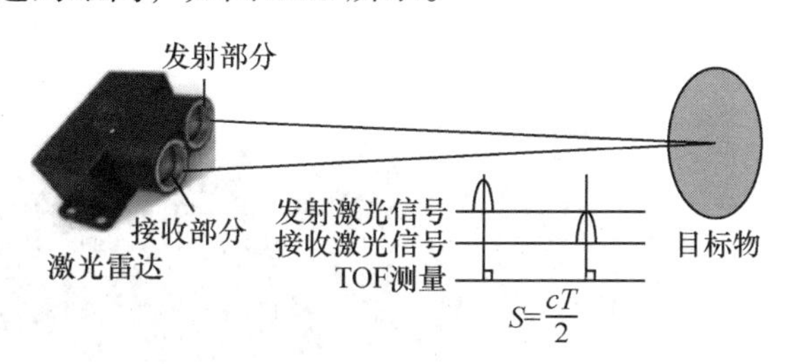

图3.22 激光雷达测距原理示意

注：TOF测量是一种通过利用照射波和反射波之间的时间差来测量到物体的距离的方法。

2. 激光雷达的分类

按照有无机械旋转部件，激光雷达可分为 3 类，分别是机械激光雷达、固态激光雷达和混合固态激光雷达，它们的区别如表 3.3 所示。

表 3.3 激光雷达分类与区别（一）

类型	结构	特点
机械激光雷达	带有控制激光发射角度的机械旋转部件	体积较大，价格较高，机械部件易损坏，测量精度相对较高，一般置于车顶
固态激光雷达	依靠电子部件来控制激光雷达的发射角度，无机械旋转部件	体积较小，技术成熟度不足，价格昂贵，需要布置多个才能满足全方位数据采集要求
混合固态激光雷达	带有机械旋转部件和电子控制激光雷达	兼具机械激光雷达与固态激光雷达的特点

按照激光束数量，激光雷达可分为两类，分别是单线束激光雷达和多线束激光雷达，它们的区别如表 3.4 所示。

表 3.4 激光雷达分类与区别（二）

类型	结构	特点
单线束激光雷达	扫描一次只产生一条激光束	获得的扫描数据是二维数据
多线束激光雷达	扫描一次可产生多条激光束，包括 4/8/16/32/64/128 线束	获得的扫描数据是三维数据

学习提示

激光雷达的技术特性源于光的物理特性。激光是一种特殊的光，如果想进一步了解激

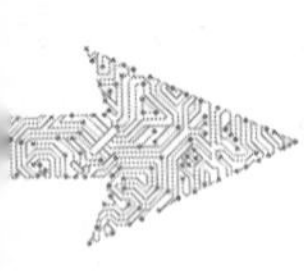

光的特性，可以从激光的受激辐射产生原理、传播特性和物理特征等角度进行研究。

【任务实施】

3.3.3 查看激光雷达基本参数

我们以 SK-Z 系列的单线束激光雷达为例，进行激光雷达测距性能的实训。

首先需要明确激光雷达的发射面，如图 3.23 所示，激光雷达的正面为透镜，此透镜后面即激光的发射源。在实训开始前需要明确激光的朝向，以免无法获取激光雷达的测距结果。

图3.23 激光雷达实物

该系列激光雷达的接口共有 4 个引脚，分别为 TX、RX、VCC 和 GND，其功能如图 3.24 所示。

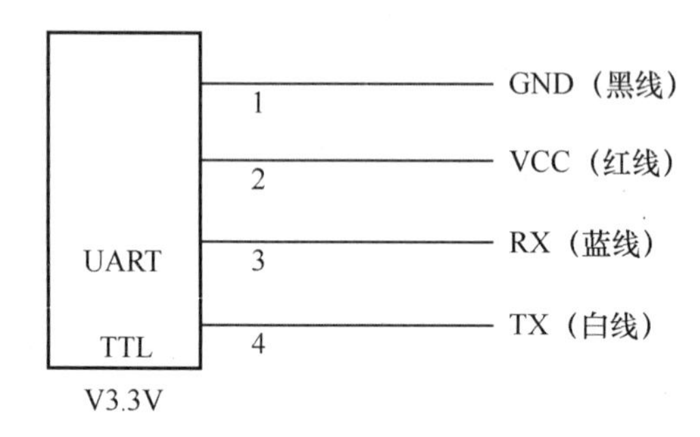

图3.24 激光雷达引脚功能

其中各引脚功能如下：

TX 引脚为串口发送引脚，用来将激光雷达的测距结果以串口数据的形式发送出去；

RX 引脚为串口接收引脚，用来接收上位机发送给激光雷达的串口控制指令数据；

VCC 引脚提供 5V 工作电压；

GND 引脚提供接地。

3.3.4 查看激光雷达技术参数

该系列激光雷达的技术参数如表 3.5 所示。

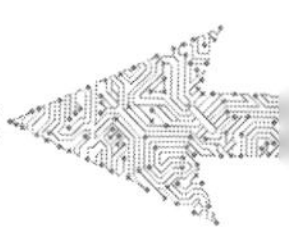

表 3.5　激光雷达技术参数

项目	参数
量程/m	20
输出频率/Hz	100
精度/cm	3～10
分辨率/cm	1
光源	780nm 一类安全激光
数据接口	TTL 串口
数据格式	115200，8，n，1 （波特率，一次传输 8bit，无校验位，一个停止位）
串口电平	VTTL=3.3V
工作温度/℃	-10～60
工作电压/V	DC3～5.5
工作电流/mA	74
功率/W	0.37
体积/mm × mm × mm	20 × 22 × 14
质量/g	8

可将以上技术参数作为该系列激光雷达实训测试结果的参考量，用来验证该系列激光雷达的实际测试结果是否正确。

3.3.5　查看激光雷达通信协议

由于激光雷达接收和发送数据的接口均为 TTL 串口，因此需提前明确串口的通信协议，以便正确读取激光雷达返回的测试数据内容。

SK-Z 系列激光雷达上电后会自动通过串口不断发送设备到目标物之间的距离数据，可以根据通信协议编程解析与目标物之间的距离数据。

协议数据帧以 ASCII 的方式进行传输，以十六进制的方式进行解析，RX 输入协议如表 3.6 所示。

表 3.6　RX 输入协议

<table>
<tr><th>字符序号</th><th>1</th><th>2</th><th>3</th><th>4</th><th>5</th><th>6</th><th>7</th><th>8</th><th>9</th><th>10</th><th>11</th></tr>
<tr><td>字符含义</td><td>前导符</td><td>设备地址</td><td>命令码</td><td>寄存器地址高位</td><td>寄存器地址低位</td><td>数据高位</td><td>数据低位</td><td>CRC 低位</td><td>CRC 高位</td><td>结束符</td><td>前导符</td></tr>
<tr><td>字符形式</td><td>～</td><td>0x00～0xFF</td><td>0x00～0xFF</td><td colspan="2">0～65535</td><td colspan="2">0～65535</td><td colspan="2">0～65535</td><td>\r</td><td>\n</td></tr>
<tr><td>字符功能</td><td>帧开始</td><td>设备地址</td><td>寄存器命令</td><td colspan="2">寄存器地址</td><td colspan="2">数据（实时距离，单位为 mm）</td><td colspan="2">CRC 校验结果，校验字节 2～7</td><td colspan="2">帧结束</td></tr>
</table>

应用举例如下。

串口以 ASCII 的方式接收字符串：～01030100019AC5CD。

字符串对应的十六进制 ASCII 为：7E 30 31 30 33 30 31 30 30 30 31 39 41 43 35 43 44。

相应解析如下。

～：数据帧前导符（The data frame initializer）。

01：传感器地址（十六进制）[Sensor address（hex）]。

03：状态寄存器（十六进制）[Status register（hex）]。

0100：参数地址（十六进制，数据）[Parameter address（hex, data）]。

019A：参数值（十六进制，实时距离，以 mm 为单位），表示实际距离是 410mm，即 0.41m；

C5CD：校验码（CRC16，低字节在前，高字节在后）[Low byte before, high byte after]。

异常说明如下。

测量距离小于盲区 6cm 时，输出最小值 6cm，即字符串～01030100003C4427。

测量距离大于 5m 时，输出最大值 5m，即字符串～0103010013884960。

3.3.6 搭建测试环境

实训试验需要准备计算机、数据线和激光雷达。其中计算机作为主控端，预装了激光雷达的上位机软件，通过数据线与激光雷达相连，提供电源及通信。激光雷达实训试验搭建示意如图 3.25 所示。

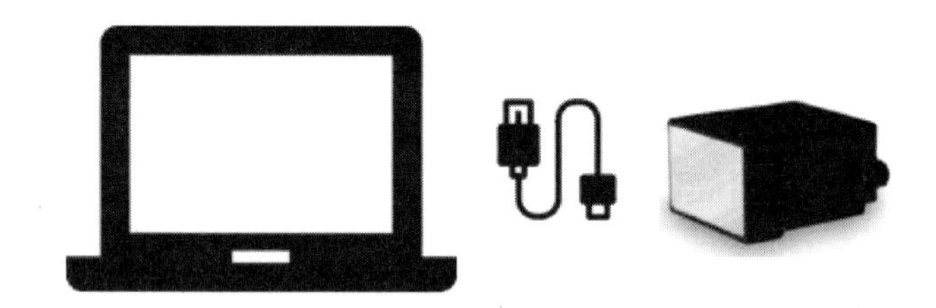

图3.25 激光雷达实训试验搭建示意

1. 激光雷达测距软件安装

双击文件夹中的安装文件（扩展名为.exe），即可打开激光雷达测距软件。激光雷达测试主界面如图 3.26 所示。

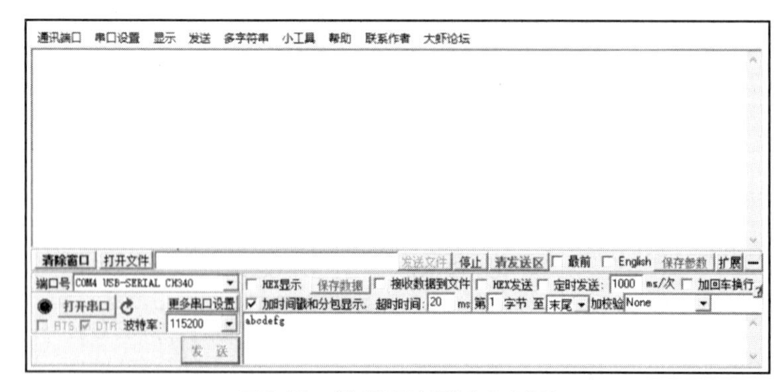

图3.26 激光雷达测试主界面

2. 接入激光雷达并进行串口调试

接入激光雷达后，软件会自动匹配串口通道，如自动匹配失败，可以在计算机上的设备管理器中进行串口，调试界面如图 3.27 所示。

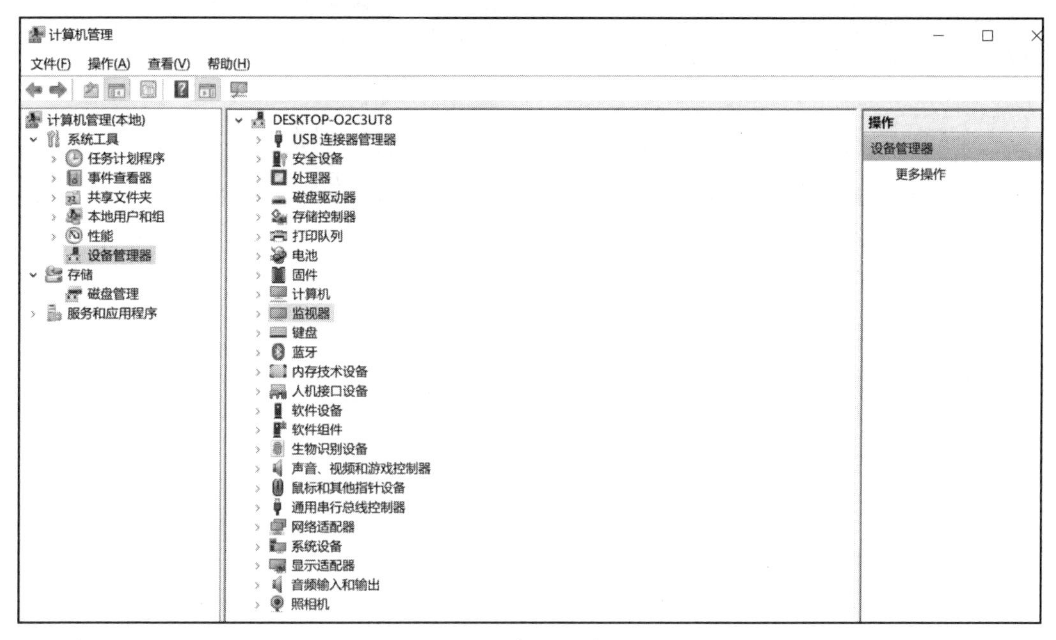

图3.27　串口调试界面

串口调试成功后，单击软件界面中的“连接”按钮，即可进行激光雷达测距性能测试，如图 3.28 和图 3.29 所示。

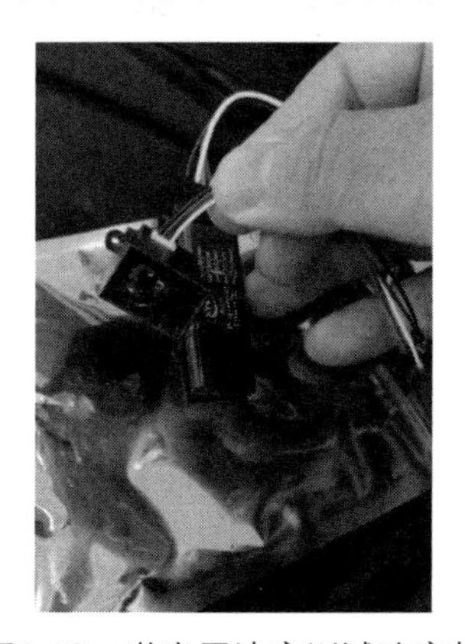

图3.28　激光雷达实训试验实物

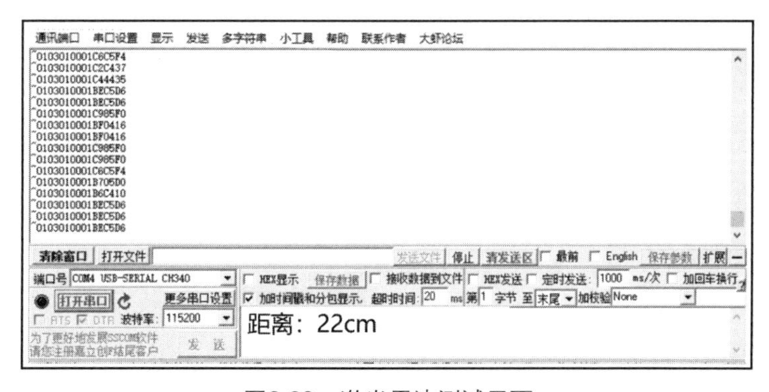

图3.29　激光雷达测试界面

3. 激光雷达测距性能测试

使用不同材质障碍物的测试过程如图 3.30 和图 3.31 所示，在保持激光雷达位置及工作状态不变的前提下，通过更换不同材质的障碍物，如金属板、硬纸壳、书本和塑料板等，在激光雷达前方相同的几组位置处，探索激光雷达面对不同材质障碍物时测距性能的差异，并将测试数据记录在实训工单上。

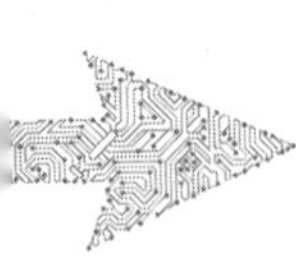

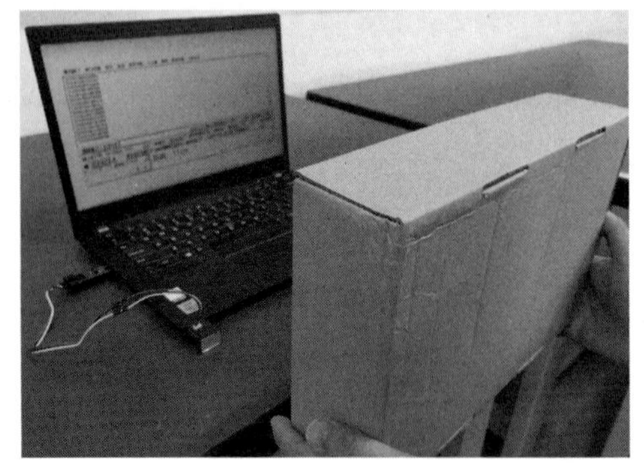

图3.30　纸质障碍物试验

图3.31　金属障碍物试验

职业提示

激光雷达是集成度较高的传感器，除了要了解其安装方式，还要掌握其电气属性和通信规则，对激光雷达系统进行全面认识。

激光雷达应用与检测

【实训工单】

通过本任务中对激光雷达的学习，完成下面两个实训工单：搭建激光雷达实训环境和激光雷达测距性能验证与测试。

实训工单 1　搭建激光雷达实训环境

实训场地		实训设备		班级		日期	
组别		组长		学时		小组成绩	
学生姓名		学号		电话号码		个人成绩	
任务背景	某公司为完成激光雷达的性能验证与测试项目，需要综合测试部派员工搭建激光雷达测试环境，用于激光雷达测距性能验证与测试						
任务目标	综合利用在本任务中所学的知识与技能，完成激光雷达实训环境的搭建						
任务要求	1. 安装激光雷达测试用上位机软件 2. 连接激光雷达测试样件 3. 调试计算机串口，保证激光雷达与计算机通信通畅 4. 验证激光雷达测距性能是否良好						
任务内容	1. 激光雷达测试软件安装□ 2. 激光雷达测试样件安装□ 3. 计算机配置串口编号□ 4. 验证激光雷达测距性能□						
任务总结	通过本任务学习的收获：						
任务评估	对学生的综合评价与建议： 教师签字：						

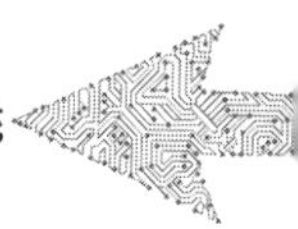

实训工单 2　激光雷达测距性能验证与测试

<table>
<tr><td>实训场地</td><td></td><td>实训设备</td><td></td><td>班级</td><td></td><td>日期</td><td></td></tr>
<tr><td>组别</td><td></td><td>组长</td><td></td><td>学时</td><td></td><td>小组成绩</td><td></td></tr>
<tr><td>学生姓名</td><td></td><td>学号</td><td></td><td>电话号码</td><td></td><td>个人成绩</td><td></td></tr>
<tr><td>任务背景</td><td colspan="7">某公司为完成激光雷达的性能验证与测试项目，需要综合测试部派员工运用激光雷达测试环境，对激光雷达进行测距性能验证与测试</td></tr>
<tr><td>任务目标</td><td colspan="7">综合利用在本任务中所学的知识与技能，完成激光雷达测距性能验证与测试</td></tr>
<tr><td>任务要求</td><td colspan="7">1. 确认激光雷达测距结果是否完整且正常
2. 验证激光雷达对不同材质障碍物的测距性能
3. 验证激光雷达对不同形状、尺寸障碍物的测距性能
4. 验证激光雷达的最远探测距离</td></tr>
<tr><td>任务内容</td><td colspan="7">1. 激光雷达测距结果包括哪些测试数据，是否存在异常□

2. 激光雷达对不同材质障碍物的测距性能□
在激光雷达前方 200cm 处放置不同材质、大小相当的障碍物，记录距离读数，总结距离读数是否存在差别。
<table><tr><td>障碍物材质</td><td>距离读数/cm</td></tr><tr><td>金属板</td><td></td></tr><tr><td>硬纸壳</td><td></td></tr><tr><td>纸张</td><td></td></tr><tr><td>塑料板</td><td></td></tr><tr><td>玻璃</td><td></td></tr></table>3. 激光雷达对不同形状和尺寸障碍物的测距性能□
在激光雷达前方 200cm 处放置不同形状、尺寸、相同材质的障碍物，记录距离读数，总结距离读数是否存在差别。
<table><tr><td>障碍物材质</td><td>距离读数/cm</td></tr><tr><td>书脊面（书立起）</td><td></td></tr><tr><td>书正面（书立起）</td><td></td></tr><tr><td>书卷筒面（书立起）</td><td></td></tr><tr><td>书展开（书立起）</td><td></td></tr><tr><td>书平放</td><td></td></tr></table>4. 激光雷达的最远探测距离□
将激光雷达朝向墙壁，对比激光雷达测距结果与实测距离的差别，通过改变与墙壁的距离，确认激光雷达的最远探测距离</td></tr>
<tr><td>任务总结</td><td colspan="7">通过本任务学习的收获：</td></tr>
<tr><td>任务评估</td><td colspan="7">对学生的综合评价与建议：

教师签字：</td></tr>
</table>

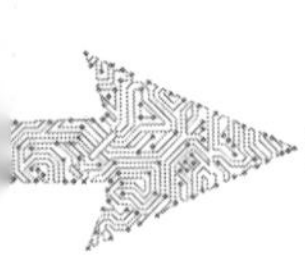

【任务小结】

本任务介绍了激光雷达的定义与分类、组成与工作原理，以及激光雷达测试方法、测试环境搭建方法、测距数据的读取方法和激光对不同材质障碍物的测距性能特点。通过本任务的学习，学生能够更深入地了解激光雷达的工作原理和性能特点。同时在任务实施过程中，学生会发现激光雷达在探测障碍物时的不足，并从技术角度分析原因，为激光雷达后续的工程应用提供实测依据。

【项目总结】

本项目讲解了 ADAS 关键技术中的自适应巡航控制系统，通过系统认知，学生学习了自适应巡航控制系统的基本概念及组成、工作原理；通过应用实例，学生学习了搭载自适应巡航控制系统的应用车型，以及系统实现的工作原理与工作流程；通过应用实践，学生学习了如何进行车辆巡航过程中的交通标志识别以及激光雷达测距。

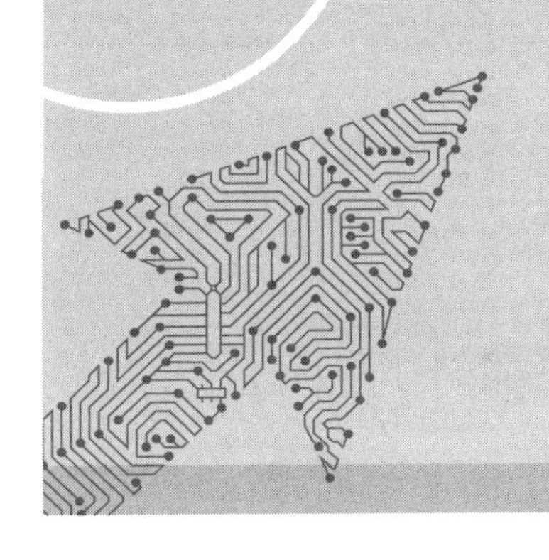

项目4 车道保持辅助系统

04

【项目背景】

随着我国经济快速发展、汽车保有量的增加，道路基础设施不断完善。在高速公路上长途驾驶时，通常车速较快，在遇到复杂路况比如弯道时，需要驾驶员反应迅速。在弯道的路况中驾驶员不能很好地了解弯道后的路况，这时如果车辆可以自动驾驶，使自车始终保持在当前道路中间行驶，遇到弯道时可以自行调整行车方向，那么这样既提高了安全性，也减轻了驾驶员的负担。这样的技术就是ADAS的车道保持辅助系统所采用的技术。本项目主要从系统认知着手，以丰富的应用实践和应用案例为主，带大家了解车道保持辅助系统。

【项目目标】

目标	内容
知识目标	1. 能够掌握车道保持辅助系统的基本概念与组成、工作原理。 2. 了解搭载车道保持辅助系统的车型。 3. 理解车道保持辅助系统的工作流程。 4. 理解车道线检测技术的工作原理和工作流程
能力目标	1. 能够描述车道保持辅助系统的应用。 2. 能够描述不同车型的车道保持辅助系统工作流程。 3. 能够使用 Canny 算子实现边缘检测。 4. 能够使用霍夫变换获取车道线
素质目标	1. 具有主动学习的意识，能够将所学知识和技能投入工作实践中，并在工作实践中持续总结。 2. 具备良好的逻辑思维、自我思考、自我解决问题的能力。 3. 具备集体意识和团结协作能力

【知识框架】

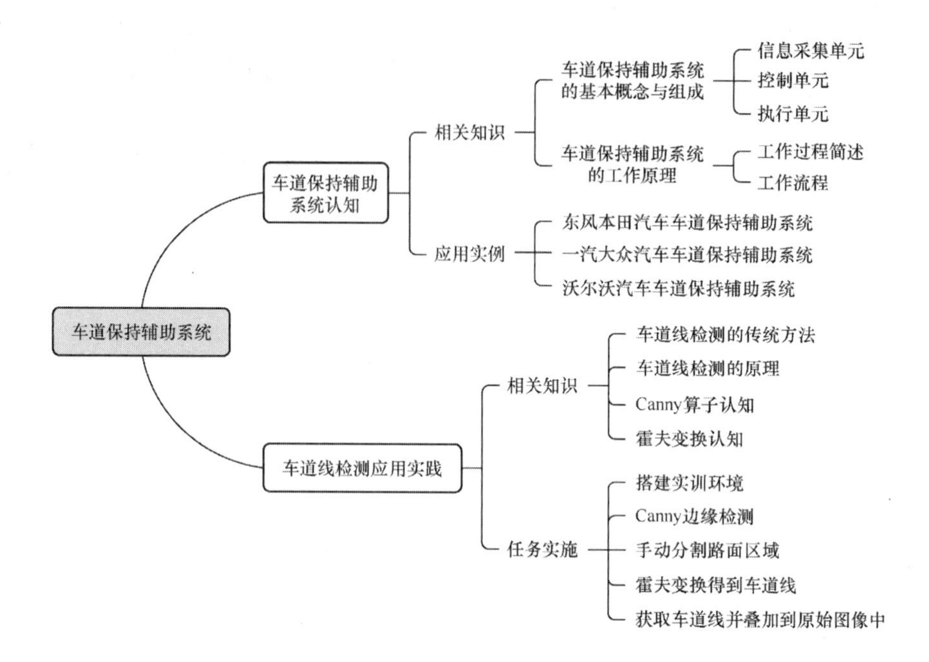

任务 4.1　车道保持辅助系统认知

【任务导入】

在车辆行驶过程中经常会有因为驾驶员注意力不集中、接打电话或长时间疲劳驾驶引起车辆偏离车道的状况。ADAS 中的车道保持辅助系统能很好地解决车道偏离问题，有效减少因车道偏离引起的交通事故，缓解驾驶员疲劳。

【相关知识】

4.1.1　车道保持辅助系统的基本概念与组成

车道保持辅助（Lane Keeping Assist，LKA）系统是 ADAS 中的一个功能，该系统能识别自车偏离原本车道的趋势并发出警报提醒驾驶员，执行操作使自车保持在原车道行驶。车道保持辅助系统主要由信息采集单元、控制单元、执行单元组成。

1. 信息采集单元

信息采集单元是车道保持辅助系统中获得信息的部分，主要由环境感知传感器构成，其作用是获取当前自车行驶道路的车道线信息，并将这些信息传递给控制单元。目前车道保持辅助系统的环境感知传感器一般是摄像头，通常安装在车辆前方。

2. 控制单元

控制单元是车道保持辅助系统的“大脑”中枢，对信息采集单元传送的信息进行处理，

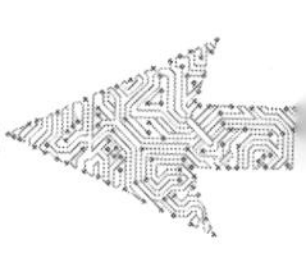

当检测到自车行驶路线有偏离原车道趋势时控制单元会向执行单元发出警告命令，当检测到自车行驶路线已经偏离原车道时控制单元会向执行单元发出介入干预的命令，使自车回归原车道行驶。

3. 执行单元

执行单元是车道保持辅助系统中最终采取措施的部分，执行单元接收控制单元发出的命令，当接收到警告命令时，执行单元通过发出蜂鸣声、转向盘振动、驾驶员座椅振动等方式向驾驶员发出车道偏离警报。当接收到车道保持辅助系统介入干预车辆行驶的命令时，执行单元通过转向系统自动纠正行驶方向，使车辆回归原车道行驶。

4.1.2 车道保持辅助系统的工作原理

车道保持辅助系统通过在车辆前方安装的摄像头来实时获取车道信息，将获取的车道信息和自车位置信息发送给控制单元。控制单元通过获取的信息确定自车位置，通过车道线识别技术和特定算法，分析车辆行驶路线是否有偏离原车道的趋势，或者已经偏离原车道时将命令发送给执行单元。当有偏离原车道的趋势时，执行单元收到命令，发出警告，以警示驾驶员。如驾驶员仍然没有采取措施，自车已经偏离原车道，执行单元会执行回正操作，调整转向盘角度使车辆回归原车道行驶；偏离原车道时如驾驶员开启转向灯则车道保持辅助系统不会介入干预，系统会认为驾驶员正在转向；如驾驶员没有开启转向灯，在车道保持辅助系统介入干预时驾驶员操作转向盘仍可以强行变道。具体工作流程如图 4.1 所示。

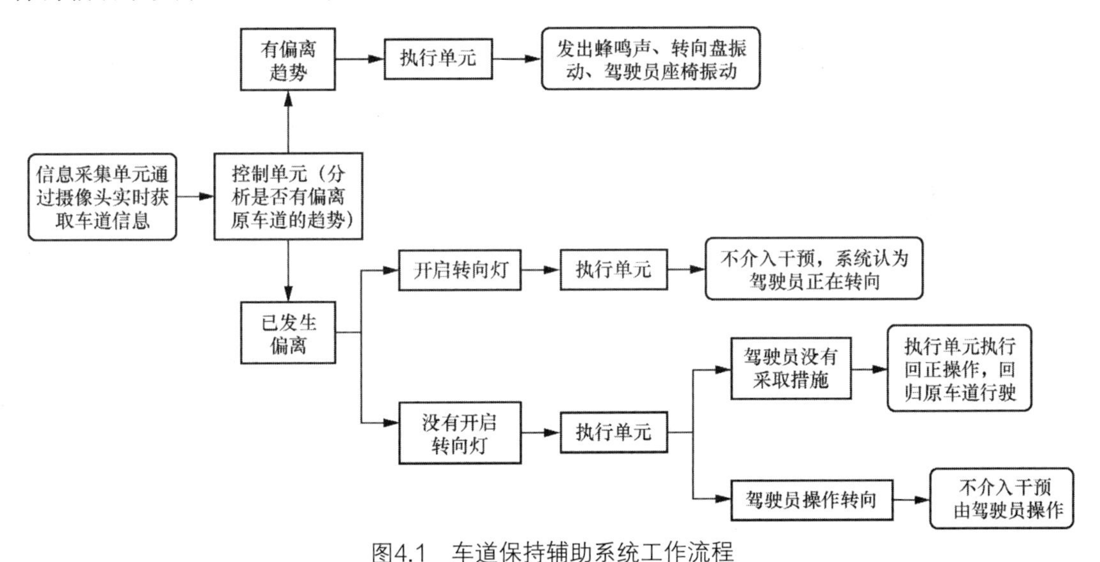

图4.1 车道保持辅助系统工作流程

【应用实例】

4.1.3 东风本田汽车车道保持辅助系统

东风本田汽车车道保持辅助系统在多种车型中都有应用，具体包括 ENVIX 享域、BREEZE 皓影、CR-V、新 ODYSSEY 奥德赛等。使用系统时需满足以下条件：①道路两侧

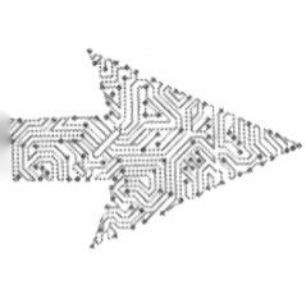

可探测到车道线，自车位于车道中间；②车速为70～180km/h；③驾驶员未踩下制动踏板；④转向灯关闭。当自车行驶在当前车道时，东风本田汽车车道保持辅助系统能操控转向盘，使车辆尽可能行驶在当前车道中间位置，有效缓解驾驶员疲劳。

东风本田汽车车道保持辅助系统需要手动激活，按下转向盘上的MAIN按钮，此时驾驶员信息显示屏上的LKAS指示灯亮起；按下LKAS按钮，驾驶员信息显示屏上出现车道线，说明车道保持辅助系统激活成功，如图4.2所示。关闭车道保持辅助系统时只需按下MAIN按钮或LKAS按钮，如图4.3所示。

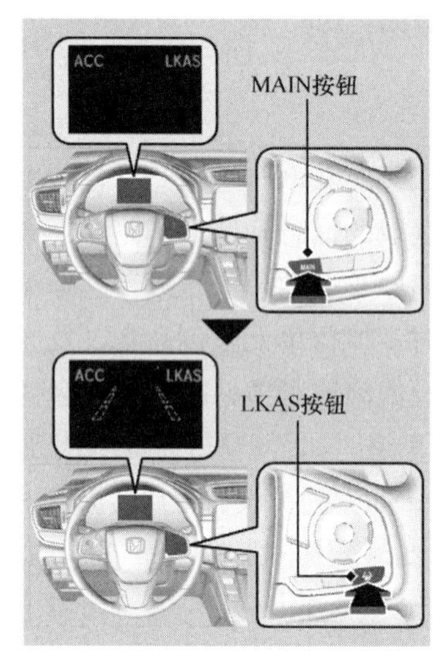

图4.2　车道保持辅助系统激活成功

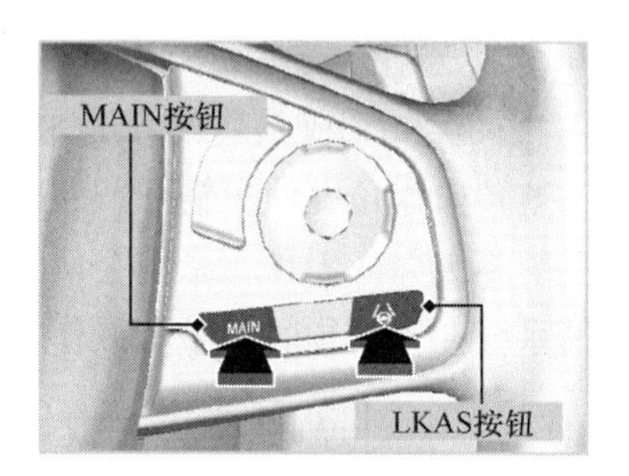

图4.3　关闭车道保持辅助系统

车道保持辅助系统通过单眼摄像头，识别出当前车道的车道线，辅助施加转向盘转向操作，使车辆始终保持在车道中间位置行驶。当车道保持辅助系统判断车辆可能偏离当前车道时，系统施加转向扭矩使车辆保持在左车道线和右车道线之间。车辆越靠近任意一边车道线，施加的扭矩越大。同时系统会通过转向盘振动提醒驾驶员进行操作。如果驾驶员开启转向灯，系统则认为驾驶员正在操作车辆转向盘，系统将暂时关闭，在关闭转向灯后系统恢复工作。

4.1.4　一汽大众汽车车道保持辅助系统

一汽大众汽车车道保持辅助系统在车速达到65km/h且车道线清晰的情况下方可开启。系统开启时可在多功能信息显示屏驾驶辅助系统设置中选择此功能，如图4.4所示，此时仪表板中显示车道标识的指示灯转为绿色，信息显示屏中的车道线变亮。

一汽大众车道保持辅助系统通过在车辆前方加装摄像头来实时收集前方道路信息，当发现车辆出现偏离原车道的情况时系统会检测驾驶员是否开启转向灯，如未开启转向灯系统会主动纠正车辆的行驶方向，确保车辆回归原车道继续行驶。系统开启后如果驾驶员双手离开转向盘超过10s，系统将发出警报，提示驾驶员接管车辆驾驶主动权，并自动关闭车道保持辅助系统，如图4.5所示。

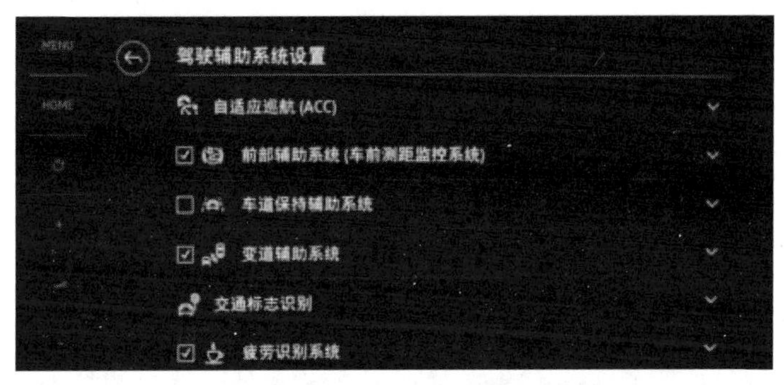

图4.4 一汽大众汽车多功能信息显示屏

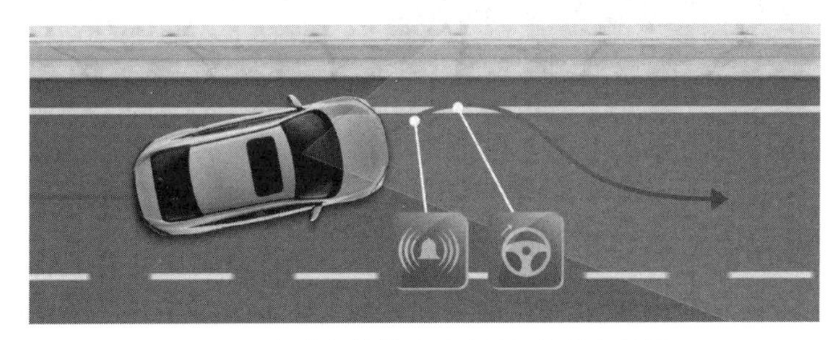

图4.5 车道保持辅助系统关闭并发出警报

4.1.5 沃尔沃汽车车道保持辅助系统

沃尔沃汽车车道保持辅助系统可提高驾驶的便利性和保障乘客的安全。当车速大于 65km/h 且车道线清晰时可开启沃尔沃车道保持辅助系统，在狭窄道路或车道线不清晰时该系统不可用，系统将进入待机模式。可在多功能信息显示屏上操作设置系统开启，先选择“设置”[见图 4.6（a）]，在“设置”里选择“驾驶”，在“驾驶”中选择“车道保持辅助系统”[见图 4.6（b）]。

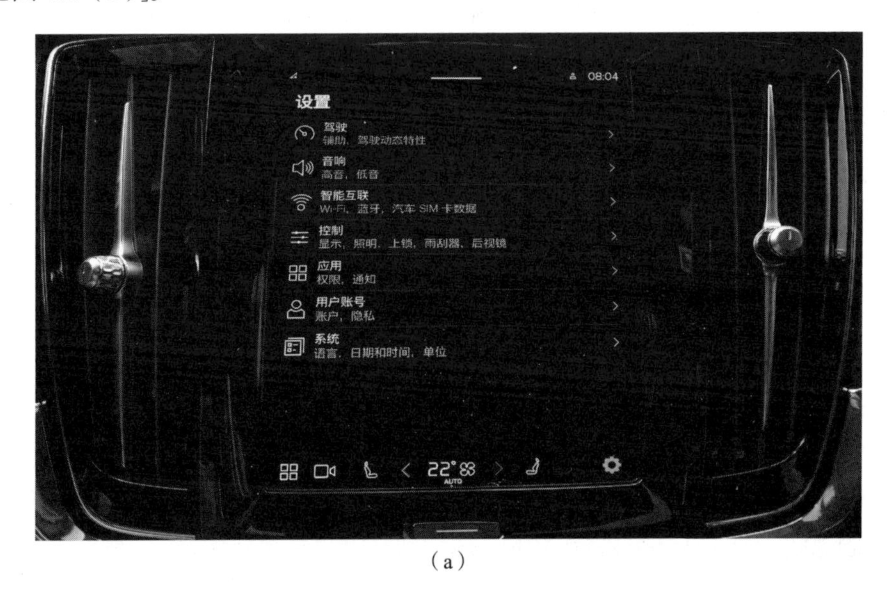

（a）

图4.6 车道保持辅助系统设置

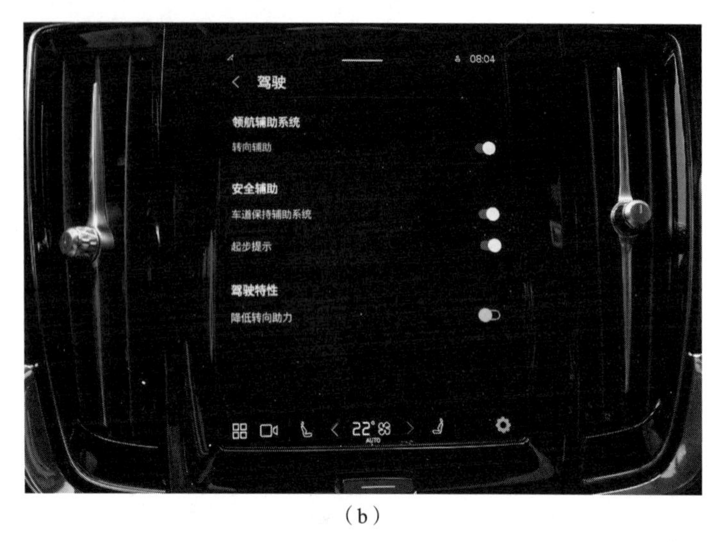

（b）

图4.6 车道保持辅助系统设置（续）

该系统开启后会持续检测车辆在车道上的位置，当检测到车辆偏离车道时会检测是否开启转向灯。如未开启转向灯则该系统将施加转向力矩在转向盘上，使车辆回归车道中间位置；如施加的转向力矩不足以制止车辆偏离车道或此时驾驶员继续在车道上转向，系统会振动转向盘以警示驾驶员。

【巩固与提升】

1. 单选题

（1）（　　）能识别自车偏离原车道的趋势并发出警报提醒驾驶员。

A. 前向碰撞预警系统　　B. 自适应巡航控制系统

C. 驾驶员疲劳预警系统　　D. 车道保持辅助系统

（2）信息采集单元是车道保持辅助系统中获得信息的部分，主要由（　　）构成。

A. 环境感知传感器　　B. 摄像头

C. CPU　　D. 控制器

（3）目前车道保持辅助系统的环境感知传感器一般是（　　），并将其安装在车辆前方。

A. 激光雷达　B. 毫米波雷达　C. 摄像头　D. 超声波雷达

（4）以下（　　）不属于车道保持辅助系统的报警方式。

A. 发出蜂鸣声　　B. 转向盘振动

C. 驾驶员座椅振动　　D. 紧急制动

（5）以下不属于东风本田汽车车道保持辅助系统开启条件的是（　　）。

A. 道路两侧可检测到车道线，自车位于车道中间

B. 车速处在 180km/h 之内

C. 驾驶员未踩下制动踏板

D. 转向灯关闭

2. 判断题

（1）控制单元对信息采集单元传送的信息进行处理，当检测到自车有偏离原车道趋势

时控制单元会向执行单元发出警告命令。(　　)

(2) 开启转向灯后，车辆偏离原车道时车道保持辅助系统不会介入干预。(　　)

(3) 东风本田汽车车道保持辅助系统通过单眼摄像头，识别出当前车道的车道线，辅助施加转向盘转向操作，使车辆始终保持在车道中间位置行驶。(　　)

(4) 一汽大众车道保持辅助系统在车速为 65～180km/h 且车道线清晰的情况下方可开启。(　　)

(5) 沃尔沃汽车车道保持辅助系统在道路狭窄或车道线不清晰时依然可用。(　　)

3. 简答题

(1) 简述车道保持辅助系统的工作原理。

(2) 列举 3 个配有车道保持辅助系统的车型。

【任务小结】

本任务主要介绍了车道保持辅助系统的基本概念与组成、工作原理，以及部分搭载车道保持辅助系统的车型，这些车型的车道保持辅助系统的开启条件和工作流程。通过本任务的学习，学生应该能够理解车道保持辅助系统的工作原理和具体系统响应的工作流程。

任务 4.2 车道线检测应用实践

【任务导入】

车道线检测主要应用于自动驾驶，可以实现车辆横向运动的主动安全功能和控制功能。车道线检测可以确定车辆与当前车道的位置关系，在车辆偏离当前车道时，系统不仅可以通过声音、振动等方式来提醒驾驶员，并且可以主动控制转向盘，纠正车辆的横向位置，使车辆回归原车道行驶，从而避免发生横向碰撞或其他风险。本任务将介绍采用传统方法实现车道线检测，重点介绍核心技术。

【相关知识】

4.2.1 车道线检测的传统方法

车道线检测的传统方法就是指利用传统图像处理技术从摄像机拍摄的图像中提取车道线特征。随着人工智能的不断发展，也出现了深度学习与传统图像处理技术相结合的检测方法，深度学习可以用来提取车道线特征信息，再采用传统图像处理技术对直线特征点进行聚类与拟合，以提高车道线检测的鲁棒性和准确性。

下面介绍如何用简单的传统方法实现车道线检测，详细阐述传统车道线检测的流程，并对霍夫变换的思想及 Canny 边缘检测流程等进行概述。

4.2.2 车道线检测的原理

车道线检测可以理解为边缘检测，传统的边缘检测算法本质上是一种滤波算法。图像滤波的作用就是在尽量保留图像细节特征的条件下对目标图像的噪声进行抑制，其处理效果的好坏将直接影响后续图像处理和分析的有效性和可靠性。边缘检测主要用于处理一些数据信息，提取想要的目标，剔除一些不相关的干扰及无用信息，通过更少的数据信息量获取更多关注的信息。

4.2.3 Canny算子认知

Canny 边缘检测算法是 John F. Canny（约翰・F.坎尼）于 1986 年开发出来的多级边缘检测算法，此算法被很多人认为是边缘检测的最优算法，相比其他边缘检测算法来说其识别图像边缘的准确度要高很多。Canny 算子具有以下特性。

低错误率：标识出尽可能多的实际边缘，同时尽可能地减少噪声产生的误报。

高定位性：标识出的边缘要与图像中的实际边缘尽可能接近。

最小响应：图像中的边缘只能标识一次。

首先思考一下边缘是什么，边缘就是灰度值变化较大的像素点的集合。一道黑边和一道白边的中间就是边缘。我们需要做的就是把图像灰度化后灰度值变化最大的点保留下来，其他的除去，这样可以剔除掉一大部分的点。

但是这样做仍然有很多的可能边缘点，因此需要进一步设置一个双阈值，即低阈值和高阈值。灰度值变化大于高阈值的，设置为强边缘像素；低于低阈值的，则将其剔除；在两阈值之间的设置为弱边缘，接下来进一步判断，如果与确定为边缘的像素点邻接则保留，如果没有邻接则剔除。

Canny 边缘检测的步骤如下。

1. 对原始图像进行灰度化

Canny 边缘检测算法通常处理的图像为灰度图像，因此如果摄像头获取的是彩色图像，首先就得对图像进行灰度化。

2. 高斯滤波

滤波的主要目的是降噪，为了尽可能减少噪声对边缘检测结果的影响，所以必须滤除噪声，以防止由噪声引起错误检测。高斯滤波的作用主要是使图像变得平滑（模糊），以减少边缘检测器上明显的噪声影响，同时也有可能增大边缘的宽度。

3. 计算图像梯度

梯度的定义：梯度即一个向量（矢量），表示某一函数在一点处的方向导数沿着某一方向取得最大值，即函数在该点处沿着该方向（此梯度的方向）变化最快，变化率最大。

边缘是灰度值变化较大的像素点的集合。一道黑边和一道白边的中间就是边缘，它的灰度值变化是最大的，在图像中，用梯度来表示灰度值的变化程度和方向。所以计算图像梯度能够得到图像的边缘。

Canny 边缘检测算法的基本思想是寻找一幅图像中灰度（梯度方向）变化最强的位置。原理为在平滑的图像上用 Sobel/Roberts/Prewitt 算子沿 x 轴和 y 轴检测边缘是水平线/垂直线/对角线，本节采用 Sobel 算子对图像进行梯度幅值与梯度方向计算。

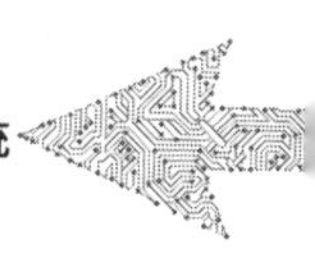

4. 非极大值抑制

非极大值抑制可以有效地剔除一大部分非边缘点。通常灰度值变化的地方都比较集中，将局部范围内的梯度方向上灰度值变化最大的点保留下来，其他的不保留，这样可以剔除掉一大部分的点。将有多个像素宽的边缘变成一个单像素宽的边缘，即将“胖边缘”变成“瘦边缘”。

5. 使用上下阈值来检测边缘

通过非极大值抑制后，仍然有很多的可能边缘点，进一步地设置一个双阈值，即低阈值和高阈值。

灰度值变化大于高阈值的，设置为强边缘像素；小于低阈值的则剔除；在两阈值之间的设置为弱边缘，进一步判断，如果与确定为边缘的像素点邻接则保留，如果没有邻接则剔除。

4.2.4 霍夫变换认知

霍夫变换（Hough Transform）是一种特征检测算法，被广泛应用在图像分析、计算机视觉以及数字影像处理等领域。经典的霍夫变换用来检测图片中的直线，也能够识别其他形状，例如圆形、椭圆形。

对人类而言，识别一幅图像中的直线或圆形，是一件非常容易的事情。但对计算机而言，一幅图像所呈现的只是灰度值为 0～255 的矩阵而已，它无法判断该矩阵中哪些是直线、哪些不是，而霍夫变换就是帮助计算机“看到”图像中直线或圆形的一种算法。

其基本思想为：将传统的图像从(x,y)坐标体系变换到参数空间(m,b)或者霍夫空间（Hough Space）中，通过在参数空间（或称为累加空间）中计算局部最大值从而确定原始图像中的直线或圆形所在位置。

【任务实施】

本任务实施中我们主要介绍如何用简单的传统方法实现车道线检测，车道线检测流程如图 4.7 所示。

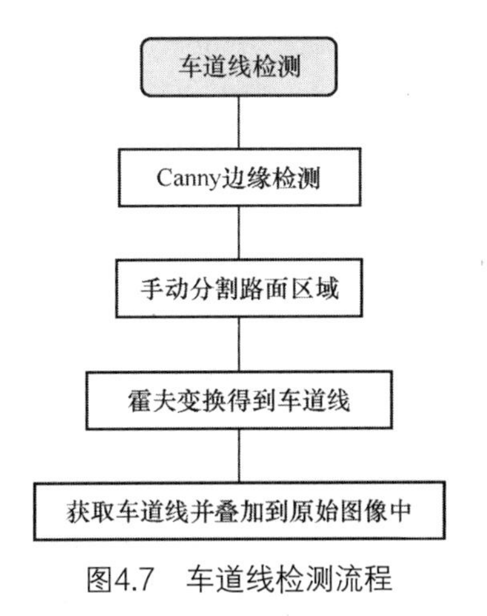

图4.7　车道线检测流程

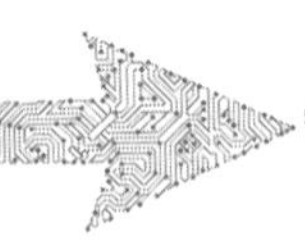

4.2.5 搭建实训环境

实现车道线检测，首先需要配置相应的环境。我们使用 Python+PyCharm 进行编程，并且使用 OpenCV 库和 NumPy 库。

在项目 2 中我们讲解了在 Windows 系统下，Python+PyCharm 环境配置方法以及 OpenCV 库的安装方法，在项目 3 中也讲解了 NumPy 库的安装方法，这里不再赘述。

在实现车道线检测之前，为方便之后的操作，需要导入 OpenCV 模块、NumPy 模块，导入语句如下。

```
import cv2
import numpy as np
```

导入上述模块后，接下来我们逐步完成任务。

4.2.6 Canny边缘检测

Canny 边缘检测实现代码如下。

```
#Canny 边缘检测实现代码
def do_canny(frame):
    # 将帧转换为灰度
    gray = cv2.cvtColor(frame, cv2.COLOR_RGB2GRAY)
    #高斯滤波去噪声
blur = cv2.GaussianBlur(gray, (5, 5), 0)
    # 应用高、低阈值为 150、50 的 Canny 边缘检测器
    canny = cv2.Canny(blur,50,150)
    return canny
```

语法格式如下。

```
cv2.cvtColor(image,cv2.COLOR_RGB2GRAY)
```

参数说明如下。

image：源图像。

cv2.COLOR_RGB2GRAY：图像灰度化。

语法格式如下。

```
cv2.GaussianBlur(src, ksize, sigmaX, sigmaY, borderType)
```

参数说明如下。

src：输入图像。

ksize：高斯内核大小。

sigmaX：x 方向上的高斯核标准偏差。

sigmaY：y 方向上的高斯核标准偏差。

borderType：在将高斯内核应用于图像边界时指定图像边界。

语法格式如下。

```
cv2.Canny(image, threshold1, threshold2[, edges[, apertureSize[, L2gradient ]]])
```

参数说明如下。

image：要检测的图像。

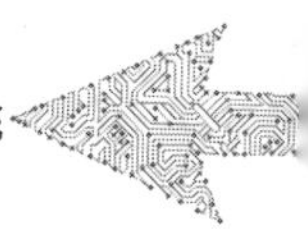

threshold1：阈值 1（最小值）。

threshold2：阈值 2（最大值）。

edges：图像边缘信息。

apertureSize：Sobel 算子（卷积核）大小。

L2gradient：布尔值。

运行代码后 Canny 边缘检测处理前后效果对比如图 4.8 所示。

（a）处理前

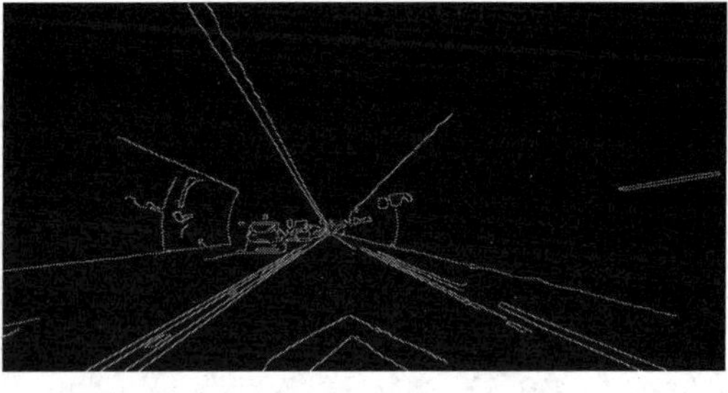

（b）处理后

图4.8　Canny边缘检测处理前后效果对比

4.2.7　手动分割路面区域

以原始图像建立直角坐标系，指定三角形的 3 个顶点，保留三角形区域中的边缘线条，去除其他多余线条。代码如下。

```
#手动指定一个三角形来分割路面区域
def do_segment(frame):
    height = frame.shape[0]
   # 用 3 个(x,y)坐标创建一个三角形
    polygons = np.array([ [(0, height),(800, height), (380, 290)]])
    # 生成一个与源图像大小、维度一致的 mask 矩阵，并初始化为全 0，即全黑
    mask = np.zeros_like(frame)
    # 对所限定的多边形轮廓进行填充，填充为 1，即全白
    cv2.fillPoly(mask, polygons,255)
    # 保留源图像中对应感兴趣区域内的白色像素值，剔除黑色像素值
    segment = cv2.bitwise_and(frame, mask)
    return segment
```

语法格式如下。

```
cv2.fillPoly(img, [pts], color)
```

参数说明如下。

img：要检测的图像。

[pts]：标记区域。

color：填充颜色。

语法格式如下。

```
cv2.bitwise_and(src1, scr2, mask=)
```

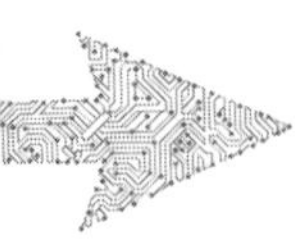

参数说明如下。

src1：第一个数组（源图像）。

src2：第二个数组（源图像）。

mask=：用于指定具体的掩模（常以 0 和 1 元素为主，用以输出具体的元素），mask 参数可省略。

运行代码后手动分割路面区域处理前后效果对比如图 4.9 所示。

（a）处理前

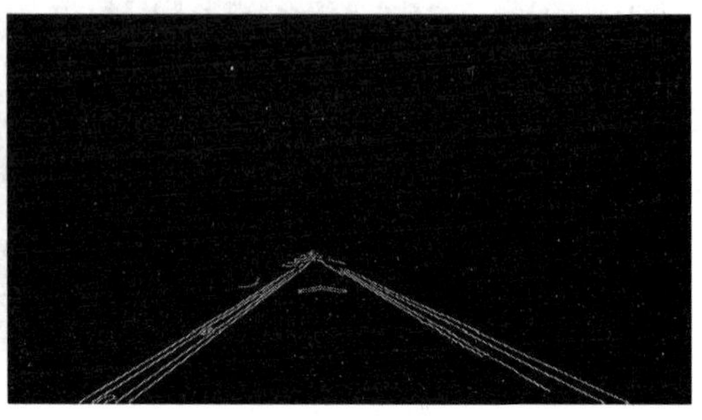
（b）处理后

图4.9 手动分割路面区域处理前后效果对比

4.2.8 霍夫变换得到车道线

霍夫变换的作用就是检测图像中的直线。代码如下。

```
#霍夫变换得到车道线
def visualize_lines(frame, lines):
    # 创建一个与框架尺寸相同的全 0 图像
    lines_visualize = np.zeros_like(frame)
    # 检查是否检测到任何线
    if lines is not None:
        for x1, y1, x2, y2 in lines:
          # 用绿色和粗度为 5 的线，在两个坐标之间画线
          cv2.line(lines_visualize,(x1, y1),(x2,y2),(0,255,0),5)
return lines_visualize
hough=cv2.HoughLinesP(segment,2,np.pi/180,100,np.array([]),minLineLength
= 100, maxLineGap = 50)
```

语法格式如下。

```
cv2.HoughLinesP(imag,rho,theta,threshold[,lines[,minLineLength[,maxLineGap]]])
```

参数说明如下。

image：边缘检测的输出图像。

rho：极坐标中 ρ，常使用 1。

theta：极坐标中 θ，常使用 np.pi/180。

threshold：确定一条直线至少需要多少条曲线相交。

lines：存储检测到的直线，也就是直线的两个端点坐标。

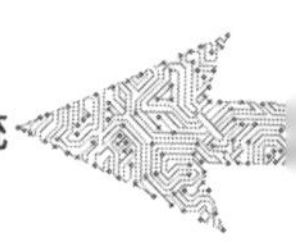

minLineLength：能组成一条直线的最少点。

maxLineGap：同一方向上两条线段判定为一条线段的最大允许间隔（断裂）。

运行代码后霍夫变换处理前后效果对比如图 4.10 所示。

(a) 处理前　　(b) 处理后

图4.10　霍夫变换处理前后效果对比

4.2.9　获取车道线并叠加到原始图像中

本节是将彩色图像与我们在 4.2.8 节中绘制的车道线图像进行比例的融合。代码如下。

```
output = cv2.addWeighted(frame,0.9, lines_visualize,1,1)
```

语法格式如下。

```
cv.addWeighted(src1, alpha, src2, beta, gamma, dst=None, dtype=None)
```

参数说明如下。

src1：第一幅图像或第一个矩阵。

alpha：对应的权重。

src2：第二幅图像或第二个矩阵。

beta：对应的权重。

gamma：表示整体添加到数值，默认为 0 即可。

运行代码后车道线检测前后效果对比如图 4.11 所示。

彩图 4.11

（a）检测前　　（b）检测后

图4.11　车道线检测前后效果对比

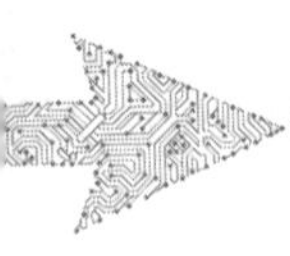

完整代码如下。

```
import cv2
import numpy as np
#Canny 边缘检测实现代码
def do_canny(frame):
    # 将帧转换为灰度
    gray = cv2.cvtColor(rame, cv2.COLOR_RGB2GRAY)
    #高斯滤波去噪声
    blur = cv2.GaussianBlur(gray,(5,5), 0)
    #应用高、低阈值为 150、50 的 Canny 边缘检测器
    canny = cv2.Canny(blur,50,150)
#手动指定一个三角形来分割出路面区域
def do_segment(frame):
    height = frame.shape[0]
    # 用 3 个 (x,y) 坐标创建一个三角形
    polygons = np.array([ [(0,heigh),(800, height),(380,290)]])
    # 生成一个与源图像大小维度一致的 mask 矩阵，并初始化为全 0，即全黑
    mask = np.zeros_like(frame)
    # 对所限定的多边形轮廓进行填充，填充为 1，即全白
    cv2.fillPoly(mask,polygons, 255)
    # 保留源图像相中对应感兴趣区域内的白色像素值，剔除黑色像素值
    segment = cv2.bitwise_and(frame, mask)
    return segment
#获取车道线并叠加到原始图像中
def calculate_lines(frame,lines):
    left = []
    right = []
    for line in lines:
        x1, y1, x2, y2 = line.reshape(4)
        parameters = np.polyfit((x1, x2),(y1, y2),1)
        slope = parameters[0]
        y_intercept = parameters[1]
        if slope < 0:
          left.append((slope, y_intercept))
        else:
          right.append((slope, y_intercept))
    left_avg = np.average(left, axis = 0)
    right_avg = np.average(right, axis = 0)
    left_line = calculate_coordinates(frame, left_avg)
    right_line = calculate_coordinates(frame, right_avg)
    return np.array([left_line, right_line])
#手动指定一个三角形来分割出路面区域
def calculate_coordinates(frame, parameters):
    slope, intercept = parameters
    # 将初始 y 坐标设置为自上而下（框架底部）的高度
    y1 = frame.shape[0]
    # 将最终 y 坐标设置为框架底部上方 150
    y2 = int(y1 - 150)
    # 设置初始 x 坐标为(y1 - b)/ m 因为 y1 = mx1 + b
    x1 = int((y1 - intercept)/ slope)
    # 将最终 x 坐标设置为(y2 - b)/ m，因为 y2 = mx2 + b
    x2 = int((y2 - intercept)/ slope)
    return np.array([x1, y1, x2, y2])
#霍夫变换得到车道线
def visualize_lines(frame, lines):
    # 创建一个与框架尺寸相同的全 0 图像
```

```
    lines_visualize = np.zeros_like(frame)
    # 检查是否检测到任何线
    if lines is not None:
        for x1, y1, x2, y2 in lines:
          # 用绿色和粗度为 5 的线，在两个坐标之间画线
          cv2.line(lines_visualize,(x1,y1),(x2,y2),(0,255,0),5)
    return lines_visualize
cap = cv2.VideoCapture("input.mp4")
while(cap.isOpened()):
    ret, frame = cap.read()
    #Canny 边缘检测
    canny = do_canny(frame)
    cv2.imshow("canny", canny)
    #手工分割
    segment = do_segment(canny)
    cv2.imshow("segment", segment)
    #霍夫变换,确定车道线
    hough = cv2.HoughLinesP(segment,2, np.pi / 180,100,np.array([]),minLineLength
= 100,maxLineGap = 50)
    lines = calculate_lines(frame,hough)
    #显示车道线
    lines_visualize = visualize_lines(frame,lines)
    cv2.imshow("hough",lines_visualize)
    #车道线和源图像叠加
    output = cv2.addWeighted(frame,0.9,lines_visualize,1,1)
    cv2.imshow("output",output)
    if cv2.waitKey(10) & 0xFF== ord('q'):
        break
cap.release()
cv2.destroyAllWindows()
```

【实训工单】

通过综合利用我们在任务 4.2 中所学的知识与技能，完成下面的实训工单：使用 Python 完成车道线检测。

实训工单　使用 Python 完成车道线检测

实训场地		实训设备		班级		日期	
组别		组长		学时		小组成绩	
学生姓名		学号		电话号码		个人成绩	
任务背景	某车企为实现在行驶中智能保持行车路线，保障行车安全，需要进行车道线检测						
任务目标	综合利用在本任务中所学的知识与技能，完成车道线检测						
任务要求	1. 利用 PyCharm 创建项目 2. 导入 OpenCV、NumPy 模块 3. Canny 边缘检测 4. 手动分割路面区域 5. 霍夫变换得到车道线 6. 获取车道线并叠加到原始图像中						

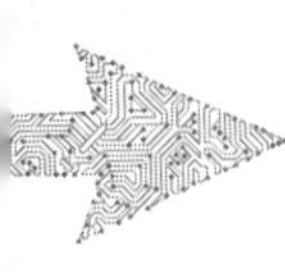

续表

任务内容	1. 利用 PyCharm 创建项目□ 2. 导入 OpenCV、NumPy 模块□ 3. Canny 边缘检测□ 4. 手动分割路面区域□ 5. 霍夫变换得到车道线□ 6. 获取车道线并叠加到原始图像中□
任务总结	通过本任务学习的收获：
任务评估	对学生的综合评价与建议： 教师签字：

【任务小结】

本任务主要介绍了如何用简单的传统方法实现车道线检测，详细阐述了传统车道线检测的流程，并对霍夫变换的思想及 Canny 边缘检测流程等进行了讲解。通过本任务的学习，应能够掌握基于传统图像处理技术的车道线检测的工作原理、工作流程。

【项目总结】

本项目讲解了 ADAS 关键技术中的车道保持辅助系统，通过系统认知，学生学习了车道保持辅助系统的基本概念与组成、工作原理；通过应用实例，学生学习了搭载车道保持辅助系统的应用车型，以及这些车型的车道保持辅助系统实现的工作原理与工作流程；通过应用实践，学生学习了如何进行车道线检测。

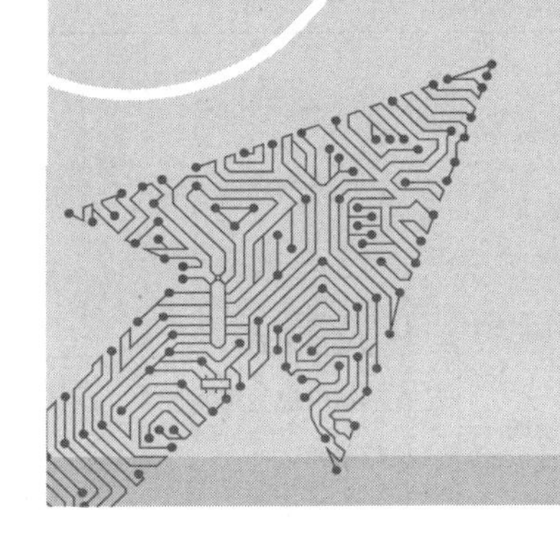

项目5 自动泊车辅助系统

05

【项目背景】

汽车产业的蓬勃发展给人们的出行带来了极大便利，同时也带来了交通拥堵等负面影响，车位稀缺、停车困难等一系列问题逐渐暴露出来。如何让新手驾驶员不再害怕在拥挤的停车场中停车呢？如何减少停车入位时不停地“揉库”（即移库，俗称正倒库、反倒库）带来的负面影响呢？而 ADAS 的自动泊车辅助系统可提高车辆的智能化水平和安全性，不仅降低了新手驾驶员驾驶车辆的难度，防止或减少停车时“剐蹭”事故发生，也为将来实现车辆的自动驾驶打下了基础。本项目主要从系统认知着手，以丰富的应用实例和应用实践为主，带大家了解自动泊车辅助系统。

【项目目标】

目标	内容
知识目标	1. 掌握自动泊车辅助系统的基本概念、组成和工作原理。 2. 了解搭载自动泊车辅助系统的车型。 3. 理解自动泊车辅助系统的工作流程。 4. 掌握超声波雷达的定义、分类、工作原理与组成。 5. 掌握超声波雷达的测试方法和测试环境搭建方法。 6. 掌握超声波雷达测距数据的读取方法。 7. 掌握超声波雷达测距的性能特点
能力目标	1. 能够描述自动泊车辅助系统的应用。 2. 能够描述不同车型的自动泊车辅助系统工作流程。 3. 能够独立完成测试环境的搭建。 4. 能够通过测试总结超声波雷达的测距性能特点。 5. 能够认识超声波雷达探测障碍物的缺点与不足，并能分析技术原因
素质目标	1. 具备理论联系实际、实事求是的作风和科学、严谨的学习态度。 2. 具备换位思考的能力。 3. 具备坚定的文化自信和民族自豪感

【知识框架】

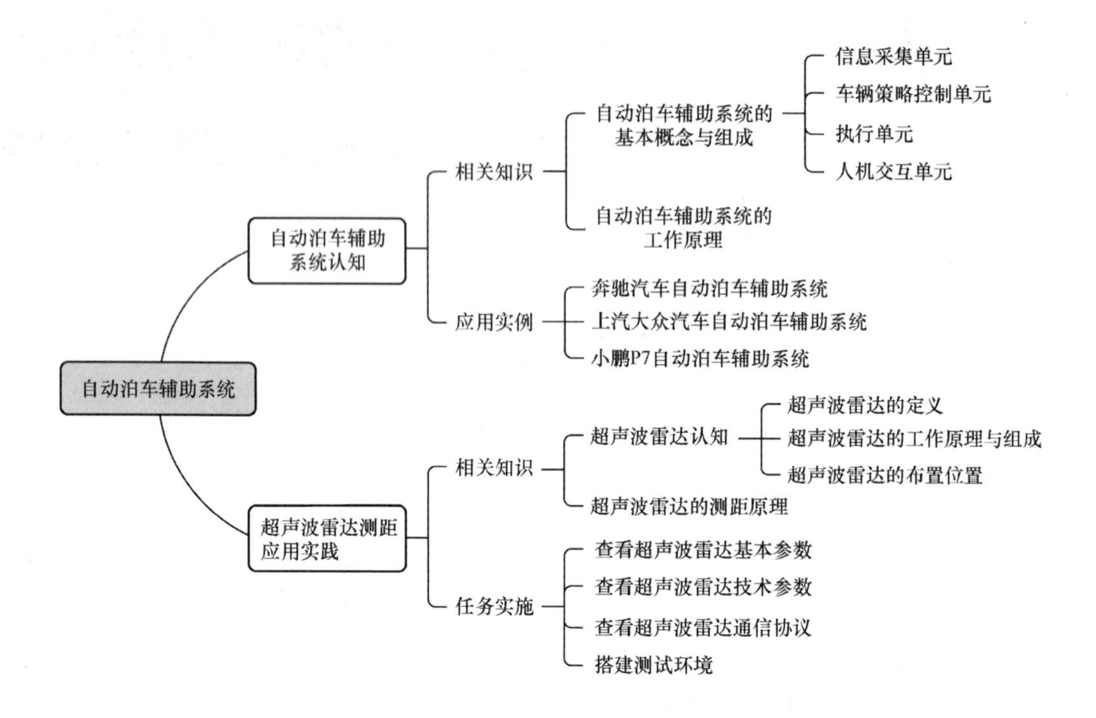

任务 5.1　自动泊车辅助系统认知

【任务导入】

在侧方向泊车和入库泊车时，驾驶员面对汽车周围视线盲区的考验，难免会发生剐蹭，尤其对新手驾驶员而言，即使有倒车雷达和倒车影像的帮助，这样的潜在风险也会使新手驾驶员在每次泊车时的心理压力加大。随着信息化社会的推陈出新，汽车辅助系统智能化升级，新手驾驶员也可以轻松将车辆泊入泊车位，这得益于自动泊车辅助系统的出现。

【相关知识】

5.1.1　自动泊车辅助系统的基本概念与组成

自动泊车辅助（Automatic Parking Assistance，APA）系统通过车载传感器实时探测可以泊车的位置，根据目标车位的位置和环境信息，不断控制车辆的速度和方向以调整泊车轨迹，直至车辆完全泊入目标车位。自动泊车辅助系统是一种相对智能化的辅助系统。

自动泊车辅助系统按功能划分为信息采集单元、车辆策略控制单元、执行单元和人机交互单元 4 部分。自动泊车辅助系统的组成及控制逻辑如图 5.1 所示。

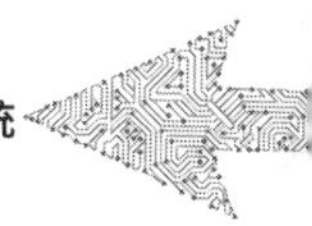

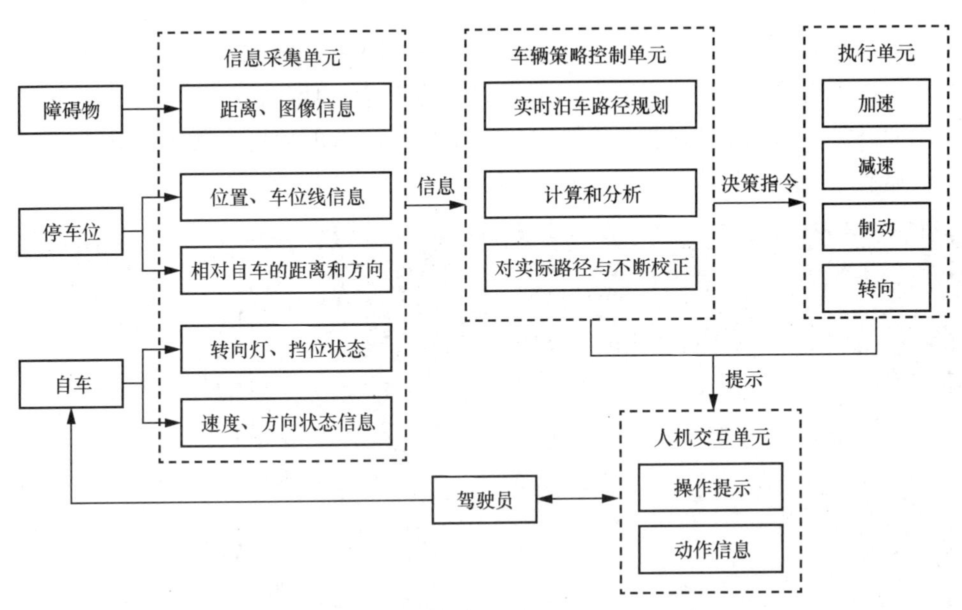

图5.1 自动泊车辅助系统的组成及控制逻辑

（1）信息采集单元

信息采集单元是汽车感知周围环境信息的基础，主要由环境感知传感器构成，其作用是采集周边停车位、自车与周边障碍物之间的距离、自车转向灯及挡位状态、自车速度及方向状态等信息，将这些信息提供至车辆策略控制单元进行处理。

（2）车辆策略控制单元

车辆策略控制单元依据信息采集单元中提供的周边停车位、自车与周边障碍物之间的距离、自车转向灯及挡位状态、自车速度及方向状态等信息，基于车辆位置进行实时泊车路径规划，辅助并控制车辆完成泊车操作。为保证自动泊车的准确性，系统规划的路径操作要尽可能少，这样既避免了在实时传递动作和泊车路径规划过程中，每多一个操作而引起的精度问题，又减少了对实际路径与理论路径不断校正的次数，通过不断地精密计算分析和校正，车辆策略控制单元最终得出车辆的执行动作决策，并将这些决策指令传递给执行单元。

（3）执行单元

执行单元是自动泊车辅助系统中的执行机构，将从车辆策略控制单元接收的决策指令转化成对车辆的具体操作。按照控制器发送的指令执行具体的操作，如加速、减速、制动、转向等，最终使车辆完全泊入目标车位。

（4）人机交互单元

从泊车动作开始至结束，人机交互单元会将泊车过程中的一些信息通过仪表板或电子控制单元（ECU）提供给驾驶员，包括目标车位信息、系统规划的泊车路径、实时识别障碍物信息和车辆操作等。

5.1.2 自动泊车辅助系统的工作原理

自动泊车辅助系统的工作原理

自动泊车辅助系统可以帮助驾驶员将车辆自动泊入有效的停车位，包括侧方向泊车［见图 5.2（a）］、垂直方向的倒车入库泊车［见图 5.2（b）］和斜列式泊车［见图 5.2（c）］，值得注意的是，并不是所有车型都具备这 3 种泊车方式。自动泊车辅助系统的激活需要满足一定的车速条件，一般在车速低于 30km/h 时才可以激活使用，不同车型激活条件会略有不同，详见本任务的应用实例部分。

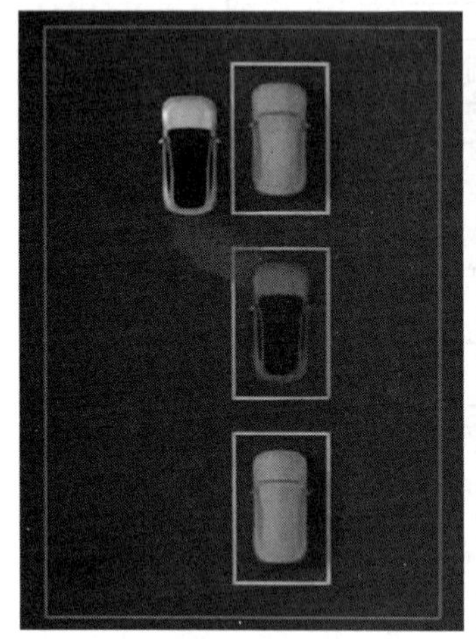
(a) 侧方向泊车

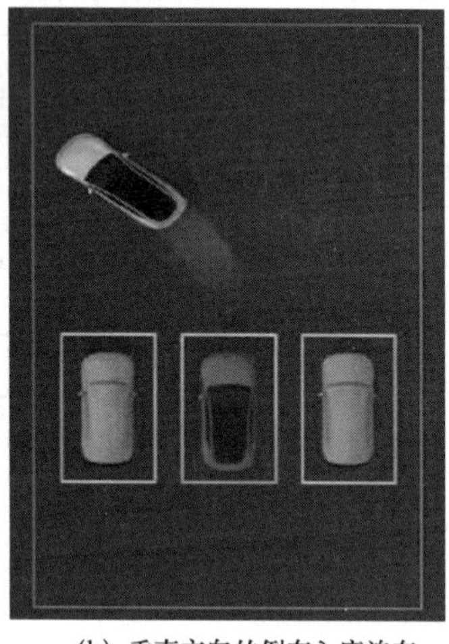
(b) 垂直方向的倒车入库泊车

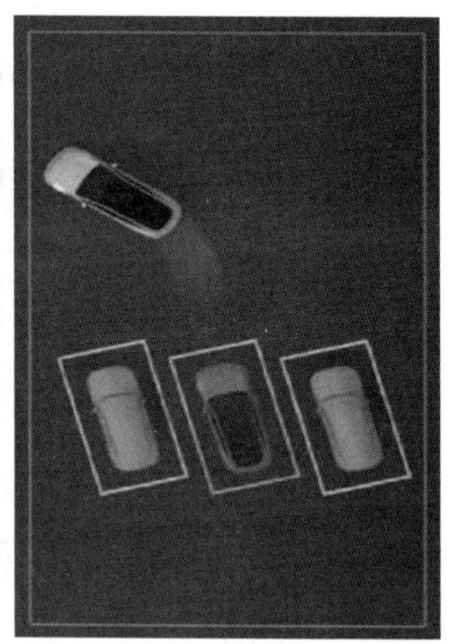
(c) 斜列式泊车

图5.2　泊车的3种方式示意

自动泊车辅助通过车载传感器感知汽车周围环境，对周围环境进行分析，搜索有效泊车位，当确定目标车位后，系统会提示驾驶员停车并自动启动泊车程序，根据目标车位大小、位置信息，由车辆策略控制单元计算泊车路径，并进行泊车动作。汽车泊车入位是一种智能化车辆辅助技术。其泊车过程包括环境感知、实时路径规划、实时路径跟踪和模拟显示 4 个阶段。自动泊车辅助系统工作原理如图 5.3 所示。

（1）环境感知

一般情况下，自动泊车辅助通过超声波传感器和摄像头识别、检测目标车位，实时监测自车与周围车辆或障碍物的距离信息，从而判断车位的长度和宽度是否满足泊车要求。在泊车过程中实时探测车辆的位置信息、车身状态信息、相对于目标车位的距离和方向信息，确保泊车过程无剐蹭风险。

（2）实时路径规划

根据所获取的环境信息，车辆策略控制单元对采集到的数据进行分析、处理，计算出能使汽车安全泊入车位的最佳路径和策略。

（3）实时路径跟踪

根据接收的策略指令信息，执行泊车过程中的每一个动作，通过转向、加速和制动操作控制汽车的速度与方向，使汽车跟踪预先规划的泊车路径，实现自动泊车入位的全过程。

（4）模拟显示

用传感器感知到的信息来构建模拟环境，泊车过程中，车辆的泊车路径和动作信息都会经由车辆中央信息显示屏以图像信息的方式反馈给驾驶员。另外，若获取环境信息或者泊车过程中出现重大错误，驾驶员可以及时干预自动泊车辅助系统的动作。模拟显示阶段具有提示与交互作用。

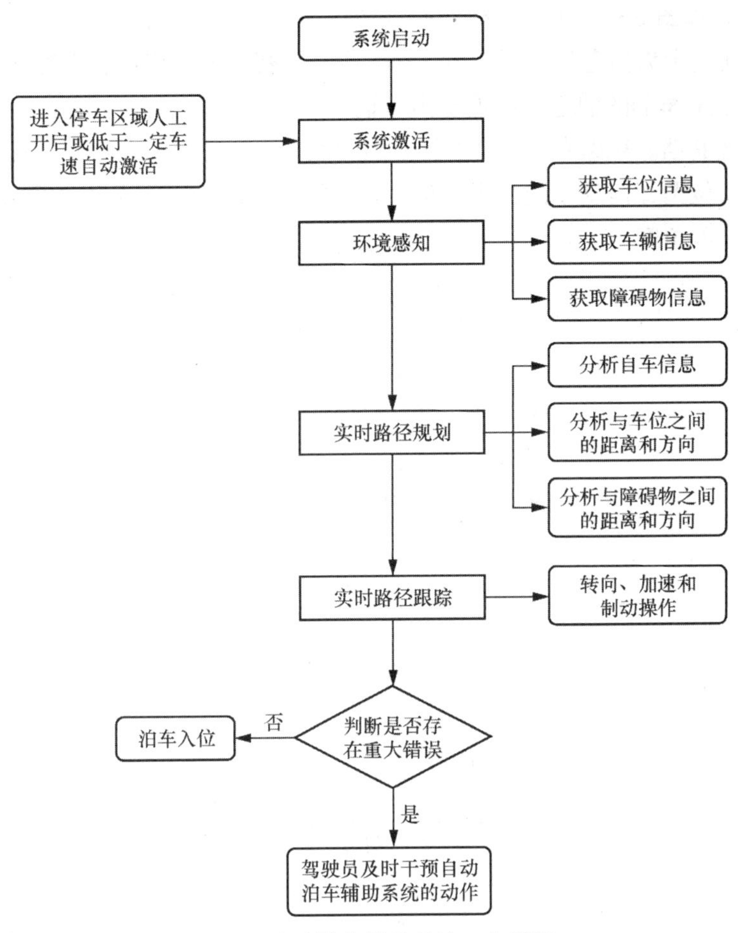

图5.3　自动泊车辅助系统工作原理

【应用实例】

5.1.3　奔驰汽车自动泊车辅助系统

奔驰汽车自动泊车辅助系统的工作原理如图 5.4 所示，我们以奔驰 2021 款 C 级和 S 级车型搭载的自动泊车辅助系统为例介绍该系统可能涉及的操作及显示信息，该系统被奔驰命名为“智能泊车系统”。

当车速低于 30km/h 时，智能泊车系统会自动激活。奔驰汽车智能泊车系统的泊车方式有垂直方向的倒车入库和平行方向的侧方入位两种。当进入泊车区域时，若驾驶员想以垂直方向倒车入库的方式泊车入位，应在车辆中控仪表台寻找并按下智能泊车按钮，如图 5.5 所示。驾驶员将挡位挂至 D 挡，此时中央信息显示屏会显示辅助界面“前行查找停车位”，如图 5.6 所示。寻找周围停车位时，中央信息显示屏则提示“正在搜索停车位”，如图 5.7 所示。接下来只需经过想停靠的车位，再经过一个车身左右的距离，就会检测到停车位，

如图 5.8 所示。按照屏幕中文字提示“停车，然后驻车”点击检测到的车位“P”，随即依据提示挂 R 挡，如图 5.9 所示。此时转向灯会自动打开并开始泊车入位，周边环境影像和泊车过程都会通过中央信息显示屏展示出来，提示“智能泊车启用，随时准备制动!”如图 5.10 所示。接下来车辆的前进、后退全由车辆自己完成，当正确完成泊车入位后，系统会自动将挡位挂至 P 挡。若驾驶员想以平行方向的侧方入位方式泊车入位，操作也是相同的，仅是识别处的车位图像信息不同，中央信息显示屏会显示为纵向车位，另外也可以自动调节倒车影像的显示角度。

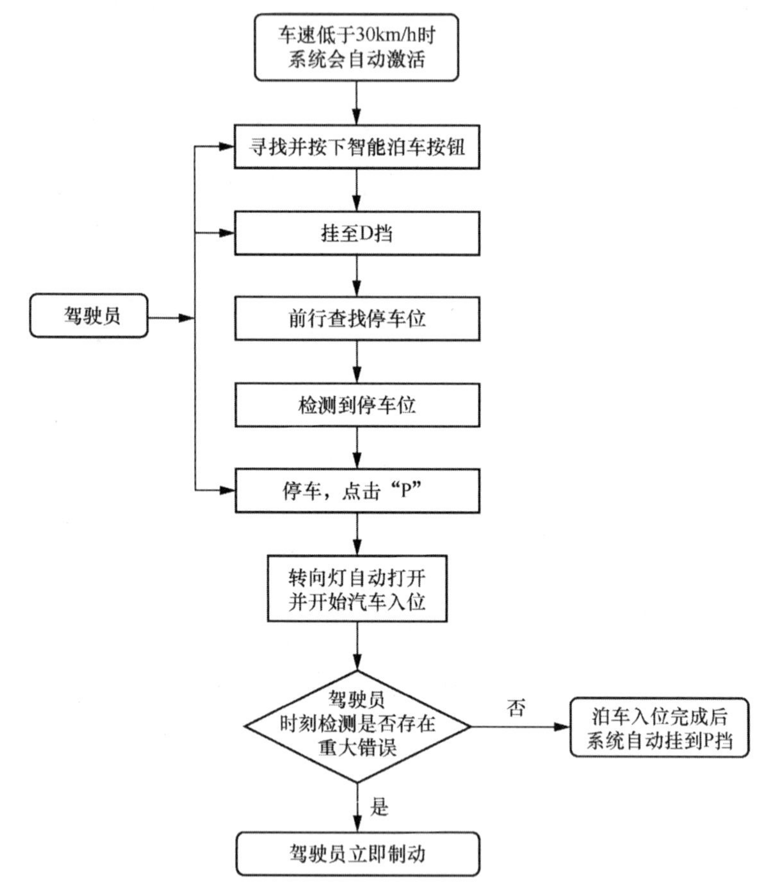

图5.4　奔驰汽车自动泊车辅助系统的工作原理

图5.5　奔驰汽车自动泊车辅助系统智能泊车按钮

图5.6　奔驰汽车自动泊车辅助系统挂至D挡显示前行查找停车位

图5.7　奔驰汽车自动泊车辅助系统显示正在搜索停车位

图5.8　奔驰汽车自动泊车辅助系统检测到停车位

图5.9　奔驰汽车自动泊车辅助系统提示挂R挡

图5.10　奔驰汽车自动泊车辅助系统泊车入位开始提示

即使奔驰汽车自动泊车辅助系统可以自动完成泊车过程，但还需要注意的是，泊车过程中驾驶员可以轻踩一点制动踏板，以便突然有老人或小孩出现时，可以及时停下车辆。此外，奔驰汽车还具有自动泊车驶离功能，当夜间行驶，车位比较窄或者盲区比较大时，车辆挡位处在 P 挡，驾驶员按压自动泊车按钮，在中央信息显示屏中选择“驶出停车位”，随之挂至 D 挡，车辆将自动完成驶出停车位的操作。

5.1.4　上汽大众汽车自动泊车辅助系统

上汽大众汽车自动泊车辅助系统的激活条件是车辆车速低于 30km/h，系统激活后位于前轮前方的泊车雷达将自动检测道路两边有无车位，驾驶员可以通过打开转向灯的“左右”操作告知自动泊车辅助系统选择对道路哪一侧的车位进行检测识别，如检测到车位，ECU 会做出提示。需要注意的是，上汽大众汽车自动泊车辅助系统只接管转向盘，车辆的速度是需要驾驶员自己控制的。

我们以帕萨特车型搭载的自动泊车辅助系统为例介绍该系统可能涉及的操作及显示信息，该系统被命名为“泊车辅助系统”。帕萨特的泊车辅助系统能够识别道路两侧垂直方向需要倒车入库和平行方向需要侧方入位的停车位。当进入停车区域时，若驾驶员想要停车入位，在车辆中控台找到并按下泊车辅助系统开启按钮，如图 5.11 所示。接下来，驾驶员可以根据仪表提示选择泊车方式，包括车身左侧的垂直车位［见图 5.12（a）］、车身右侧的垂直车位［见图 5.12（b）］以及车身右侧的平行车位［见图 5.12（c）］。驾驶员可通过打开转向灯告知系统选择左侧还是右侧车位，若选择车身左侧车位，驾驶员只需打开左转向灯，仪表板上会自动显示泊车车位的图像信息，如图 5.13 所示。然后，驾驶员挂 R 挡，泊车辅助系统开始接管转向盘，中央信息显示屏会显示倒车影像信息，如图 5.14 所示。但驾驶员要自己控制加速踏板和制动踏板，系统会自动控制车辆转向来将车辆停入车位，泊车过程中系统的测距模块持续工作，并通过仪表进度条做出距离提示，如图 5.15 所示。当车辆完全停入车位后，仪表板会以“泊车转向辅助结束。请接管转向操作!”信息提示泊车辅助系统结束后驾驶员需重新接管转向操作，如图 5.16 所示。此时驾驶员应将车辆挂至 P 挡。由于帕萨特车型搭载的自动泊车辅助系统只接管转向操作，故驾驶员在自动泊车时要尽量控制车速，否则可能因车速问题导致自动泊车失败。

图5.11　帕萨特泊车辅助系统开启按钮

（a）车身左侧的垂直车位

（b）车身右侧的垂直车位

（c）车身右侧的平行车位

图5.12　帕萨特泊车辅助系统可检测到的车位

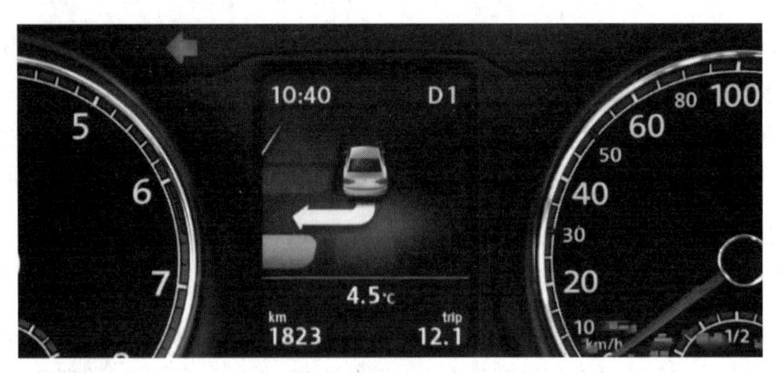

图5.13　帕萨特泊车辅助系统可通过打开转向灯选择停车位

图5.14　帕萨特泊车辅助系统接管转向盘并显示倒车影像信息

图5.15　帕萨特泊车辅助系统距离提示

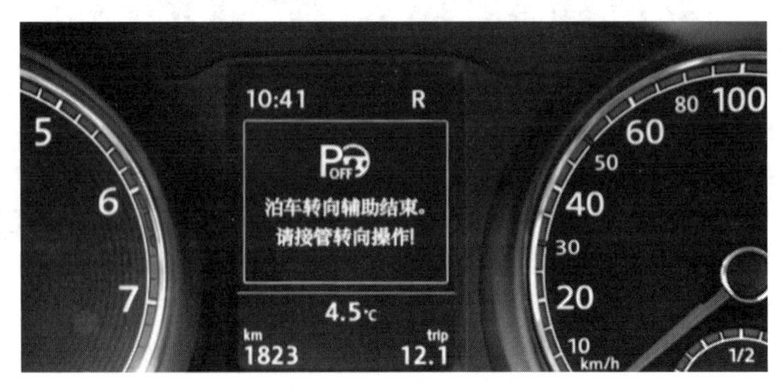

图5.16　帕萨特泊车辅助系统结束

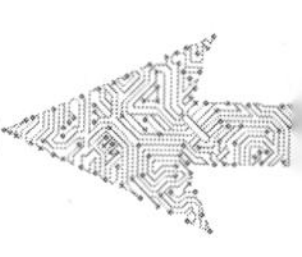

5.1.5 小鹏P7自动泊车辅助系统

我们以小鹏 P7 鹏翼版车型搭载的自动泊车辅助系统为例介绍该系统可能涉及的操作及显示信息，该系统被小鹏 P7 命名为“超级智能辅助泊车”。在中央信息显示屏中，首先在车辆设定功能处启动该系统，找到“辅助驾驶”选项，找到“超级智能辅助泊车”选项并将其开启，如图 5.17 所示。

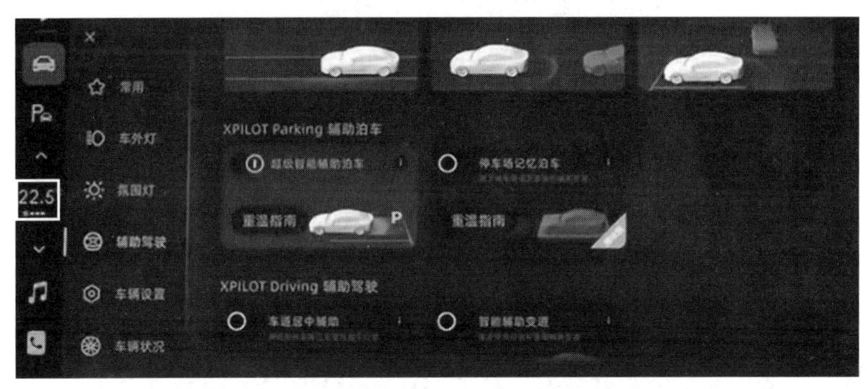

图5.17　小鹏P7超级智能辅助泊车开启示意

启动小鹏 P7 超级智能辅助泊车的方式有 4 种：点击屏幕 P 按钮［见图 5.18（a）］、转向盘自定义键“X”［见图 5.18（b）］、车辆行驶速度小于 24km/h 且找到车位后挂入“R”挡、呼叫语音助手小 P“我要泊车”。转向盘自定义键“X”用于让驾驶员设置自动泊车的自定义快捷方式。

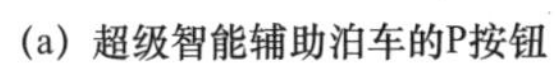
(a) 超级智能辅助泊车的P按钮

(b) 转向盘自定义键“X”

图5.18　小鹏超级智能辅助泊车可检测到的车位

如果驾驶员第一次使用该系统进行自动泊车，那么中央信息显示屏上会出现一个二维码，通过扫码可观看一段 3min 左右的视频，意在让驾驶员学习自动泊车功能的具体使用方法。点击“观看视频并测试”，如图 5.19 所示，完成测试后才能解锁自动泊车功能，以此强化驾驶员的安全意识。

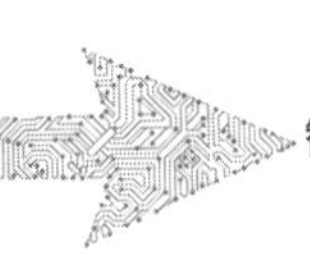

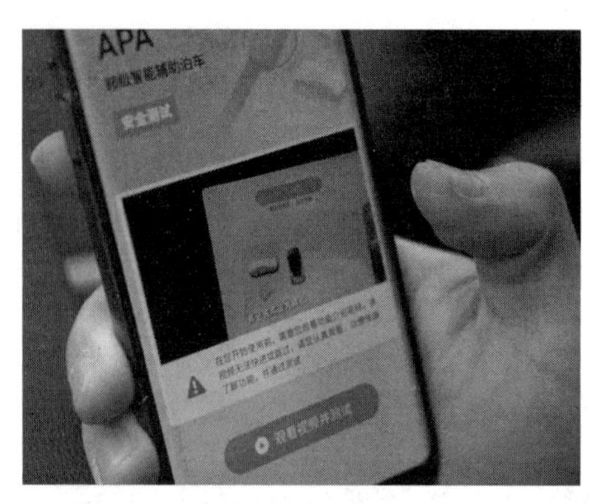

图5.19 驾驶员观看视频并测试小鹏P7自动泊车功能界面

小鹏 P7 自动泊车功能被启动后，车辆到达停车场时，系统可以自动识别多种类型（垂直方向和平行方向）的车位。点击屏幕 P 按钮（或其他 3 种方式）进行系统激活，此时中央显示屏会显示停车场周围信息，并提示“请往前开，正在找车位”，如图 5.20 所示。

图5.20 小鹏P7超级智能辅助泊车激活界面

在识别车位时，会显示并标记所有识别到的车位（包含有车和无车的车位）信息，系统会把每个车位都标记出来，车位显示信息界面非常直观。我们以垂直方向的倒车入库为例，选定某个垂直方向的目标车位，按照提示先踩住制动踏板并点击“开始泊入车位”，如图 5.21 所示。再按照提示“泊车开始，请松开刹车”操作，如图 5.22 所示，同时该系统会自动打开转向灯，以提示后方车辆注意安全。

图5.21 小鹏P7超级智能辅助泊车显示并标记车位界面

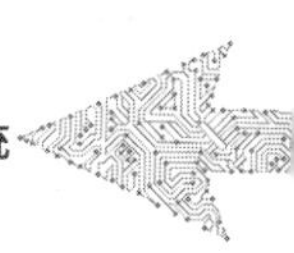

图5.22　小鹏P7超级智能辅助泊车开始界面

接下来的自动泊车过程均不需要驾驶员控制，所有信息都会通过中央信息显示屏展示出来，包括转向、自动切换 R 挡倒车（见图 5.23）、自动切换 D 挡前进（见图 5.24）、控制车辆加速与减速、制动操作和移动过程中的距离警告图示信息（见图 5.25）。直至提示“泊车已完成”，此时车辆已完全泊入目标停车位，如图 5.26 所示。需要注意的是，如果遇到突发状况，驾驶员临时想停车或者中途想退出自动泊车功能，可以在泊车过程中手动转动转向盘或者踩住制动踏板、切换 P 挡，人为介入自动泊车功能，此时自动泊车功能就退出来了。当系统识别到有行人突然闯入时，该系统也会中途退出自动泊车功能的。

图5.23　小鹏P7自动切换R挡倒车界面

图5.24　小鹏P7自动切换D挡前进界面

图5.25　小鹏P7泊车过程中的距离警告图示信息

图5.26　小鹏P7自动泊车完成界面

更有趣的是，当目标车位是比较狭窄的停车位时，为了方便上下车，驾驶员在车外就可以用手机上的小鹏 App 或者车钥匙来控制自动泊车。如使用小鹏 App，则当系统识别到停车位时，驾驶员将车辆挂至 P 挡后下车。在小鹏 App 上遥控泊车，驾驶员可在安全处观察泊车过程，当发现特殊情况时可以马上点击暂停来确保行车安全。如使用车钥匙进行自动泊车，当系统识别到停车位时，驾驶员将车辆挂至 P 挡后下车，驾驶员可在车外长按车钥匙上的 P 键，直到车辆双闪亮起，再双击车钥匙上的 P 键，车辆就会自动泊入目标车位，同样，驾驶员也可在安全处观察泊车过程，避免发生意外。

【巩固与提升】

1. 单选题

（1）以下不属于自动泊车辅助系统组成的是（　　）。

A. 信息采集单元　　B. 控制单元

C. 执行单元　　D. 单片机

（2）自动泊车辅助系统主要有 3 个执行单元，以下（　　）单元不属于执行单元（　　）。

A. 转向盘幅度控制　　B. 后视镜调整控制

C. 制动控制　　D. 油门控制

（3）相比于传统的电子辅助系统，比如倒车雷达、倒车影像显示等，（　　）系统智能化程度更高，减轻了驾驶员的操作负担，有效降低了泊车的事故率。

A. 减速控制　　B. 自适应巡航控制

C. 自动泊车辅助　　D. 安全防护

（4）下列不是自动泊车辅助系统主要组成部分的是（　　）。

A. 信息采集单元　　B. 集成单元

C. 执行单元　　D. 人机交互单元

（5）（　　）系统是利用车载传感器探测有效泊车空间，并辅助控制车辆完成泊车操作的一种汽车 ADAS。

A. 防撞辅助　　B. 自动泊车辅助

C. 主动制动辅助　　D. 车道偏离预警

（6）自动泊车辅助系统，通过控制车辆的（　　）自动停放车辆。

A. 加减速度和转向角度　　B. 加减速度

C. 转向速度　　D. 都不是

（7）在泊车过程中，自动泊车辅助的系统（　　）实时接收并处理汽车避障传感器输出的信息，当汽车与周围物体相对距离小于设定安全值时，将采取合理的车辆控制措施。

A. 信息采集单元　　B. 车辆策略控制单元

C. 执行单元　　D. 人机交互单元

（8）自动泊车辅助系统检测车位时通过车载传感器获取环境信息，主要采用（　　）传感器识别出目标车位。

A. 测距和视觉　　B. 测距

C. 视觉　　D. 都不是

（9）自动泊车辅助系统泊车过程的 4 个阶段不包括（　　）。

A. 环境感知　　B. 实时路径规划

C. 实时路径跟踪　　D. 碰撞预警

2. 简答题

（1）描述自动泊车辅助系统的工作原理。

（2）描述自动泊车辅助系统的应用。

（3）描述小鹏 P7 自动泊车辅助系统的工作流程。

3. 填空题

（1）自动泊车辅助系统组成及控制逻辑中，除了需要采集停车位位置、车位线信息，还需要采集相对自车的________。

（2）自动泊车辅助系统组成及控制逻辑中，自车信息除了需要采集转向灯、挡位状态信息，还需要采集________。

（3）自动泊车辅助系统组成及控制逻辑中，执行单元需要采集的信息包括________、________、________、________。

（4）在奔驰汽车自动泊车辅助系统工作过程中，驾驶员按下智能泊车按钮后的下一步操作是________。

（5）在奔驰汽车自动泊车辅助系统工作过程中，需要根据________判断驾驶员选择立即制动还是泊车入位完成后系统自动挂至 P 挡。

【任务小结】

本任务主要介绍了自动泊车辅助系统认知，以及部分搭载自动泊车辅助系统的车型和对应操作，还有各个车型的自动泊车辅助系统的工作原理和工作流程。通过本任务的学习，学生需理解自动泊车辅助系统的组成、工作原理和不同车型搭载的系统的工作流程。

任务 5.2　超声波雷达测距应用实践

【任务导入】

超声波雷达具有探测距离短、灵敏度较高、对速度不敏感、抗干扰能力强、结构简单、体积小和成本低等特点，对低速、近距离障碍物的感知准确性较高。综合以上特点，超声波雷达符合自动泊车辅助系统的功能需求。本任务将以实训的形式重点介绍超声波雷达的相关特性。

【相关知识】

5.2.1　超声波雷达认知

（1）超声波雷达的定义

超声波雷达是工作在超声波频段的雷达，它通过发射与接收超声波来探测目标。超声波为频率高于 20000Hz 的声波。超声波雷达主要应用于 ADAS 中的自动泊车辅助系统和倒车雷达辅助系统等。超声波雷达实物如图 5.27 所示。

图5.27　超声波雷达实物

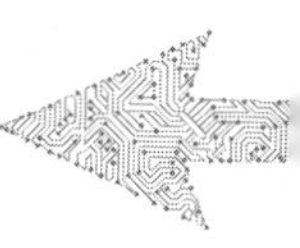

（2）超声波雷达的工作原理与组成

超声波雷达的工作原理如图 5.28 所示。通过内置超声波发射器向外发射超声波，超声波接收器接收目标反射回来的超声波，经信号处理器处理后快速、准确地获取汽车周围的障碍物距离信息，然后根据所探知的障碍物距离信息提示驾驶员，或将相关信息作为自动泊车辅助系统的判定条件。

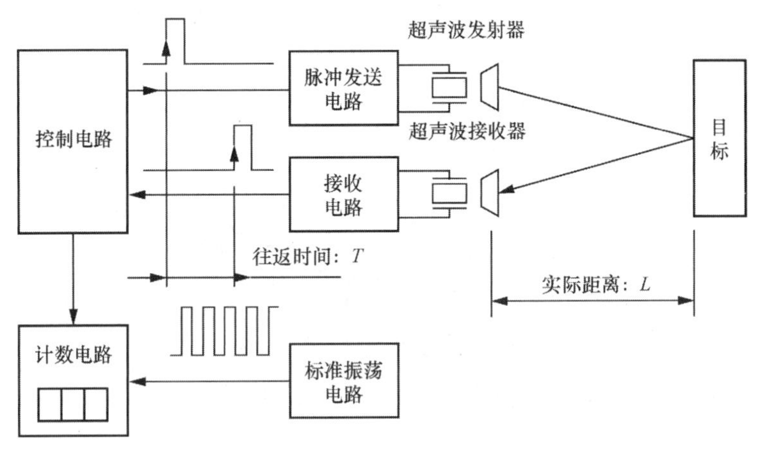

图5.28 超声波雷达的工作原理

（3）超声波雷达的布置位置

超声波扩散角较大，且超声波衰减较快、传输距离较短，只能测量距离，不可以测量方位，不易探测低矮、圆锥形、过细的障碍物或沟坎。所以超声波雷达通常布置在前后保险杠中位高度位置，保证最大限度地识别与车辆处在同一高度的障碍物。车辆前部超声波雷达布置位置如图 5.29 所示，车辆后部超声波雷达布置位置如图 5.30 所示。

图5.29 车辆前部超声波雷达布置位置

图5.30　车辆后部超声波雷达布置位置

5.2.2　超声波雷达的测距原理

（1）测距原理

超声波雷达的测距原理是通过测算超声波发射信号与超声波反射信号的往返时间，计算与被测目标的距离。

如图 5.31 所示，实际距离为 $L \approx S_1 \approx S_2 = v_{声音} \times T/2$，其中 S_1 与 S_2 为测试距离，$v_{声音}$是声音在空气中的传播速度，T 为超声波雷达信号发射到接收的时间。

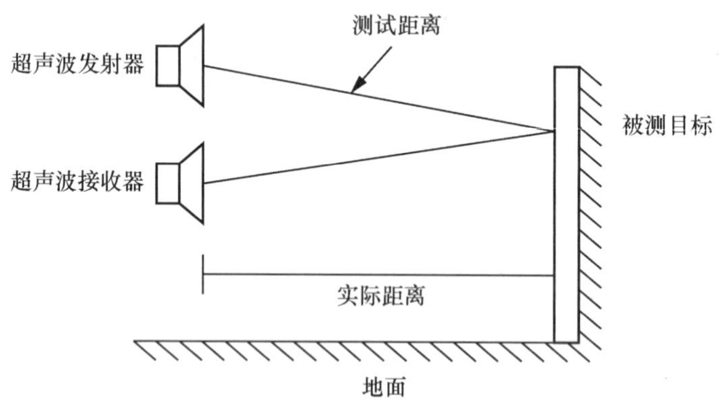

图5.31　超声波雷达的测距原理示意

（2）超声波雷达的分类

超声波雷达按照探测距离可分为两类，分别是 UPA 超声波雷达与 APA 超声波雷达，它们的区别如表 5.1 所示。

表 5.1　UPA 超声波雷达与 APA 超声波雷达的区别

超声波雷达类型	UPA 超声波雷达	APA 超声波雷达
雷达波形状	近而宽	远而窄
探测距离/m	3	5
功用	修正泊车轨迹	探测空车位

学习提示

超声波雷达的技术特性源于声波的物理特性。超声波本质上是一种机械波，如果想进一步了解超声波的特性，可以从机械波的产生原理、传播特性和物理特征等角度进行研究。

【任务实施】

5.2.3　查看超声波雷达基本参数

图5.32　超声波雷达实物

我们以 HC-SR04 型号的超声波雷达为例，其实物如图 5.32 所示，进行超声波雷达测距性能的实训。

此款超声波雷达的接口共有 4 个引脚，分别为 VCC、Trig、Echo 和 GND。

其中各引脚功能为：

VCC 引脚提供 5V 工作电压；

Trig 引脚为触发引脚，用来触发超声波发射；

Echo 引脚为接收引脚，用来接收返回的超声波；

GND 引脚提供接地。

5.2.4　查看超声波雷达技术参数

HC-SR04 型超声波雷达的相关技术参数如表 5.2 所示。

表 5.2　HC-SR04 型超声波雷达的相关技术参数

项目	技术参数
工作电压	DC 5V
工作电流/mA	15
工作频率/kHz	40
最远射程/m	4
最近射程/cm	2
测量角度/（°）	15
输入触发信号	10μs 的 TTL 脉冲
输出回响信号	输出 TTL 电平信号，与射程成比例
规格尺寸/mm×mm×mm	45×20×15

以上技术参数可作为该型号超声波雷达实训测试结果的参考量，用来验证该型号超声波雷达实际测试结果是否正确。

5.2.5 查看超声波雷达通信协议

超声波雷达通信协议示意如图 5.33 所示，向 Trig 引脚/输入端发送高电平触发电信号，雷达内部循环发出 8 个 40kHz 脉冲，Echo 引脚/输出端输出回波信号，回波信号电平宽度与探测距离成正比，经过标定得到电平宽度和测距关系，最终得到距离值。

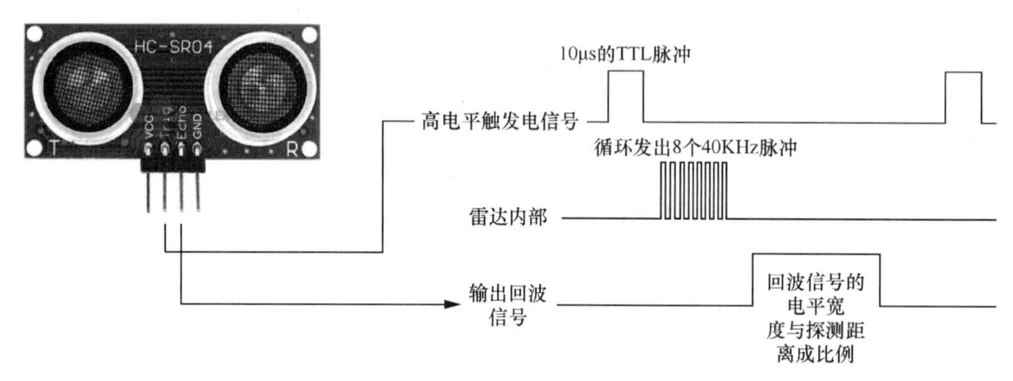

图5.33 超声波雷达通信协议示意

5.2.6 搭建测试环境

搭建测试环境需要准备直流稳压电源、示波器、超声波雷达、面包板和电线等。其中直流稳压电源与 VCC 引脚和 GND 引脚相连，提供电源；示波器与 Trig 引脚和 Echo 引脚相连，提供触发信号和接收回波信号，如图 5.34 所示。

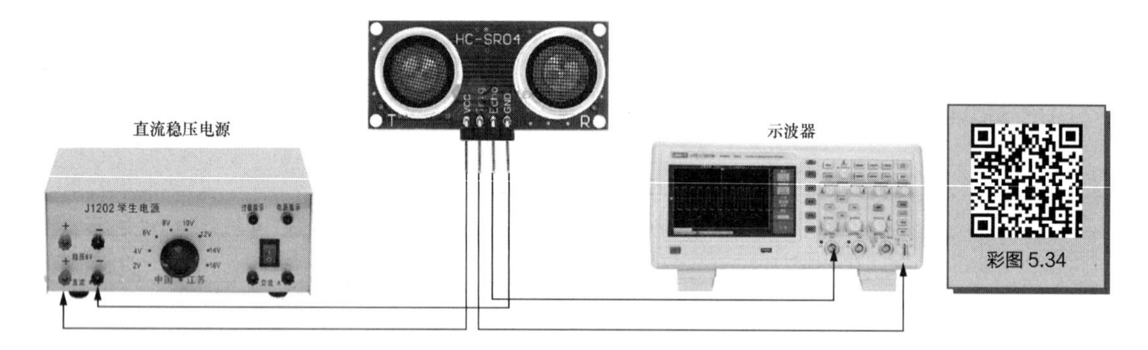

图5.34 超声波雷达测试环境搭建示意

（1）超声波雷达供电电路连接

将超声波雷达插入面包板中，在直流稳压电源通电时，用引线将超声波雷达的 VCC 引脚与直流稳压电源的直流正极相连，将超声波雷达的 GND 引脚与直流稳压电源的直流负极相连，连接完成后将直流稳压电源设置为 5V 并接通，如图 5.35 所示。

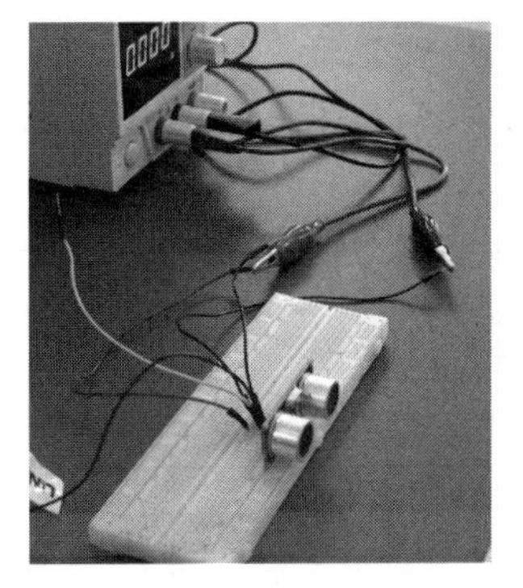

彩图 5.35

图5.35 超声波雷达供电电路连接示意

（2）超声波雷达触发与接收电路连接

用引线将超声波雷达的 Trig 引脚与示波器的探头补偿信号接口相连，将超声波雷达的 Echo 引脚与示波器探针的正极相连，示波器探针的负极与 GND 引脚相连。观察示波器中的方波信号，此时方波信号即为返回的电平宽度，如图 5.36 所示。

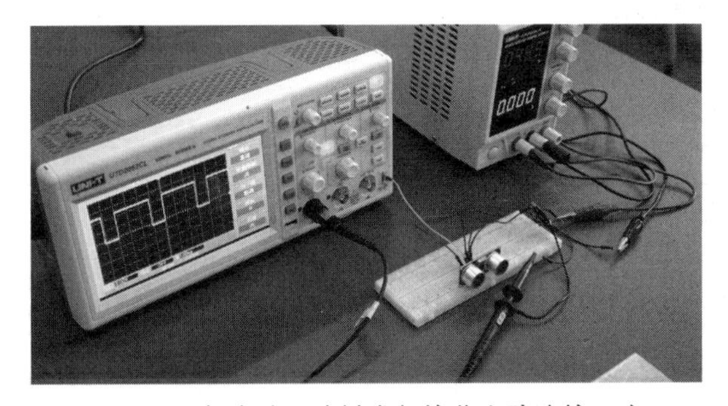

彩图 5.36

图5.36 超声波雷达触发与接收电路连接示意

（3）超声波雷达测距特性测试

不同材质障碍物的测试过程如图 5.37 和图 5.38 所示。在保持超声波雷达位置及工作状态不变的前提下，通过更换不同材质障碍物，如金属板、硬纸壳、书本和塑料板等，在超声波雷达前方相同的几组位置处，探索超声波雷达面对不同材质障碍物时测距性能的差异，并将测试数据记录在实训工单上。

图5.37 金属障碍物试验实训

图5.38 纸质障碍物试验实训

职业提示

超声波雷达是低速、近距离测距的传感器。我们除了要了解其安装方式，还要掌握其电气属性和通信规则，对超声波雷达系统形成全面认识。

【实训工单】

通过本任务中我们对超声波雷达的学习，完成下面两个实训工单：搭建超声波雷达测试环境和超声波雷达测距性能验证与测试。

实训工单 1　搭建超声波雷达测试环境

实训场地		实训设备		班级		日期	
组别		组长		学时		小组成绩	
学生姓名		学号		电话号码		个人成绩	
任务背景	某公司为完成超声波雷达的测距性能验证与测试，需要综合测试部派员工搭建超声波雷达测试环境，用于测距性能验证与测试						
任务目标	综合利用在本任务中所学的知识与技能，完成超声波雷达测试环境的搭建						
任务要求	1. 连接超声波雷达的供电电路 2. 连接超声波雷达的触发与接收电路 3. 测量超声波雷达的供电电压是否合格 4. 验证超声波雷达的回波信号的电平宽度是否与测距结果成正比						
任务内容	1. 绘制超声波雷达的试验电路简图□ 直流稳压电源 + − HC-SR04 T R VCC Trig Echo GND 示波器 输入 GND 2. 连接超声波雷达的试验电路□ 3. 连接完试验电路后，用万用表的直流电压挡，测试超声波雷达的供电电压为______V□ 4. 验证超声波雷达测距功能□						
任务总结	通过本任务学习的收获：						
任务评估	对学生的综合评价与建议： 教师签字：						

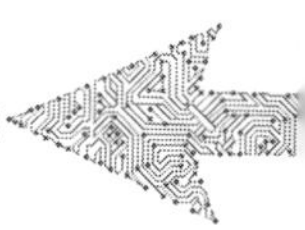

实训工单 2　超声波雷达测距性能验证与测试

<table>
<tr><td>实训场地</td><td></td><td>实训设备</td><td></td><td>班级</td><td></td><td>日期</td><td></td></tr>
<tr><td>组别</td><td></td><td>组长</td><td></td><td>学时</td><td></td><td>小组成绩</td><td></td></tr>
<tr><td>学生姓名</td><td></td><td>学号</td><td></td><td>电话号码</td><td></td><td>个人成绩</td><td></td></tr>
<tr><td>任务背景</td><td colspan="7">某公司为完成超声波雷达的性能验证与测试，需要综合测试部派员工运用超声波雷达测试环境，对超声波雷达进行测距性能验证与测试</td></tr>
<tr><td>任务目标</td><td colspan="7">综合利用在本任务中所学的知识与技能，完成超声波雷达测距性能验证与测试</td></tr>
<tr><td>任务要求</td><td colspan="7">1. 确认超声波雷达电路与测距结果是否正确
2. 验证超声波雷达对不同材质障碍物的测距性能
3. 验证超声波雷达对不同形状、尺寸障碍物的测距性能
4. 验证超声波雷达对障碍物运动速度的敏感度
5. 验证超声波雷达的最大和最小测量距离值</td></tr>
<tr><td>任务内容</td><td colspan="7">1. 超声波雷达电路与测距结果，是否存在异常□

2. 超声波雷达回波信号的电平宽度与探测距离的对应关系□
在超声波雷达前方不同距离处放置同一障碍物，记录回波信号的电平宽度，总结其中规律。
<table>
<tr><td>障碍物距离/cm</td><td>回波波形宽度/mV</td></tr>
<tr><td>10</td><td></td></tr>
<tr><td>20</td><td></td></tr>
<tr><td>40</td><td></td></tr>
</table>
3. 超声波雷达对不同形状、尺寸障碍物的测距效果□
在毫米波雷达前方 20cm 处放置不同形状和尺寸、相同材质的障碍物
<table>
<tr><td>障碍物材质</td><td>距离读数/cm</td></tr>
<tr><td>书脊面（书立起）</td><td></td></tr>
<tr><td>书正面（书立起）</td><td></td></tr>
<tr><td>书卷筒面（书立起）</td><td></td></tr>
<tr><td>书展开（书立起）</td><td></td></tr>
<tr><td>书平放</td><td></td></tr>
</table>
4. 超声波雷达对障碍物运动速度的敏感度□
将手放在超声波雷达前方 20cm 处，手指张开，手心面向超声波雷达，以不同的速度前后挥手，观察不同的速度对应的探测距离是否存在差异。
5. 超声波雷达探测距离的范围□
同一障碍物放置在超声波雷达前方不同距离处，测试出超声波雷达的最近探测距离为____________，最远探测距离为____________</td></tr>
<tr><td>任务总结</td><td colspan="7">通过本任务学习的收获：</td></tr>
<tr><td>任务评估</td><td colspan="7">对学生的综合评价与建议：

教师签字：</td></tr>
</table>

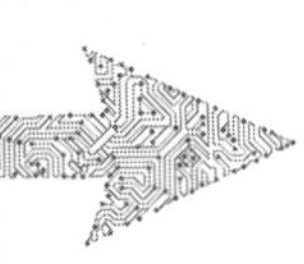

【任务小结】

本任务介绍了超声波雷达的定义、工作原理与组成、测试方法、测试环境搭建方法、测距数据的读取方法和超声波雷达对不同障碍物的测距性能特点，学生应能够更深入地了解超声波雷达的工作原理和性能特点。同时在任务实施过程中，学生应会发现超声波雷达在探测障碍物的缺点与不足，并能从技术角度分析原因，为超声波雷达后续的工程应用提供实测依据。

【项目总结】

本项目讲解了 ADAS 关键技术中的自动泊车辅助系统，通过系统认知，学生学习了自动泊车辅助系统的基本概念与组成、工作原理；通过应用实例，学生学习了搭载自动泊车辅助系统的应用车型，以及这些车型的自动泊车辅助系统实现的工作原理与工作流程；通过应用实践，学生学习了如何进行超声波雷达测距。

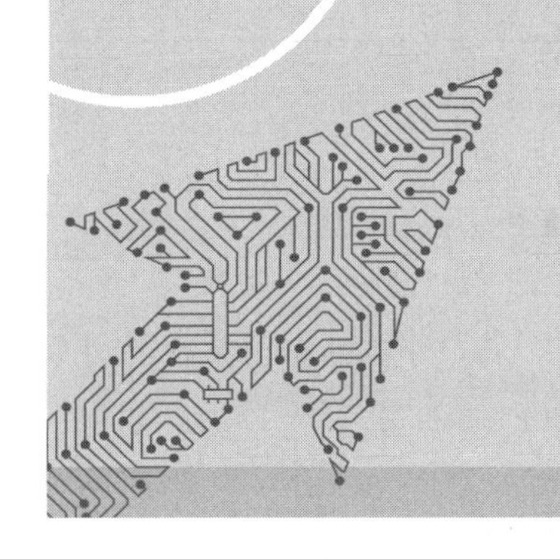

项目6 主动制动辅助系统

06

【项目背景】

当前车突然减速、制动停车或者有行人闯入时，虽然前向碰撞预警系统会警示驾驶员，但是由于种种原因，驾驶员可能还未意识到危险即将发生或来不及躲避，此时，搭载主动制动辅助系统的车辆就会施加一定的制动力提示驾驶员前方有异常情况；或当碰撞风险等级升至最高时，该辅助系统会强力制动以规避事故的发生。本项目主要从系统认知着手，以丰富的应用实例和应用实践为主，带大家了解主动制动辅助系统。

【项目目标】

目标	内容
知识目标	1. 掌握主动制动辅助系统的基本概念与组成、工作原理。 2. 了解搭载主动制动辅助系统的车型。 3. 理解主动制动辅助系统的工作流程。 4. 掌握交通信号灯识别的常见方法和环境配置。 5. 理解交通信号灯识别的工作原理和工作流程
能力目标	1. 能够描述主动制动辅助系统的应用。 2. 能够描述不同车型的主动制动辅助系统工作流程。 3. 能够独立安装 Python+PyCharm。 4. 能够独立安装 OpenCV 库和 NumPy 库。 5. 能够实现信号灯图像的读取。 6. 能够实现信号灯图像颜色空间的转换。 7. 能够实现信号灯图像的检测与识别
素质目标	1. 具有“学中做，做中学”的意识，将所学知识和技能用于竞赛和工作中。 2. 具备良好的问题分析、归纳、总结能力。 3. 具备集体意识和团结协作能力

【知识框架】

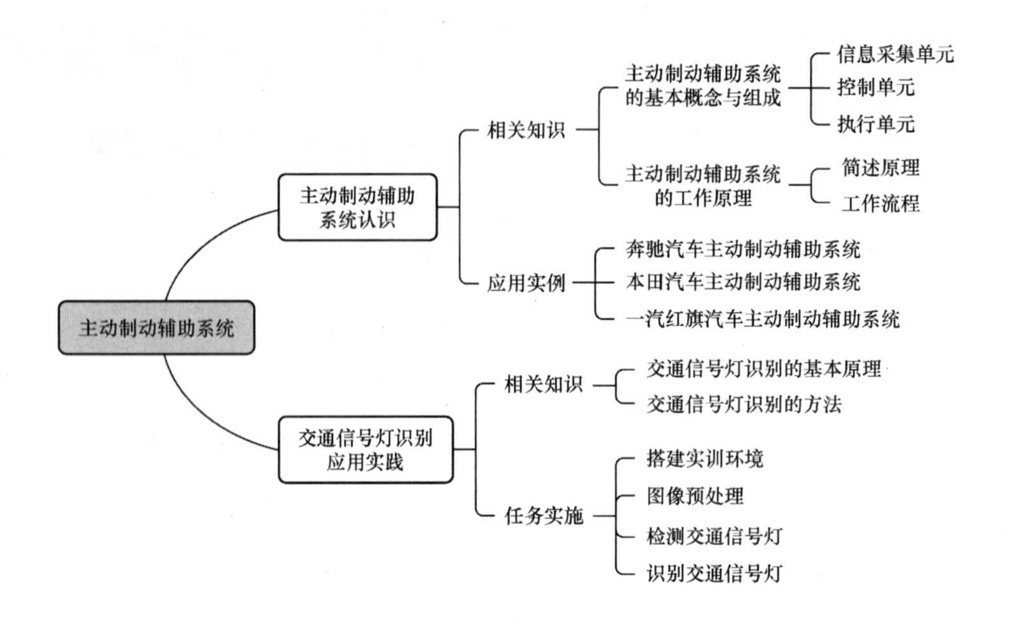

任务 6.1　主动制动辅助系统认知

【任务导入】

假如前方车辆突然紧急制动，自车驾驶员还没来得及反应怎么办？即使前向碰撞预警系统会在交通事故发生前的 1.5s 给驾驶员发出图像或声音预警，但由于驾驶员的视线、反应速度及情绪控制、果断程度等主观因素影响，驾驶员也可能并没有采取相应的应急措施。这时，主动制动辅助系统会进行“点制动”（指轻点制动踏板）提醒或直接制动，从而有效降低交通事故的发生概率。

【相关知识】

6.1.1　主动制动辅助系统的基本概念与组成

主动制动辅助（Autonomous Emergency Braking，AEB）系统通过雷达系统和摄像头实时探测前方路面上的车辆或障碍物，判断自车与前方车辆或障碍物之间的距离，若系统发现可能发生碰撞，对驾驶员进行警告后，驾驶员未采取相应措施来避免该风险，系统会对其进行“点制动”制动警告或主动制动车辆以规避风险。

主动制动辅助系统由信息采集单元、控制单元和执行单元 3 部分组成。主动制动辅助系统组成及控制逻辑如图 6.1 所示。

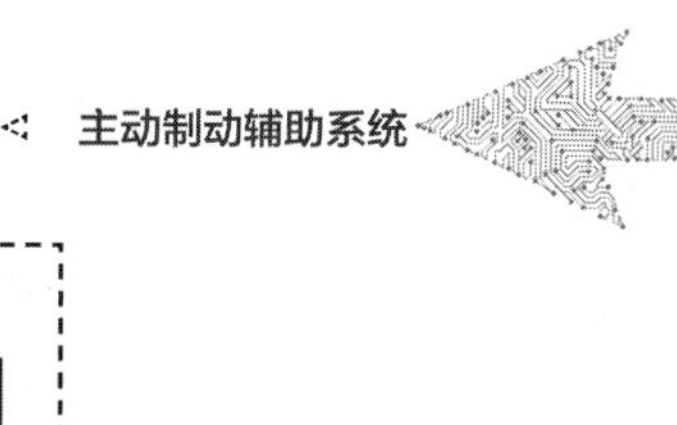

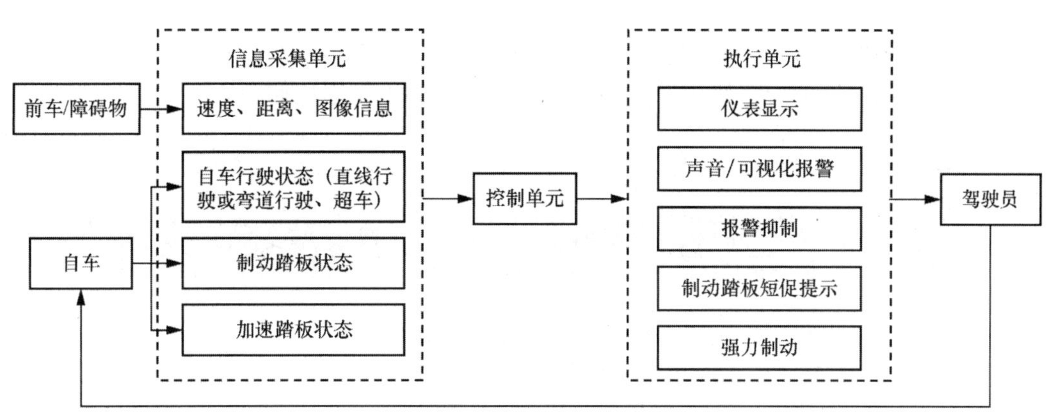

图6.1 主动制动辅助系统组成及控制逻辑

（1）信息采集单元

信息采集单元是汽车感知周围环境信息的硬件基础，主要由环境感知传感器构成，其作用是采集前车或障碍物的速度、与前车或障碍物之间的距离及其图像信息，以及自车行驶状态、制动踏板状态、加速踏板状态等信息，将这些信息提供至控制单元进行处理。

（2）控制单元

控制单元依据信息采集单元中提供的前车或障碍物的速度、与前车或障碍物之间的距离及其图像信息，以及自车行驶状态、制动踏板状态、加速踏板状态等信息，计算出当前应保持的安全距离并与实测车间距离相比较，对车辆当前风险程度进行判断，同时依据控制算法计算结果。若实测车间距离大于提醒报警和触发制动的距离，则进入下一工作循环，否则向执行单元发出控制命令。

（3）执行单元

执行单元是主动制动辅助系统中的执行机构，将从控制单元接收的控制指令转化成车辆的具体操作。若实测车间距离小于提醒报警和触发制动的距离，则报警提醒驾驶员松开加速踏板并做好制动准备；若监测到驾驶员未采取措施且车距不断缩小甚至小于安全距离时，主动制动辅助系统以“点制动”方式或部分制动对驾驶员进行提醒使自车规避风险。当恢复安全距离后，执行单元不再接收控制单元的控制指令，制动报警消除。若监测到碰撞风险无法避免时，主动制动辅助系统则强力制动以减轻碰撞程度。

6.1.2 主动制动辅助系统的工作原理

主动制动辅助系统通过测距传感器测出与前车或障碍物之间的距离，然后利用控制单元将测出的距离与报警距离、安全车距等进行比较，车距小于报警距离时就进行报警提示；而车距小于安全车距时，报警提示继续，即使在驾驶员没来得及踩制动踏板的情况下，主动制动辅助系统也会进行制动提示，如短促制动或轻微施加制动；若车距仍不断减小，系统认为碰撞风险无法规避，会立即实施紧急强力制动。主动制动辅助系统启动后将

持续监测与前车或障碍物之间的距离，经过控制单元的数据处理分析与对危险等级的判断，为安全驾驶做出合适的应对措施。主动制动辅助系统的工作原理如图 6.2 所示。

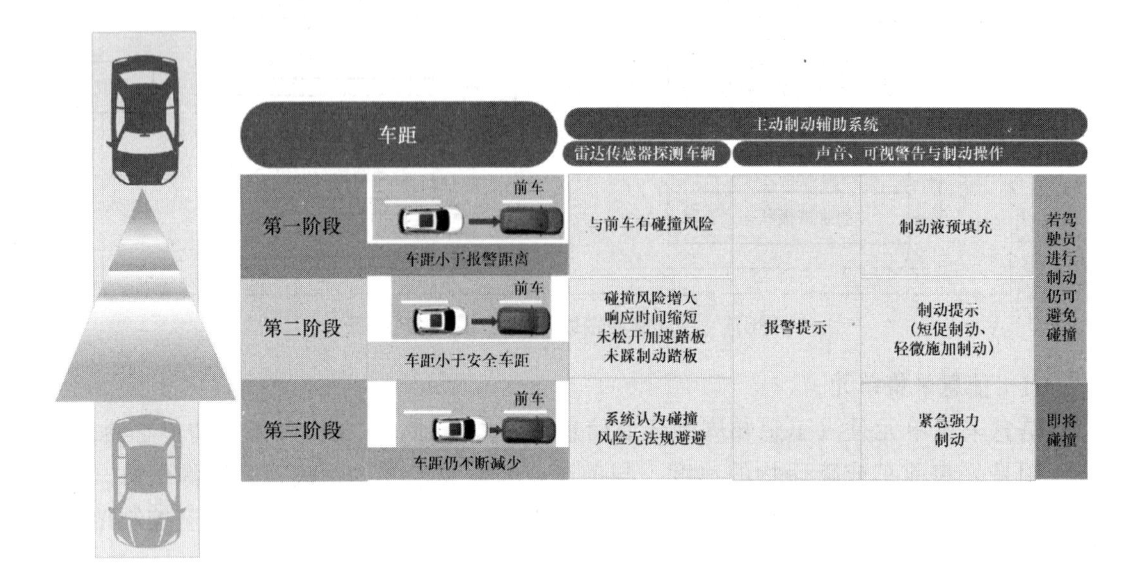

图6.2　主动制动辅助系统的工作原理

【应用实例】

6.1.3　奔驰汽车主动制动辅助系统

奔驰汽车主动制动辅助系统通过安装在车身上的摄像头与雷达系统不断搜寻周围环境信息，包括汽车、行人、路面标线、交通标志、其他障碍物等，并将这些信息交由控制单元进行处理，然后针对当时的实际路况和系统预判做出决策交由执行单元。奔驰汽车不同车型对该系统的命名不尽相同，如增强版碰撞预防辅助系统、主动式制动辅助系统等。但工作原理都类似，汽车遇到突发危险情况时，如前车突然制动、停止或者在视线盲区内有其他障碍物时，车辆能主动产生制动效果，通过使车辆减速或制动的方式帮助驾驶员在做出动作前缩短制动反应时间及距离，从而降低发生交通事故的概率。

我们以奔驰 C 级车型搭载的主动制动辅助系统为例，介绍该系统可能涉及的操作及显示信息，该系统被奔驰命名为“主动式制动辅助系统”。在中央信息显示屏中，如图 6.3 所示，在主界面找到“设定”选项进入车辆设定界面，接下来，找到“辅助”→“安全辅助”→“主动式制动辅助系统”对该系统的开启/关闭进行选择，如图 6.4 所示。点击“主动式制动辅助系统”后面的设置图标对系统中警告/制动介入的反应时间进行设置，如提前、适中与延迟，如图 6.5 所示。若选择“延迟”选项，在驾驶员前方的仪表板中央的辅助系统图示功能表中会出现提示。设置该系统开启后，车辆可通过前方雷达来判断是否存在潜在的碰撞风险，自动对车辆进行减速、制动操作。

图6.3　奔驰汽车车辆设定界面

图6.4　奔驰汽车主动式制动辅助系统开启/关闭界面

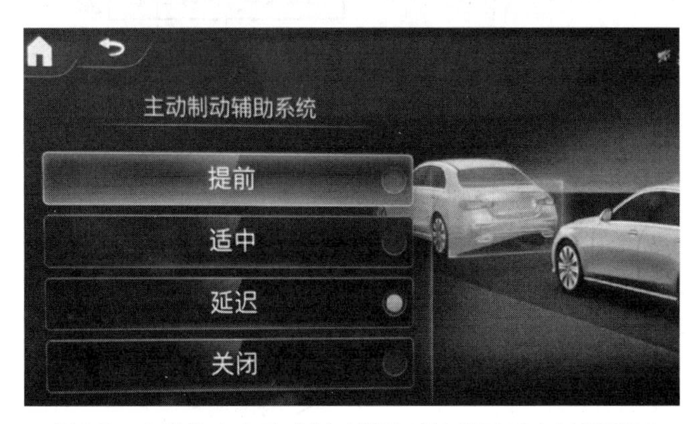

图6.5　奔驰汽车主动式制动辅助系统设置反应时间界面

6.1.4　本田汽车主动制动辅助系统

本田汽车主动制动辅助系统和前向碰撞预警系统是相互配合来完成工作的，其整体被本田命名为“碰撞缓解制动系统”，并应用在包括皓影在内的多个车型上。碰撞缓解制动系统的工作原理如图 6.6 所示，通过摄像头监测前方障碍物（车辆或行人），通过微波雷达检测确定其位置和速度，通过自动制动的方式防止或减轻碰撞，从一定程度上缓解了由于驾驶员注意力不集中而导致碰撞事故发生的问题。本田汽车碰撞缓解制动系统主要包含 3 个不同程度的报警级别，当发现存在碰撞风险时，首先通过图像和声音进行三级预警以规避风险；当与前方车辆或行人进一步接近时，系统实施轻微制动并稍微收紧安全带进行二级预警；当距离近到即将发生碰撞时，系统自动进行强力制动并收紧安全带进行一级预警以减轻碰撞带来的伤害，同时也会点亮制动灯，提示后车保持安全距离。

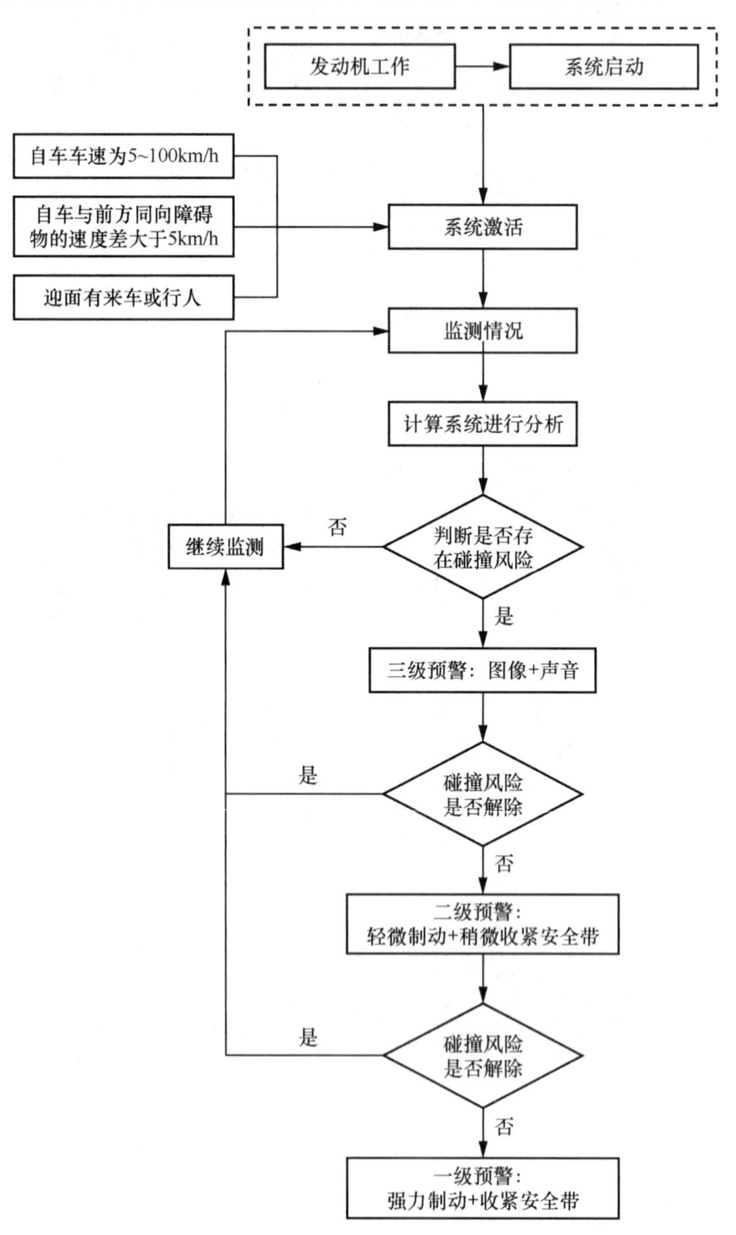

图6.6　本田汽车碰撞缓解制动系统的工作原理

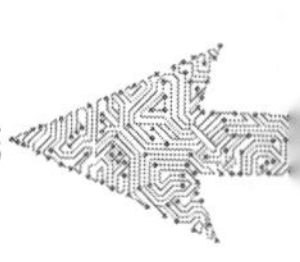

本田汽车碰撞缓解制动系统是可以通过按钮手动开启和关闭的，长按如图 6.7 所示按钮直至听到“哔”的一声，就能开启或关闭系统。一般情况下，每次汽车启动时，该系统都会自动打开，当自车车速为 5～100km/h，或自车与前方同向障碍物的速度差大于 5km/h，或迎面有来车或行人时，系统被激活。若系统关闭，仪表板上的橙色指示灯会亮起，同时，中央信息显示屏也会出现信息提示系统正处于关闭状态，如图 6.8 所示。

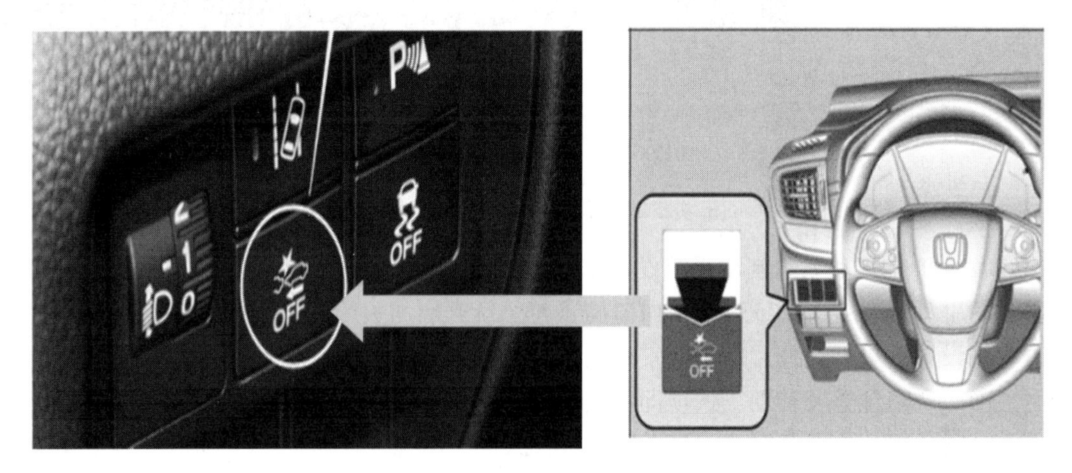

图6.7　本田汽车碰撞缓解制动系统开启/关闭按钮

图6.8　系统关闭时橙色指示灯亮起和中央信息显示屏出现信息提示

6.1.5　一汽红旗汽车主动制动辅助系统

我们以一汽红旗的 H9 和 H5 车型搭载的主动制动辅助系统为例，介绍该系统可能涉及的操作及显示信息，该系统被一汽红旗命名为“主动紧急制动系统”并与其他辅助系统（如前向碰撞预警系统）配合使用。

红旗 H9 的声音和可视化报警阶段由前向碰撞预警系统完成，包括通过自车与目标车辆的相对距离、相对速度、相对加速度等信息，自动判断碰撞风险等级。当车辆遇到可能与前车发生碰撞的紧急情况，且自车速度在 8～80km/h 时，如果驾驶员没有及时进行紧急制动或紧急转向避险等操作，那么前向碰撞预警系统将持续预警，主动紧急制动系统将施加制动警告并辅助驾驶员对车辆施加制动力以避免或减轻碰撞，如图 6.9 所示。

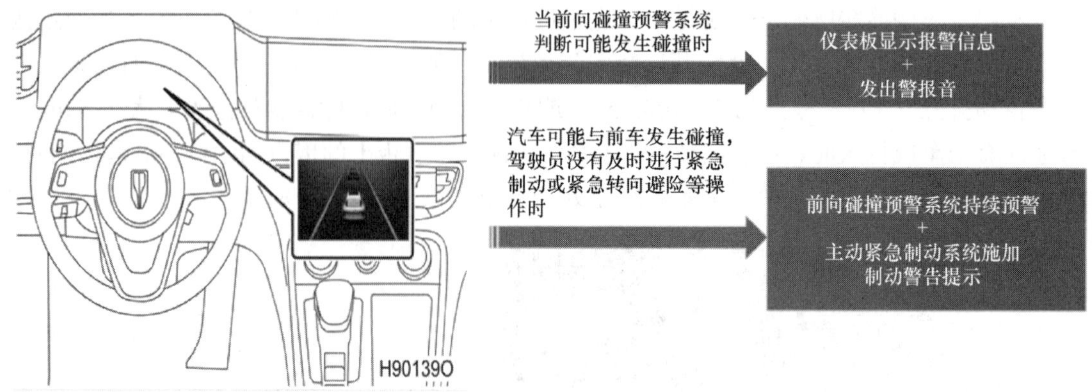

图6.9　红旗H9的主动紧急制动系统与前向碰撞预警系统配合工作示意

红旗 H9 的主动紧急制动系统设置是包含在前向碰撞预警系统设置中的，主动紧急制动系统的手动开启或关闭依赖于前向碰撞预警系统开启与关闭的设置。可在信息娱乐系统的“车辆设置”中，选择“驾驶与安全”，随即看到“驾驶模式”“巡航功能”等选项，下滑至“前向碰撞预警及辅助”选项即可设置前向碰撞预警系统的开启与关闭，系统默认开启。主动紧急制动功能开启后，可设置报警模式为“FCW+AEB”。当主动紧急制动功能关闭时，组合仪表将显示主动紧急制动系统关闭指示灯，如图 6.10 所示。一汽红旗 H5 的主动紧急制动系统的工作车速范围为 10～85km/h，其设置同样是在其前向碰撞预警系统中进行，如在组合仪表多功能显示屏中的选项“前防撞预警 / 主动制动”中设置，整体操作与前向碰撞预警系统的操作大致相同，详见 2.1.4 节。

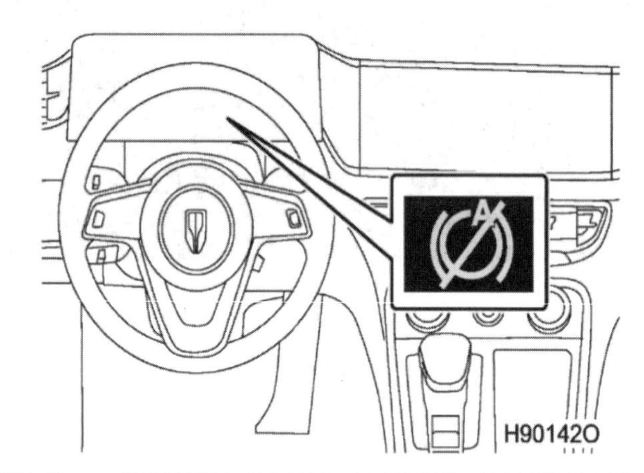

图6.10　一汽红旗H9主动紧急制动系统关闭的指示灯显示信息

注意

为避免系统误报警而干扰驾驶员，下列情况将不会报警：

- H9 车型车速小于 8km/h，H5 车型车速小于 10km/h；
- 前一次报警后 20s 内。

若满足以下任一条件，主动紧急制动系统将终止动作：

- 驾驶员操作转向盘转速过快或者转角过大；

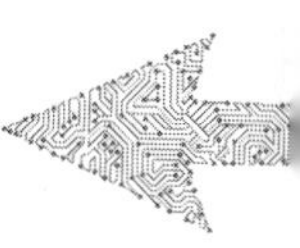

- 驾驶员猛踩加速踏板导致踏板位置变化很大；
- 速度降低至低于阈值 45km/h。

在满足以下任一条件时，主动紧急制动系统将不会被触发，意在让驾驶员自己控制车辆：

- 挡位处于 R 挡；
- 任意车门未关闭；
- 发动机舱盖未关闭；
- 驾驶员解开安全带；
- 自动泊车功能开启；
- 前一次预警后 20s 内；
- H9 车型车速小于 8km/h，H5 车型车速小于 10km/h；
- 驾驶员操作转向盘转速过快或者转角过大；
- 驾驶员猛踩加速踏板导致踏板位置变化很大。

【巩固与提升】

1. 单选题

（1）以下不属于主动制动辅助系统组成的是（　　）。

A. 信息采集单元　　B. 控制单元

C. 执行单元　　D. 单片机

（2）主动制动辅助系统可以在车辆发生碰撞前进行报警，若驾驶员未对车辆进行制动，制动系统干预车辆是一种（　　）。

A. 主动安全技术　　B. 被动安全技术

C. 前瞻技术　　D. 创新技术

（3）（　　）主要由传感器构成是汽车感知周围环境的硬件基础。

A. 信息采集单元　　B. 控制器

C. 执行器　　D. 前向碰撞预警系统

（4）本田汽车的主动制动辅助系统的预警分为（　　）个级别。

A. 5　　B. 3　　C. 4　　D. 2

（5）主动制动辅助系统通常包含（　　）系统的功能。

A. 前向碰撞预警　　B. 自动泊车辅助

C. 自适应巡航控制　　D. 安全防护

2. 简答题

（1）描述主动制动辅助系统的工作原理。

（2）描述主动制动辅助系统的应用。

（3）描述本田汽车主动制动辅助系统的工作流程。

3. 填空题

（1）主动制动辅助系统组成及控制逻辑中，需要采集的自车信息包括________、________、________等。

（2）主动制动辅助系统组成及控制逻辑中，信息采集单元采集的速度、距离、图像信息等属于________的信息。

（3）主动制动辅助系统组成及控制逻辑中，执行单元需要采集的信息包括________、________、________、________、________。

（4）主动制动辅助系统工作原理中，系统启动之后的下一步操作是________。

（5）主动制动辅助系统工作原理中，三级预警之后，根据________判断是否继续监测还是进入二级预警状态。

【任务小结】

本任务是主动制动辅助系统认知，主要介绍了部分搭载主动制动辅助系统的车型和对应操作，各个车型的主动制动辅助系统的工作原理和工作流程。通过本任务的学习，学生需理解主动制动辅助系统的工作原理和该系统与其他辅助系统相互配合的工作流程。

任务 6.2　交通信号灯识别应用实践

【任务导入】

智能车辆感知层主要有摄像头、雷达等，其中摄像头是视觉识别的重要元件。智能车辆可以通过摄像头进行交通标识识别，配合其他感知元件进行环境感知。交通信号灯是智能车辆在城市环境中行驶的主要指示信号，是智能车辆进行路径规划、车道动态控制的前提因素。本任务将以实训的形式介绍车辆如何识别交通信号灯。

【相关知识】

6.2.1　交通信号灯识别的基本原理

使用 OpenCV 库函数在颜色空间中对交通信号灯颜色进行分割等操作，然后通过交通信号灯的形状、特征等进行判断，从而识别交通信号灯。

6.2.2　交通信号灯识别的方法

交通信号灯的检测与识别是无人驾驶与辅助驾驶中必不可少的一部分，其识别精度直接关乎智能驾驶的安全。国内外的学者提出了许多的解决方案。总的来说，目前有两大类方法：

第一类是基于传统的图像处理方法；

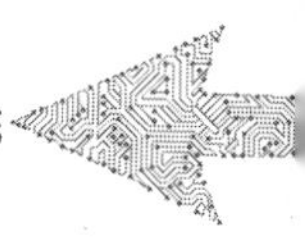

第二类是基于深度学习的卷积神经网络方法。

第二类方法需要大量的训练样本避免过拟合的风险，较为复杂。第一类基于传统的图像处理方法相对简单，即在各种颜色空间中利用交通信号灯的颜色进行分割以得到兴趣区域，然后通过交通信号灯所特有的形状、特征等进行判定。本实训中我们将采用基于传统的图像处理方法来进行交通信号灯识别，重点介绍核心技术。

【任务实施】

交通信号灯识别工作流程如图 6.11 所示。接下来我们将以识别绿色信号灯为例，说明交通信号灯识别工作流程。

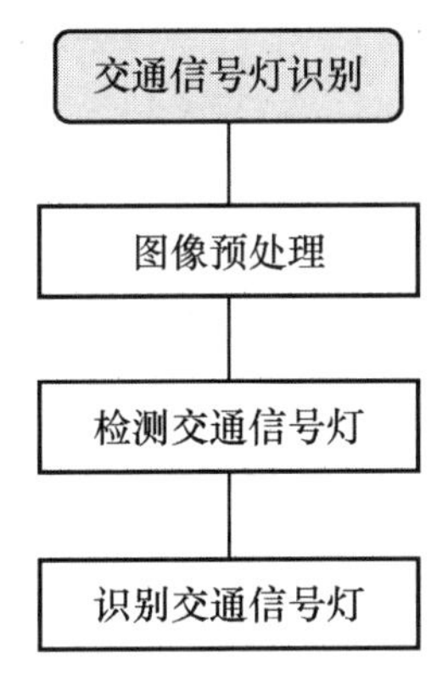

图6.11 交通信号灯识别工作流程

6.2.3 搭建实训环境

完成交通信号灯识别，首先需要配置相应的环境。我们使用 Python+PyCharm 进行编程，并且使用 OpenCV 库和 NumPy 库。

在项目 2 中我们已经讲解在 Windows 系统下，Python+PyCharm 环境配置方法以及 OpenCV 库的安装，在项目 3 中也讲解了 NumPy 库的安装，这里不再赘述。

在实现交通信号灯识别之前，为方便之后的操作，需要导入 OpenCV 模块、NumPy 模块，导入语句如下。

```
import cv2
import numpy as np
```

导入上述模块后，接下来我们逐步完成交通信号灯识别任务。

6.2.4 图像预处理

代码如下。

```
img = cv2.imread(r'C:\PycharmProjects\pic.jpg')
cv2.imshow('Light', img)
cv2.waitKey()
```

1. 读取图像

（1）路径读取

语法格式如下。

```
cv2.imread(filepath,flags)
```

参数说明如下。

filepath：要读取图像的完整路径。

flags：读取图像的标志。

（2）在窗口中显示图像

语法格式如下。

```
cv2.imshow(window_name, image)
cv2.waitkey(parameter)
```

参数说明如下。

window_name：一个字符串，代表要在其中显示图像的窗口的名称。

image：要显示的图像。

parameter：等待时间，其值可以是 NONE（空）或 0。

代码运行后读取图像效果如图 6.12 所示。

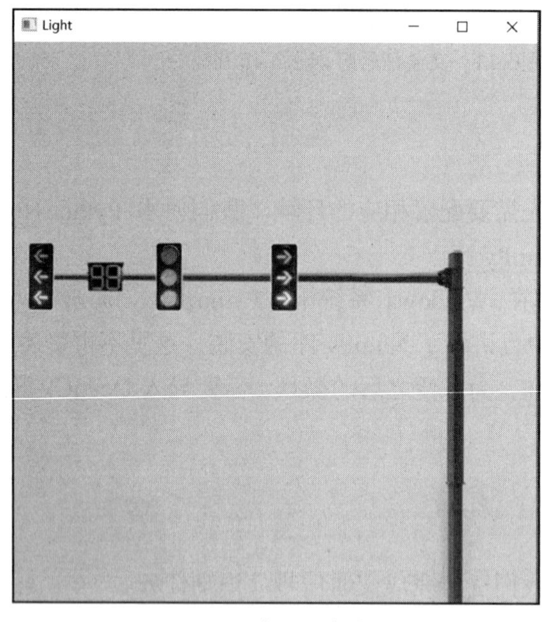

图6.12　读取图像效果

2. 图像颜色空间转换

OpenCV 库支持多种颜色空间，包括 RGB、HSI、HSL、HSV、HSB、YcrCB、CIE XYZ、CIE Lab 等几种，使用时经常遇到颜色空间的转换，以便生成 mask 图等操作。

OpenCV 模块中的 cvtColor()函数用于将图像从一个颜色空间转换到另一个颜色空间（目前常见的颜色空间均支持），并且在转换的过程中能够保证数据的类型不变，即转换后

图像的数据类型和位深与源图像一致。

OpenCV 模块中的 cvtColor()函数语法格式如下。

```
cv2.cvtColor(image, cv2.COLOR_BGR2HSV)
```

彩图 6.13

参数说明如下。

image：源图像。

cv2.COLOR_BGR2HSV：从 RGB 颜色空间转到 HSV 颜色空间。

代码运行后图像颜色空间转换的效果对比如图 6.13 所示。

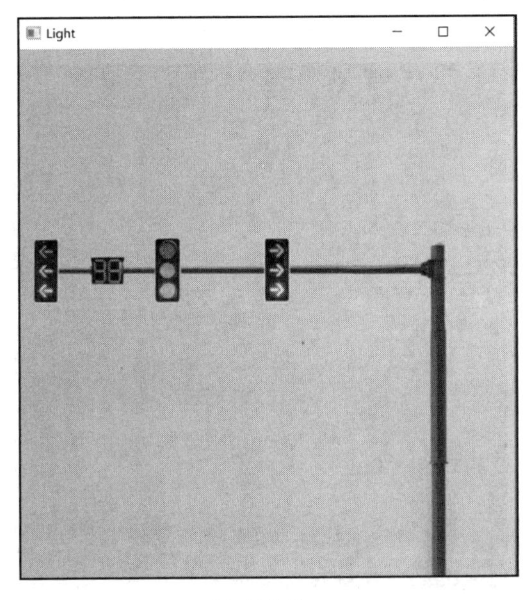

(a) 转换前

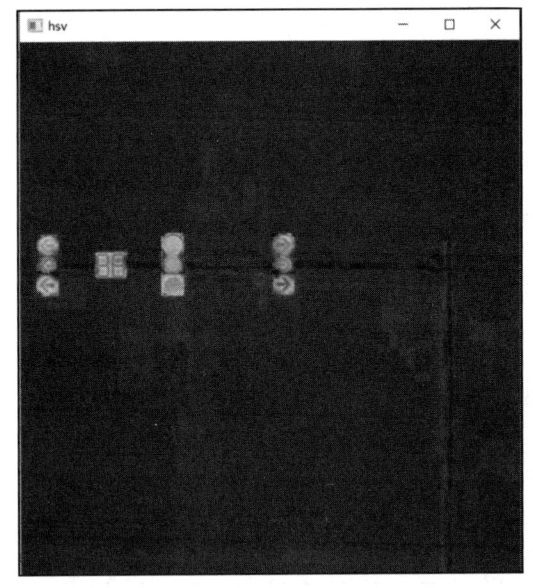

(b) 转换后

图6.13 图像颜色空间转换效果对比

6.2.5 检测交通信号灯

代码如下。

```
lower_green = np.array([40, 50, 90])
upper_green = np.array([80, 255, 255])
maskg = cv2.inRange(hsv, lower_green, upper_green)
```

在图像处理的过程中，会使用各种形态学操作或者滤波的方式来突显我们关注的元素，同时降低噪声并减少干扰我们提取关键元素的影响项。除了这些方法外，我们还可以在源图像中先依据颜色的特征，提取出更为关键的像素。利用 OpenCV 模块中的 inRange()函数设置阈值，将在两个阈值内的像素值设置为（255）白色，而不在两个阈值内的像素值设置为 0（黑色），这样做可以除去多余的颜色，提高识别的准确性。OpenCV 模块中的 inRange()函数语法格式如下。

```
cv2.inRange(hsv, lower_color, upper_color)
```

参数说明如下。

hsv：源图像。

lower_color：HSV 颜色空间的最小范围。

upper_color：HSV 颜色空间的最大范围。

图像的 HSV 值在对应的范围内，则该图像值变成 255，否则变成 0。

我们以提取绿色信号灯为例，先设置阈值，再使用 inRange()函数清除掉其他颜色，将在两个阈值内的像素值设置为白色，而不在两个阈值内的像素值设置为黑色。代码运行后阈值化处理效果对比如图 6.14 所示。

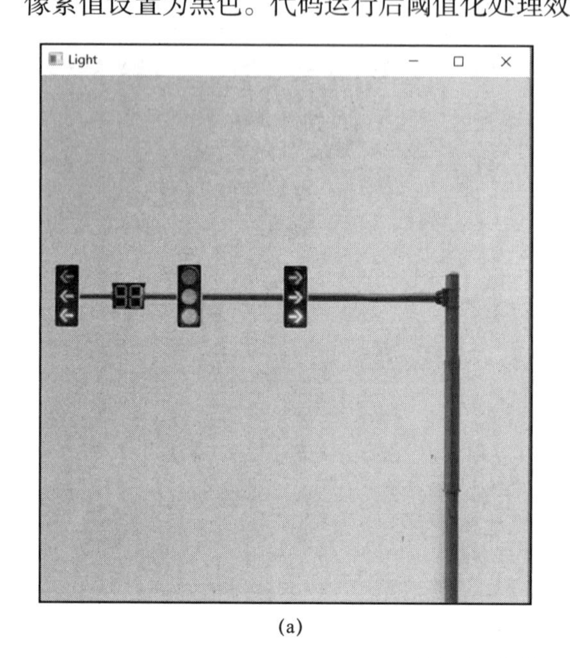

(a)

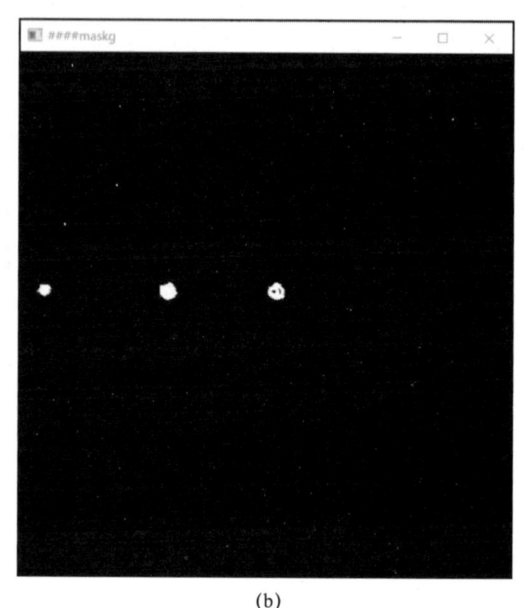

(b)

图6.14　阈值化处理效果对比

6.2.6　识别交通信号灯

提取出想要识别的交通信号灯颜色之后，为了使结果更加直观、便于查看，我们首先提取想要的结果，再将提取出的结果圈起来，最后加文字备注。

我们继续以提取绿色信号灯为例，主要代码如下。

```
g_circles=cv2.HoughCircles(maskg,cv2.HOUGH_GRADIENT,1,50,param1=50,
param2=5,minRadius=0,maxRadius=30)
cv2.circle(cimg,(i[0],i[1]),i[2]+10,(0,255,0),2)
cv2.circle(maskg,(i[0],i[1]),i[2]+30,(255,255,255),2)
cv2.putText(cimg,'GREEN',(i[0],i[1]),font,1,(255,0,0),2,cv2.LINE_AA)
```

1. 霍夫圆检测

霍夫圆变换是将二维图像空间中的一个圆转换为该圆半径、圆心横纵坐标所确定的三维参数空间中的一个点的过程。因此我们可以使用 HoughCircles()函数实现对圆的检测，函数语法格式如下。

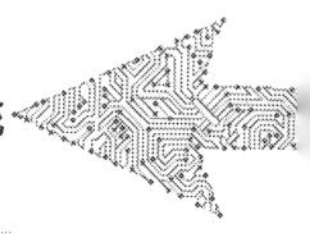

```
cv2.HoughCircles(image,method,dp,minDist,circles=None,param1=None,param2=None,minRadius=None,maxRadius=None)
```

参数说明如下。

image：8 位单通道图像，如果使用彩色图像，需要先将其转换成灰度图像。

method：定义检测图像中圆的方法，即 cv2.HOUGH_GRADIENT。

dp：图像像素空间分辨率与参数空间分辨率的比值。dp=1，则参数空间与图像像素空间（分辨率）一样大。dp=2，参数空间的分辨率只有图像像素空间的一半大。

minDist：检测到的圆的中心，(x,y)坐标之间的最小距离。

circles：找到的圆的输出向量，一般不设置。

param1：处理边缘检测的梯度值方法。

param2：cv2.HOUGH_GRADIENT 方法的累加器阈值。

minRadius：半径的最小大小（以像素为单位）。

maxRadius：半径的最大大小（以像素为单位）。

2. 标注元素

通过霍夫圆检测获取到要提取的元素，为了方便查看结果，我们想将提取的结果圈起来，标注结果如图 6.15 所示。Circle()函数用于在任何图像上绘制圆，其语法格式如下。

```
cv2.circle(image,center_coordinates,radius,color,thickness)
```

参数说明如下。

image：在其上绘制圆的源图像。

center_coordinates：圆的中心坐标。

radius：圆的半径。

color：绘制圆的边框线颜色。采用 BGR 格式，如(0, 255, 0)为绿色。

thickness：圆边框线的粗细，单位为像素。

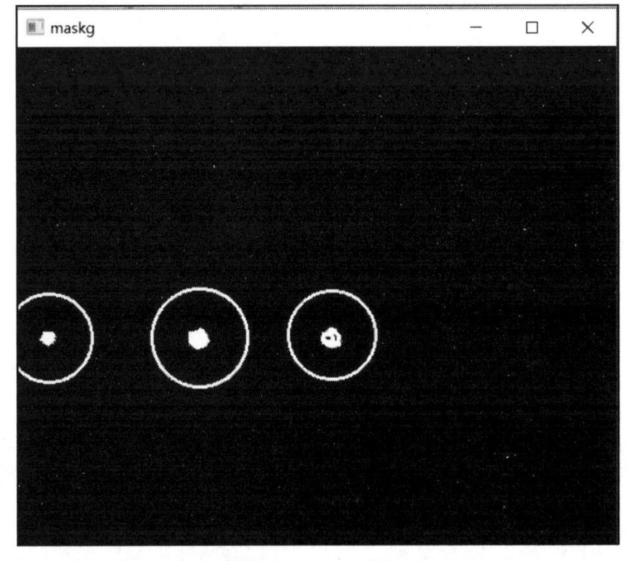

图6.15　标注结果

3. 文字备注

圈出想要提取的元素后，加文字备注能更方便查看，最终显示结果如图 6.16 所示。putText()函数用于绘制文本字符串，其语法格式如下。

```
cv2.putText(image,text,org,font,fontScale,color[,thickness[,lineType[,bottomLeft
Origin]]])
```

参数说明如下。

image：需要绘制文本的源图像。

text：显示的文本字符串。

org：文本字符串左下角的坐标。

font：字体类型。

fontScale：字体比例因子乘以 font-specific 的基本大小。

color：显示的文本字符串的颜色。

thickness：线的粗细，单位为像素。

lineType：可选参数，使用的线的类型。

bottomLeftOrigin：可选参数，如果为 true，图像数据原点位于左下角，否则位于左上角。

图6.16 最终显示结果

完整代码如下。

```
import os
import cv2
import numpy as np
def detect(filepath,file):
    font = cv2.FONT_HERSHEY_SIMPLEX
    img = cv2.imread(filepath+file)
    cimg = img
```

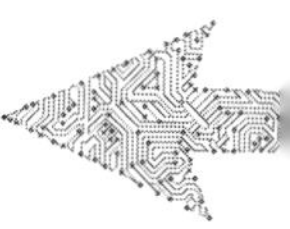

```
    hsv = cv2.cvtColor(img,cv2.COLOR_BGR2HSV)
    # 颜色阈值
    lower_red1 = np.array([0,43,46])
    upper_red1 = np.array([10,255,255])
    lower_red2 = np.array([156,45,45])
    upper_red2 = np.array([180,255,255])
    lower_green = np.array([40,50,90])
    upper_green = np.array([80,255,255])
    lower_yellow = np.array([15,100,100])
    upper_yellow = np.array([35,255,255])
    mask1 = cv2.inRange(hsv, lower_red1,upper_red1)
    mask2 = cv2.inRange(hsv, lower_red2,upper_red2)
    maskg = cv2.inRange(hsv, lower_green,upper_green)
    masky = cv2.inRange(hsv, lower_yellow,upper_yellow)
    maskr = cv2.add(mask1,mask2)
    size = img.shape
    # 霍夫圆检测
    r_circles=cv2.HoughCircles(maskr,cv2.HOUGH_GRADIENT,1,80,
param1=50,param2=10,minRadius=0,maxRadius=30)
    g_circles=cv2.HoughCircles(maskg,cv2.HOUGH_GRADIENT,1,60,
param1=50, param2=10, minRadius=0, maxRadius=30)
    y_circles=cv2.HoughCircles(masky,cv2.HOUGH_GRADIENT,1,30,
param1=50,param2=5,minRadius=0,maxRadius=30)
    # 交通信号灯检测
    r = 5
    bound = 5 / 10
    if r_circles is not None:
        r_circles = np.uint16(np.around(r_circles))
        for i in r_circles[0, :]:
          if i[0] > size[1] or i[1] > size[0]or i[1] > size[0]*bound:
              continue
          h, s = 0.0, 0.0
          for m in range(-r,r):
              for n in range(-r,r):
                if (i[1]+m)>= size[0] or(i[0]+n)>= size[1]:
                    continue
                h += maskr[i[1]+m, i[0]+n]
                s += 1
          if h / s > 150:
              cv2.circle(cimg,(i[0],i[1]),i[2]+10,(0,255,0),2)
              cv2.circle(maskr,(i[0],i[1]),i[2]+30,(255,255,255),2)
cv2.putTex(cimg,'RED',(i[0],i[1]),font,0.5,(255,255,
255),2,cv2.LINE_AA)
    if g_circles is not None:
        g_circles = np.uint16(np.around(g_circles))
        for i in g_circles[0, :]:
          if i[0] > size[1] or i[1] > size[0] or i[1] > size[0]*bound:
              continue
          h, s = 0.0, 0.0
          for m in range(-r,r):
              for n in range(-r,r):
                if(i[1]+m)>= size[0] or(i[0]+n)>= size[1]:
                    continue
                h += maskg[i[1]+m, i[0]+n]
```

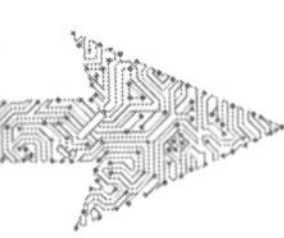


```
                s += 1
            if h / s > 100:
                cv2.circle(cimg,(i[0], i[1]),i[2]+10,(0,255,0),2)
                cv2.circle(maskg,(i[0], i[1]),i[2]+30,(255,255,255),2)
                cv2.putText(cimg,'GREEN',(i[0],i[1]),font,0.5,(255,255,
 255),2,cv2.LINE_AA)
    if y_circles is not None:
        y_circles = np.uint16(np.around(y_circles))
        for i in y_circles[0, :]:
            if i[0] > size[1] or i[1] > size[0] or i[1] > size[0]*bound:
                continue
            h, s = 0.0, 0.0
            for m in range(-r,r):
                for n in range(-r,r):
                    if (i[1]+m)>= size[0] or(i[0]+n)>= size[1]:
                        continue
                    h += masky[i[1]+m, i[0]+n]
                    s += 1
            if h / s > 50:
                cv2.circle(cimg,(i[0],i[1]),i[2]+10,(0,255,0),2)
                cv2.circle(masky,(i[0],i[1]),i[2]+30,(255,255,255),2)
                cv2.putText(cimg,'YELLOW',(i[0],i[1]),font,0.5,(255,255,
255),2,cv2.LINE_AA)
    cv2.imshow('detected results',cimg)
    cv2.imwrite(path+'//result//'+file,cimg)
    cv2.waitKey(0)
    cv2.destroyAllWindows()
if __name__ == '__main__':
    path = os.path.abspath('..')+'//light//'
    detect(r'C: /PycharmProjects /','pic.jpg')
```

经过上述流程后，完整代码运行结果如图 6.17 所示。

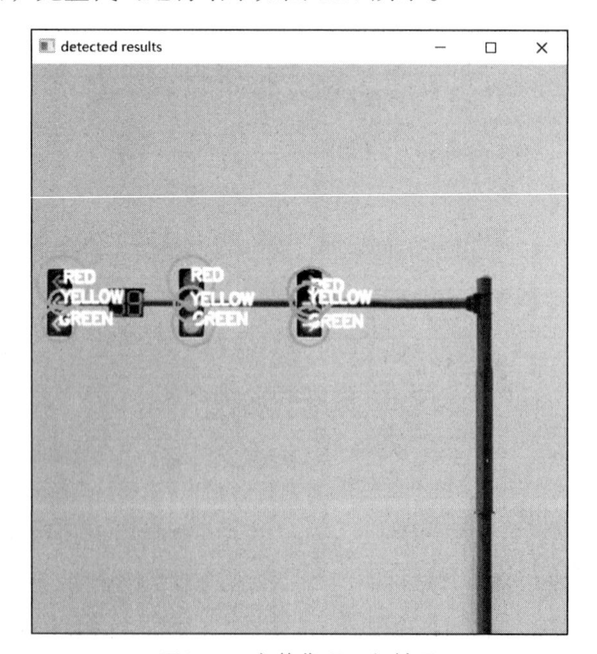

图6.17　完整代码运行结果

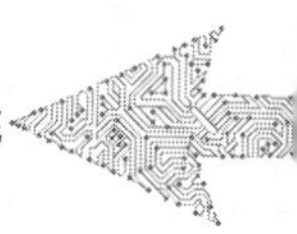

【实训工单】

通过综合利用我们在任务 6.2 中所学的知识与技能，完成下面实训工单：使用 Python 识别交通信号灯。

实训工单　使用 Python 识别交通信号灯

实训场地		实训设备		班级		日期	
组别		组长		学时		小组成绩	
学生姓名		学号		电话号码		个人成绩	
任务背景	某车企为实现在行驶中智能识别交通信号灯，保障行车安全，需要对交通信号灯进行识别						
任务目标	综合利用在本任务中所学的知识与技能，完成交通信号灯识别						
任务要求	1. 利用 PyCharm 创建项目 2. 导入 OpenCV、NumPy 3. 图像预处理 4. 检测交通信号灯 5. 识别交通信号灯						
任务内容	1. 利用 PyCharm 创建项目□ 2. 导入 OpenCV,NumPy□ 3. 图像预处理□ 4. 检测交通信号灯□ 5. 识别交通标志□						
任务总结	通过本任务学习的收获：						
任务评估	对学生的综合评价与建议： 教师签字：						

【任务小结】

本任务主要讲解了交通信号灯识别的常见方法、环境配置、工作原理、工作流程等内容，学生需要掌握基于传统的图像处理方法的交通信号灯识别的工作原理、工作流程。

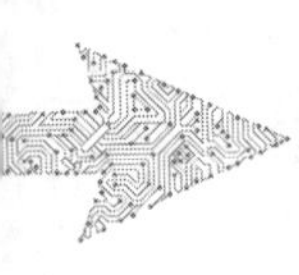

【项目总结】

本项目讲解了 ADAS 关键技术中的主动制动辅助系统，通过系统认知，学生学习了主动制动辅助系统的基本概念与组成、工作原理；通过应用实例，学生学习了搭载主动制动辅助系统的部分车型，以及这些车型的主动制动辅助系统实现的工作原理与工作流程；通过应用实践，学生学习了如何进行交通信号灯的识别。

项目7 其他ADAS

07

【项目背景】

ADAS 和自动化系统使现代车辆实现半自动化，提高了安全性，减少了事故伤亡。每一代新车型的 ADAS 技术都会完成一次演进，使汽车的安全等级进一步提高，并向着全自动驾驶的目标又一步迈进。诸如车道偏离警告系统、夜视辅助系统、自适应前照明系统、抬头显示系统、盲区监测系统、疲劳驾驶预警系统等。本项目主要从系统认知着手，以丰富的应用实践和案例解析为主，带大家了解这些 ADAS。

【项目目标】

目标	内容
知识目标	1. 能够了解车道偏离警告系统概念、组成和工作原理。 2. 能够了解夜视辅助系统概念、组成和工作原理。 3. 能够了解抬头显示系统概念、组成和工作原理。 4. 能够了解自适应前照明系统概念、组成和工作原理。 5. 能够了解盲区监测系统概念、组成和工作原理。 6. 能够了解疲劳驾驶预警系统概念、组成和工作原理
能力目标	1. 能够描述车道偏离警告系统的应用。 2. 能够描述夜视辅助系统的应用。 3. 能够描述抬头显示系统的应用。 4. 能够描述自适应前照明系统的应用。 5. 能够描述盲区监测系统的应用。 6. 能够描述疲劳驾驶预警系统的应用
素质目标	1. 具有主动学习的意识，能够将所学知识和技能投入工作实践中，并在实践中持续总结。 2. 具备良好的逻辑思维能力、自我思考、自我解决问题的能力。 3. 具备集体意识和团结协作能力

【知识框架】

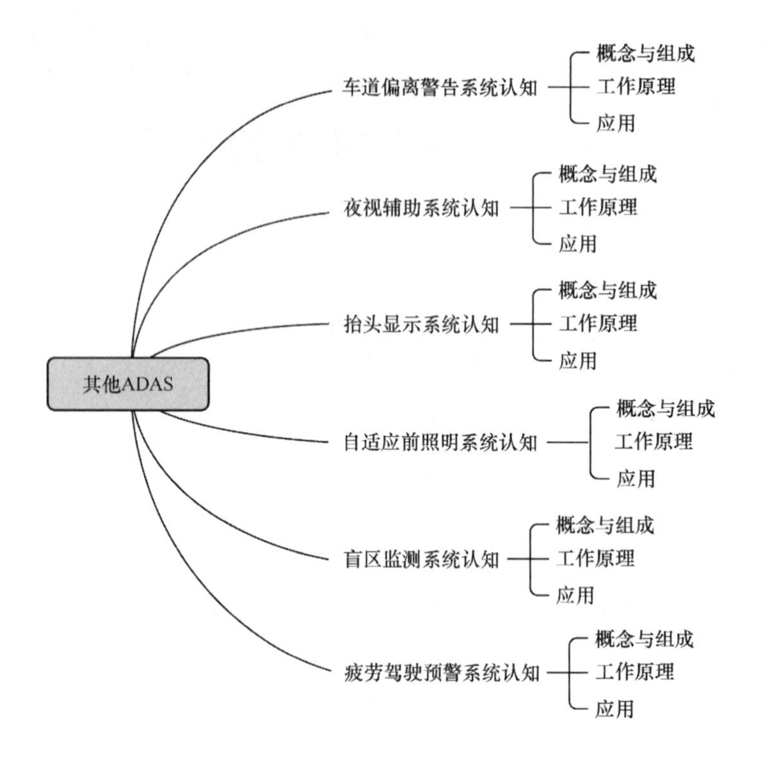

任务 7.1 车道偏离警告系统认知

【任务导入】

据交通运输部统计，约有 50%的汽车交通事故是由于车辆偏离正常的行驶车道，车辆偏离车道的原因主要是驾驶员在驾驶时注意力不集中或驾驶疲劳。有些汽车驾驶员会在驾驶过程中打瞌睡甚至睡着，极其危险。而车道偏离警告系统可辅助驾驶员减少因车辆在行驶过程中偏离车道而发生交通事故的系统，如图 7.1 所示。

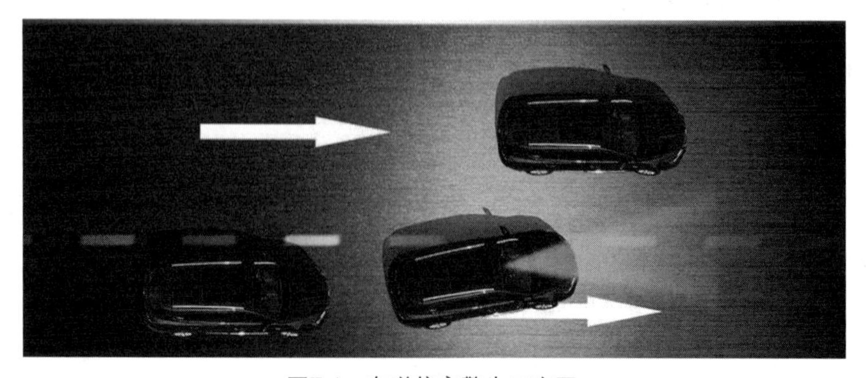

图7.1 车道偏离警告示意图

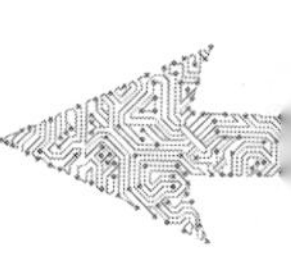

【相关知识】

7.1.1 车道偏离警告系统的基本概念与组成

车道偏离警告系统介绍

车道偏离警告系统是一种通过报警的方式辅助驾驶员减少汽车因偏离车道而发生交通事故的系统。该系统能够在汽车偏离原车道时，在短时间内报警，提醒驾驶员车道偏离，这样可以减少碰撞事故的发生。该系统可以让驾驶员养成良好的驾驶习惯，主动在进行变道时打开转向灯。

车道偏离警告系统主要由信息采集单元、电子控制单元和人机交互单元等组成，如图 7.2 所示。

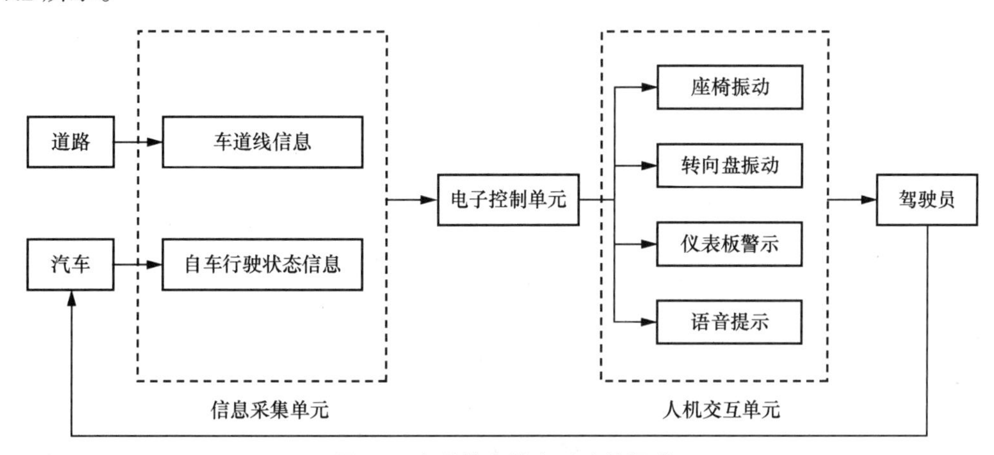

图7.2 车道偏离警告系统的组成

（1）信息采集单元。信息采集单元主要指摄像头，通过摄像头对车道线信息和自车行驶状态信息进行采集，在完成所有信息数据的采集后，信息采集单元需对数据进行模/数转换，并传输给电子控制单元。

（2）电子控制单元。电子控制单元是整个系统的核心部分，需要对所有的信息数据进行集中处理，判断汽车是否存在非正常偏离车道的现象，如果存在非正常偏离车道的现象，就发出报警信息。

（3）人机交互单元。通过座椅或转向盘振动、仪表板警示、语音提示等一种或多种方式向驾驶员提示系统当前状态，当存在非正常偏离车道时，提醒驾驶员及时修正行驶方向。

车道偏离警告系统基于视觉的系统进行开发，根据摄像头安装位置不同，可以将系统分为侧视系统和前视系统。摄像头安装在车辆侧面，斜指向车道的系统为侧视系统；摄像头安装在车辆前部、斜指向前方车道的系统为前视系统。无论是侧视系统还是前视系统，都由道路和车辆状态感知、车道偏离评价算法和信号显示界面 3 个基本模块组成。

摄像头在恶劣天气（如雨雪天气）下精确度会下降，为了保证其工作可靠，采用红外线传感器进行数据采集。即在前保险杠两侧安装红外线传感器，通过其收集路面情况，即使在恶劣的环境下，也可以识别车道线标志，这样就可以保证系统更加准确、及时地提醒驾驶员车道偏离情况。

7.1.2 车道偏离警告系统的工作原理

目前车道偏离警告系统主要由摄像头进行图像数据采集，摄像头采集车道线标志，通过图像预处理获得车辆在车道中的位置参数。如果车辆偏离车道，收集车辆数据和驾驶员的操作状态，系统发出警报信号，提醒驾驶员车辆偏离车道，整个过程花费大约 0.5s。如果驾驶员打开转向灯，正常进行变道，则系统不会发出警报信号，如图 7.3 所示。

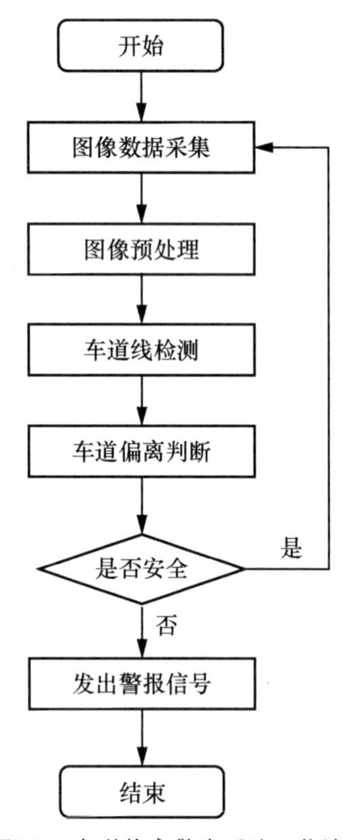

图7.3 车道偏离警告系统工作流程

【应用实例】

7.1.3 奔驰汽车车道偏离警告系统

奔驰 E 级车型搭载的车道偏离警告系统会在车速大于 60km/h 的情况下自动激活，并通过安装于风窗玻璃后面的多功能摄像头，判断驾驶员是否主动驾车并线。当系统发现驾驶员无意中驶离车道时，转向盘就会振动，提示驾驶员警惕危险，如图 7.4 所示。而当驾驶员在并线之前启动转向灯，并且主动驾车驶离车道时，车道偏离警告系统则不会发出警报信号。

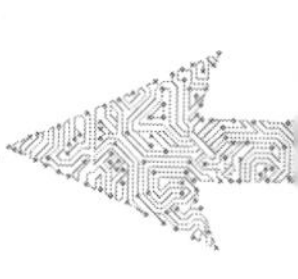

彩图 7.4

图7.4 奔驰汽车车道偏离警告系统工作示意

7.1.4 北京现代汽车车道偏离警告系统

北京现代 2018 款 ENCINO 顶配，配置了车道偏离警告系统。可通过中控台左侧按键开启该系统，如图 7.5 所示。

图7.5 北京现代汽车车道偏离警告系统按键

车道偏离警告系统开启后仪表屏幕会有相应的提示，如图 7.6 所示。

图7.6 仪表屏幕提示界面

车道偏离警告系统成功识别车道后显示绿色标识，如图 7.7 所示。

彩图 7.7

图7.7 车道偏离警告系统识别状态

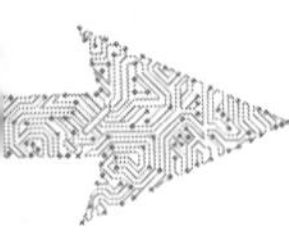

当检测到车辆偏离车道后会有相应提示，如图 7.8 所示。

图7.8　车辆偏离车道后仪表屏幕显示状态

【巩固与提升】

1. 单选题

（1）以下不属于车道偏离警告系统组成的是（　　）。

A. 信息采集单元　　B. 控制器

C. 执行器　　D. 单片机

（2）车道偏离警告系统一般基于（　　）进行探测。

A. 摄像头　　B. 毫米波雷达

C. 激光雷达　　D. 超声波雷达

2. 简答题

（1）描述车道偏离警告系统的组成。

（2）描述车道偏离警告系统的工作原理。

3. 填空题

（1）车道偏离警告系统基于视觉的系统进行开发，根据摄像头安装位置不同，可以将系统分为__________和__________。

（2）车道偏离警告系统控制逻辑中，图像预处理之前的步骤是__________，图像预处理之后的步骤是__________。

【任务小结】

本任务主要介绍了车道偏离警告系统的基本概念与组成、工作原理。车道偏离警告系统是一种通过报警的方式辅助驾驶员减少汽车因车道偏离而发生交通事故的系统。车道偏离警告系统由信息采集单元、电子控制单元和人机交互单元等组成。通过任务的学习，学生应该能够掌握车道偏离警告系统的组成，能够了解其工作原理。

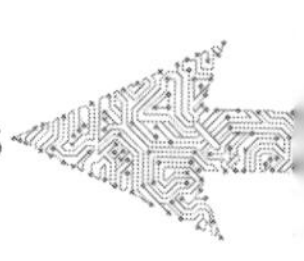

任务 7.2　夜视辅助系统认识

【任务导入】

有调查显示约 60%的交通事故都发生在夜间及天气不好的情况下，交通事故发生主要是因为驾车的视线比较差、汽车速度比较快。尤其是夜间在没有路灯的道路上行驶，受汽车前照灯照射距离的限制，夜间行车会有安全隐患。而夜视辅助系统能够很好地检测到前方的行人，即使打开汽车前照灯也不影响夜视辅助系统中图像的显示，迎面驶来汽车的强烈车灯光也不会使夜视辅助系统“致盲”。此外，夜视辅助系统是全天候的“电子眼”，在雨雪、浓雾天气公路上的物体及路旁的一切也都能尽收眼底，可大大提高汽车行驶的安全性。

夜视辅助系统能够很好地帮助驾驶员解决夜间及天气不好情况下的开车难题，提升驾驶员的安全感，如图 7.9 所示。目前，越来越多的汽车厂家开始开发并使用夜视辅助系统。由于价格原因，最初一般装配在豪华车型，但是随着科技发展和夜视辅助系统生产成本的降低，夜视辅助系统将会全面普及。

图7.9　夜视辅助系统示意

【相关知识】

7.2.1　夜视辅助系统的基本概念与组成

夜视辅助系统是一种利用红外成像技术辅助驾驶员在黑夜中看清道路、行人和障碍物等，减少事故发生，增强主动安全性的系统。

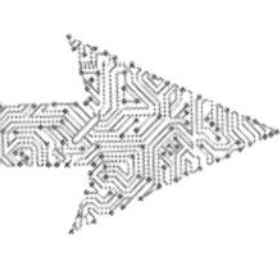

根据不同的工作原理，夜视辅助系统可以分为主动夜视辅助系统和被动夜视辅助系统，主要采用主动红外成像技术和热成像技术。

夜视辅助系统介绍

下面对这两种系统分别进行介绍。

1. 主动夜视辅助系统

主动夜视辅助系统采用主动红外成像技术，把目标物体反射或自身辐射的红外图像转换成人眼可观察的图像。这种系统本身必须具备光源，因此不发出热量的物体也可以看到，通过图像处理提高清晰度，使道路标志清晰可见。

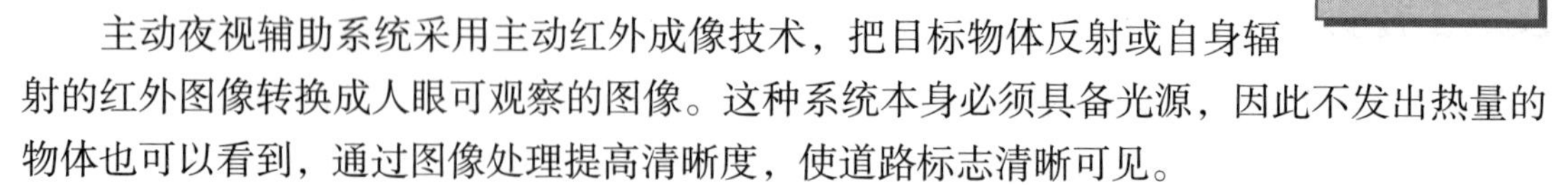

主动夜视辅助系统由红外发射单元、红外成像单元、控制单元和图像显示单元等组成，如图 7.10 所示。红外发射单元由前端红外驱动控制电路单元和前端 LED 透镜组合单元组成，红外成像单元由图像传感器和透镜单元组成。

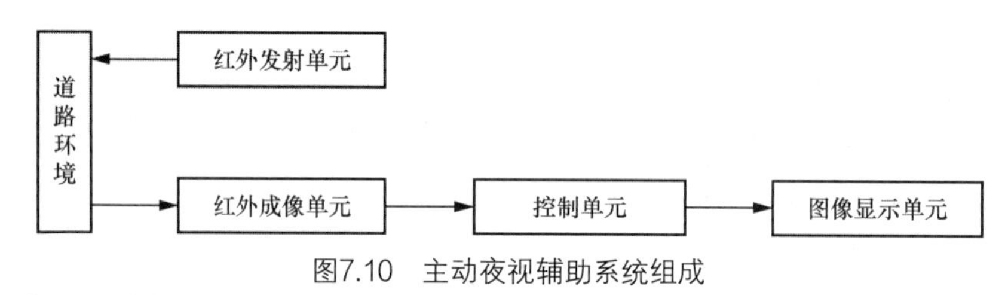

图7.10　主动夜视辅助系统组成

（1）红外发射单元。红外发射单元位于两个前照灯内，当它被激活时，产生的红外线用于照射车辆前方区域，相应的夜视图等同于在远光灯下透过风窗玻璃所见到的情景。

（2）红外成像单元。红外成像单元主要由红外图像摄像头记录车辆前方区域内的图像，并提供其探测范围内是否存在行人或障碍物的信息，然后通过数字视频线将数据发送给控制单元。

（3）控制单元。控制单元用来分析红外成像单元传来的数据，再通过集成化数据处理，将画面传输给图像显示单元，以高亮度显示其中识别到的行人和动物等。一般对于数字化的电荷耦合器件摄像头，采集到信号后，会进行必要的去噪声、信号增强等处理，然后传送给图像显示单元。

（4）图像显示单元。其主要作用是接收控制单元传来的信号并显示，这样驾驶员就可以清晰地看到前大灯照射范围之外的景物，避免出现意外。

2. 被动夜视辅助系统

被动夜视辅助系统采用热成像技术，基于目标与背景的温度和辐射率的差别，利用辐射测温技术对目标逐点测定辐射强度而形成可见的目标热图像。这种系统本身没有光源，仅对物体本身发出的光线进行识别，不发出热量的物体就看不清或看不到，图像清晰度取决于天气条件和时间段，图像与实际景象不完全符合。

被动夜视辅助系统没有红外发射单元，由红外成像单元、控制单元和图像显示单元等组成。在被动夜视辅助系统中，关键零部件是红外摄像头，它与主动夜视辅助系统的红外摄像头原理相同，但接收对象存在差异，因此其软硬件设计也有不同。

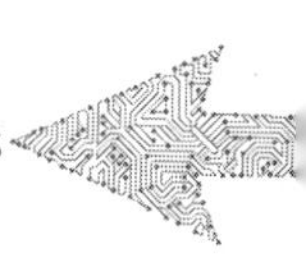

7.2.2 夜视辅助系统的工作原理

1. 主动夜视辅助系统的工作原理

主动夜视辅助系统将摄像头安装到汽车前照灯内，红外发射装置发射一定强度的红外波束来主动照射目标，图像传感器通过控制单元处理后，可以把图像信息传递给驾驶员。主动夜视辅助系统对比分辨度高，且图像较清晰、可靠。由于不依靠物体的热源，因此不发热的物体也能清晰可见，比如道路上的行人、车辆、道路标志牌等都可以发现。

2. 被动夜视辅助系统的工作原理

利用自然界绝大多数物体的温度都大于绝对温度的原理，此情况下的物体都会向外发射一定波长的红外光束，其光谱处于 3μm 以上范围，由于这些物体所发射红外光束的能量很弱，因此需要利用昂贵的专用红外图像传感器来感知目标物体。不同物体对红外线反射强弱不同，行人、动物等可以发热的物体在反射中特别突出，通过传感器的捕捉，带有热源的物体影像输出到车载显示屏上。被探测到的物体形成的图像看起来就像是照相机的底片一样。但是被动夜视辅助系统本身无法克服的缺点是对于无生命、无热源特征的目标物质，比如道路上的标志牌、车道线、车道护栏等物体，其无法检测到图像。此外，由于汽车风窗玻璃不能传输长波的远红外线，摄像头须安装在车外，需经常清洁，且在汽车前端受到碰撞时易受损伤。

被动夜视辅助系统的红外摄像头主要装配于车辆前保险杠，一般安装在一个防撞击的盒子里，风窗玻璃清洗系统会负责摄像头的清洁。当外界气温低于 5℃时，镜头盖则被加热，拍摄距离约为 300m。部分车型的红外摄像头也可以随着车速的增加，通过镜头焦距的改变使得远距离的目标物体放大，使目标物体更清晰。

【应用实例】

7.2.3 宝马汽车夜视辅助系统

宝马汽车夜视辅助系统是一个用于夜间视觉辅助的驾驶员辅助系统，基于远红外线原理。通过对物体发出的热辐射进行识别，根据天气情况和工作距离可识别 70～150m 范围内的物体，有危险时提供提醒，增加夜间驾驶安全性。通过控制单元运算，可自动识别图像中的人员和动物等。分析与其距离和其运动方向后，借助图标警告驾驶员注意危险。表示警告的图标显示于组合仪表中，必要时显示在平视显示系统中。出于安全考虑，当速度超过 5 km/h 以及环境亮度低时，仅在近光灯打开时才显示图像。

夜视摄像头安装在汽车左侧装饰格栅后方。雨水、灰尘、雪或冰都可能影响夜视摄像头的正常运行。当车外温度很低时，夜视摄像头会自动加热。清洁前照灯时，夜视摄像头也会一同被清洁。

夜视摄像头由一个供热防护窗、一个镜头和热像传感器构成。图像刷新率为每秒 30 次。为了使成像质量稳定，必须间隔 120～180s 就校准一次夜视摄像头。每次校准的时间大约持续 0.3s。在此期间显示器上可能显示短暂“结冰”。

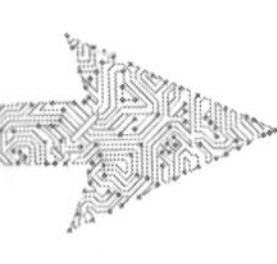

夜视辅助系统按钮集成在灯光操作单元内，如图 7.11 所示。通过灯光操作设备旁的夜视摄像头按钮，可以在中控显示器中手动激活或禁用夜视辅助系统的显示。当中控显示器显示禁用时，宝马汽车夜视辅助系统在后台继续运作并在适当的时候生成警告。

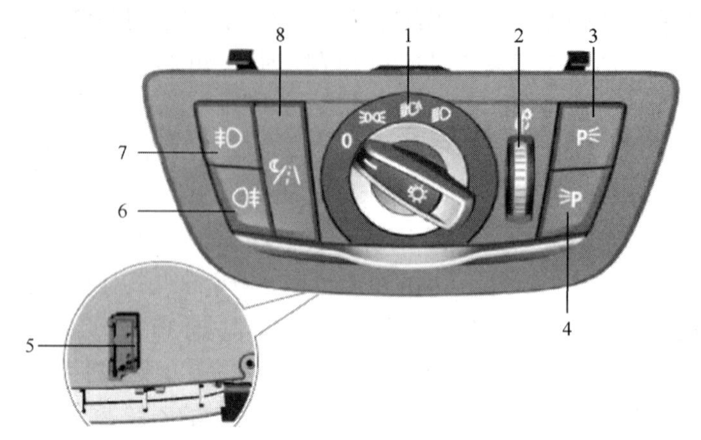

1—车灯操作单元；2—亮度调节器；3—右侧停车警示灯按钮；4—左侧停车警示灯按钮；5—4 芯插头连接；6—后雾灯按钮；7—前雾灯按钮；8—夜视摄像头按钮

图7.11 宝马汽车按钮

夜视辅助系统根据环境条件，将使用瞄准光束照亮位于该区域的人员，以示警告。闪烁 3 次即照亮人员。同时，光带转移到车辆前的车道上，直到前方出现危险因素时，又将驾驶员的注意力吸引到危险因素上。

7.2.4 奥迪汽车夜视辅助系统

奥迪汽车夜视辅助系统的摄像头是一种红外热敏图像摄像头。为防石击，摄像头的镜头前有一个锗制成的保护窗，采用锗半导体材料制成，不会影响热辐射穿透。摄像头有加热元件，可防止结冰，加热电流可根据温度来调节。

如图 7.12 所示，开启夜视辅助系统的条件：将前照灯开关置于“AUTO”（并且近光灯是打开的状态）或“近光灯”位置，然后按下大灯开关左侧的夜视功能按钮，即可开启夜视辅助系统，再次按下则关闭夜视辅助系统。

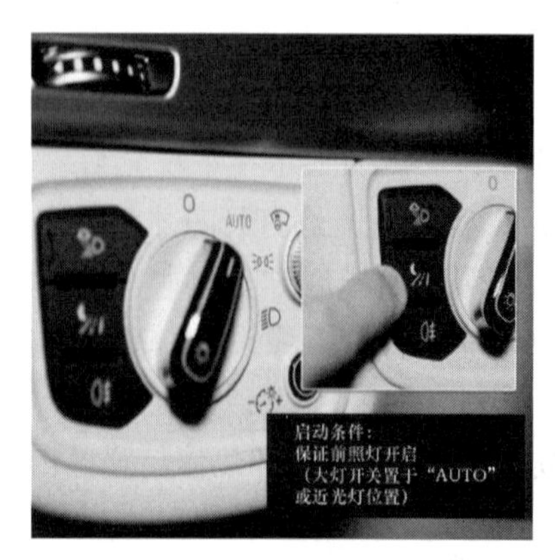

图7.12 奥迪汽车夜视功能按钮

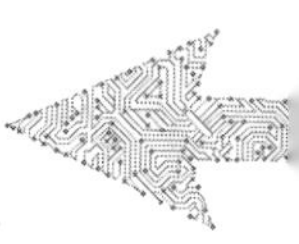

奥迪汽车夜视辅助系统的摄像头安装在车辆散热器隔栅的“奥迪环”中，控制器安装在 A 柱下方驾驶员左侧车板中。摄像头配有自己的运算器，除了录下原始图像并把图像传给控制单元外，还要储存校准数据。这些校准数据并不存储在控制单元内，而是存储在摄像头内。这样，在更换损坏的夜视辅助系统控制单元后，就不必重新进行校准。摄像头安装位置如图 7.13 所示。

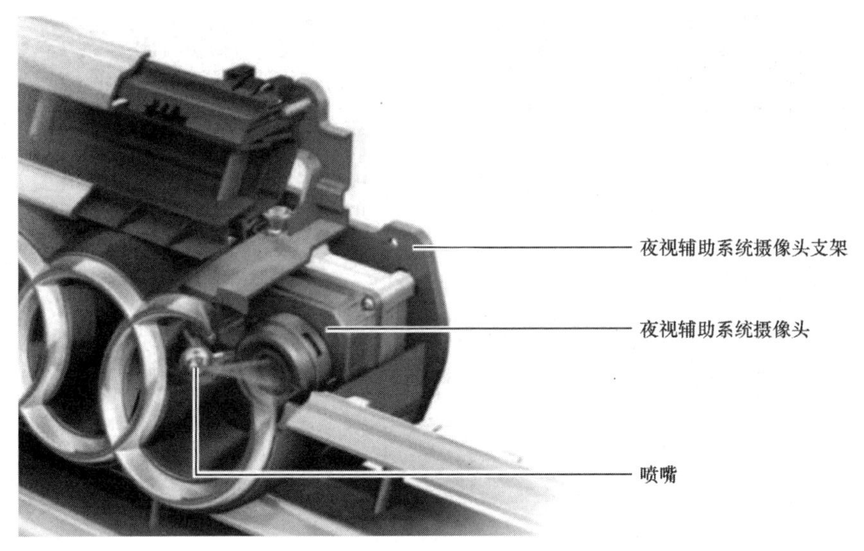

图7.13　摄像头安装位置

夜视辅助系统将车辆前部的热敏图像显示在组合仪表显示屏上。除了可以让驾驶员看清近光灯照不到的黑暗处的交通标牌、弯道、车辆、障碍物等会造成危险的事物，正确判断前方道路的情况，还可以借助于安装在车辆前方的红外摄像头识别到车辆前方 24℃以上、300m 以内的热源（包括行人和动物等），并且把识别出的人用黄色标记出来，若与前方行人有碰撞危险，那么系统会发出警告声，并且将标记颜色变成红色，此时提醒驾驶员要进行制动或转向操作，以避免与前方行人发生碰撞，如图 7.14 所示。

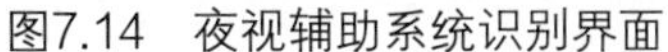
图7.14　夜视辅助系统识别界面

在视线良好时，奥迪汽车夜视辅助系统的作用距离约为300m。如果天气恶劣，夜视辅助系统的作用距离明显受限。与此相比，非对称近光灯在相向车道侧的照射距离约为60m，在靠近路沿侧的照射距离约为120m，如图7.15所示。即使是远光灯，照射距离也只有约200m，还是低于夜视辅助系统的作用距离。在识别人或动物时，夜视辅助系统的作用距离比近光灯或远光灯都大。

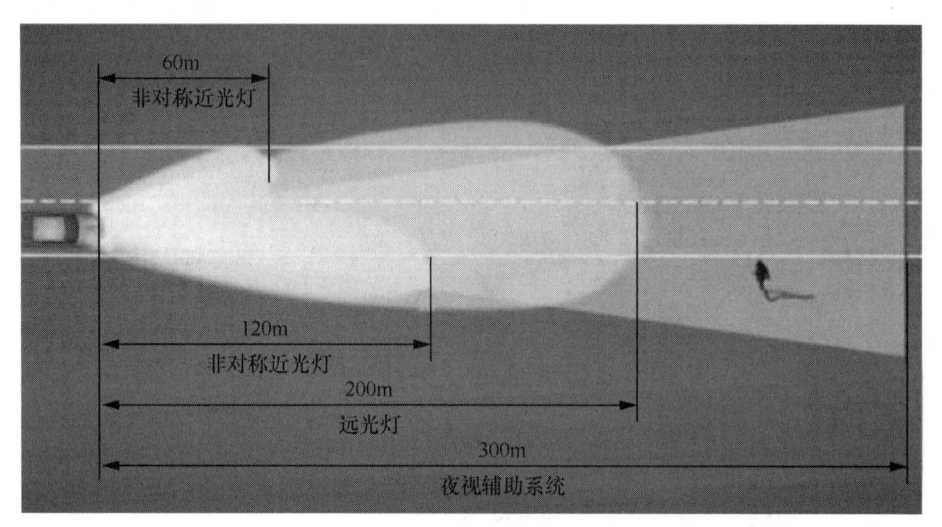

图7.15　夜视辅助系统视野

奥迪汽车夜视辅助系统是全天候的“电子眼”，在遇到雨、雪、浓雾天气时，公路上的物体及路旁的一切景象也都能让驾驶员尽收眼底，可大大提高汽车行驶的安全性。

【巩固与提升】

1. 填空题

（1）主动夜视辅助系统由＿＿＿＿＿＿、＿＿＿＿＿＿、＿＿＿＿＿＿和图像显示单元组成。

（2）被动夜视辅助系统由＿＿＿＿＿＿、＿＿＿＿＿＿及＿＿＿＿＿＿组成。

（3）主动夜视辅助系统采用＿＿＿＿＿＿技术，把目标物体反射或自身辐射的红外图像转换成人眼可观察的图像。

2. 单选题

（1）以下不属于被动夜视辅助系统组成的是（　　）。

A. 红外发射单元　　B. 红外成像单元

C. 控制单元　　D. 图像显示单元

（2）被动夜视辅助系统识别需要依靠（　　）。

A. 灯光　　B. 热源

C. 红外发射单元　　D. 压力

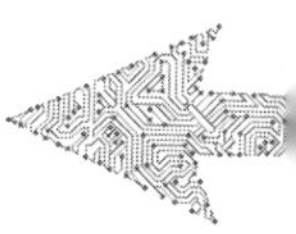

3. 简答题

（1）什么是夜视辅助系统？

（2）简述主动夜视辅助系统的工作原理。

【任务小结】

本任务主要讲解了夜视辅助系统的基本概念与组成、分类、工作原理及应用。夜视辅助系统是一种利用红外成像技术辅助驾驶员在黑夜中看清道路、行人和障碍物等，减少事故发生，增强主动安全性的系统。根据不同的工作原理，夜视辅助系统可以分为主动夜视辅助系统和被动夜视辅助系统。通过本任务的学习，学生需要掌握什么是夜视辅助系统，主动夜视辅助系统和被动夜视辅助系统的组成、特点及工作原理，了解夜视辅助系统的应用实例。

任务 7.3 抬头显示系统认知

【任务导入】

据统计，如今的汽车给驾驶员提供了超过一百种车载信息系统，包括车载娱乐系统、智能导航系统以及行车记录系统等。这些信息系统虽然为驾驶员提供了更多的驾车信息，但同时也使得驾驶员的驾驶任务受到一定程度的干扰。特别是近年来随着手机导航技术的飞速发展，很多驾驶员在陌生环境中会边看手机导航边驾驶汽车，这就会产生视觉分心问题，很容易引发交通事故。同时驾驶员在驾驶车辆行驶的过程中，有时会低头查看仪表板以获取驾驶所需信息，统计资料显示，驾驶员查看仪表板信息的过程大概需要花费 4～7s，其中有 3～5s 的时间是处于低头查看仪表板状态的，这段低头的时间就属于盲区时间，如果此时恰巧汽车前方遇到紧急情况，驾驶员又无法及时做出反应，就非常有可能造成严重的道路交通事故。随着道路交通安全问题逐渐受到人们的重视，抬头显示系统的研究引起了汽车行业的关注。

【相关知识】

7.3.1 抬头显示系统的基本概念与组成

汽车抬头显示系统

1. 抬头显示系统的基本概念

抬头显示系统，又被叫作平视显示器（HeadUp Display，HUD），是车载视觉辅助系统的一种。随着智能驾驶技术的不断发展，汽车所需判断和提醒的信息也越来越多，加之移动社交的普及，驾驶员所需处理的各类信息急剧增加。如图 7.16 所示，抬头显示系统可以把行车信息甚至是社交信息投影到汽车风窗玻璃上的光电显示装置，为驾驶员在行车过程中提供汽车的关键数据，比如车速、转速、油量、轮胎压力、警告提醒等仪表信息，甚至还可以显示实时导航信息以及社交信息等，投影虚像的显示亮度、水平显示位置和垂直显示位置等可以根据需求调节。抬头显示系统能够使驾驶员在平视状态下获取驾驶信息，可避免因低头或者转头产生盲区时间，从而减少潜在的道路

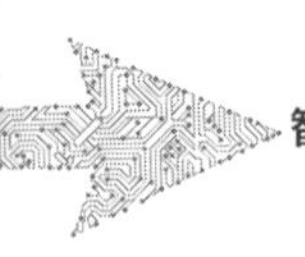

交通事故发生。因此，抬头显示系统对提高驾车舒适度、保障行车安全有着重要的意义。

图7.16　抬头显示系统

2. 抬头显示系统的组成

如图 7.17 所示，抬头显示系统主要由图像源、控制处理单元、反射镜、反射屏 4 部分组成。

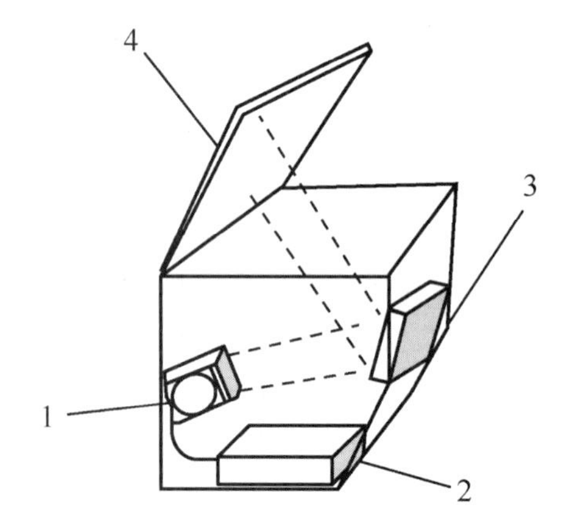

1—图像源；2—控制处理单元；3—反射镜；4—反射屏

图7.17　抬头显示系统的组成

图像源一般采用液晶显示屏，实现抬头显示系统的各种功能，并输出信号。

控制处理单元主要接收信号并加以处理，通过图像源形成显示图像然后将其投射出去，并且可以调节大小、位置等参数。

反射镜反射图像源的信息并最终在反射屏或风窗玻璃上形成虚像。

反射屏的作用是把外部景物信息和内部投影信息合成到一起，一般将风窗玻璃作为反射屏，投射的影像在风窗玻璃上发生反射，以达到风窗玻璃上的信息和前方路况信息叠加、融合的效果。因此，搭载抬头显示系统的车辆需要安装特殊的风窗玻璃，其与传统风窗玻璃的区别在于两侧扁平玻璃中间的 PVB（聚乙烯醇缩丁醛）膜的厚度不是恒定不变的，而是略微呈楔形，这样的结构可以使驾驶员在行车过程中不会看到重影。

7.3.2　抬头显示系统的工作原理

根据光学系统结构不同，抬头显示系统可以分为直接反射式抬头显示系统、风窗玻璃映像式抬头显示系统、组合式抬头显示系统等。虽然抬头显示系统的工作原理与使用的光学系统结构密切相关，但其成像的技术原理大体相似。

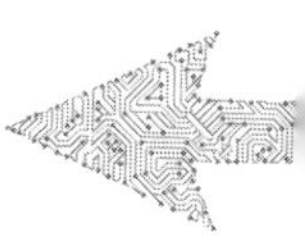

抬头显示系统通过控制处理单元将汽车仪表板数据或导航信息等送至图像源，图像源通过反射镜经过必要的光学反射和折射后将显示图像投射至风窗玻璃或替代显示屏上，最终通过风窗玻璃或替代显示屏反射给驾驶员，驾驶员透过风窗玻璃或替代显示屏即可观察到悬浮在前方的抬头显示系统虚像，行车信息始终出现在驾驶员前方视野范围内，可保证驾驶员将注意力集中在前方路况上。抬头显示系统利用光学反射的原理，将抬头显示系统的显示图像投射到距离驾驶员几米的位置，驾驶员透过风窗玻璃或者替代显示屏往前方看的时候，能够在观察外界信息的同时轻易获取与外界景象融合的抬头显示系统虚像，从而可免去眼睛调整焦距的时间，减小眼睛的压力。

1. 直接反射式抬头显示系统

直接反射式抬头显示系统一般将一块段码式显示屏安装于汽车风窗玻璃与仪表板之间的仪表台上，如图 7.18 所示，图像源面向汽车风窗玻璃显示镜像图像，经过汽车风窗玻璃反射到人眼中，人眼看到的是正向的虚像。这种方式的抬头显示系统成本低、体积小、开发周期短。为了优化显示效果，图像源一般采用段码式显示屏，显示内容一般为格式固定的驾驶信息。安装时，需在风窗玻璃上固定具有一定大小的特定折射率的显示膜，图像源将格式固定的行驶信息投射至显示膜上，驾驶员即可观察到相应的信息。直接反射式抬头显示系统显示的虚像因为只经过一次反射，没有精密的光路设计，所以这种方式显示的虚像较为模糊，而且视距较短，通常不超过 0.5 m，长时间使用会加重驾驶员的眼部疲劳，造成额外的视觉负担。

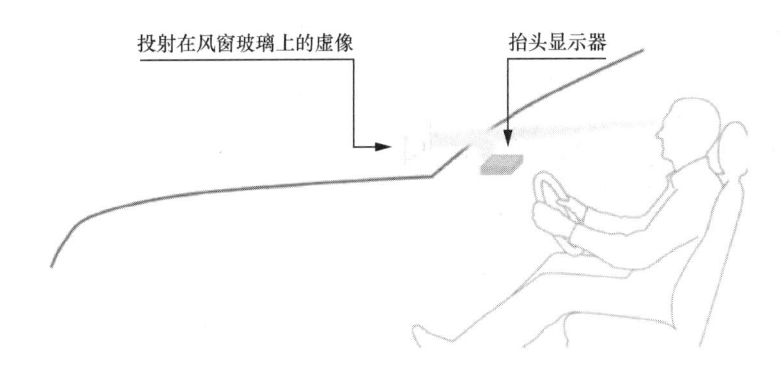

图7.18　直接反射式抬头显示系统原理结构

2. 风窗玻璃映像式抬头显示系统

风窗玻璃映像式抬头显示系统与飞机的抬头显示系统显示飞行信息的原理有异曲同工之处。它将用户需要的内容通过光学系统投射到风窗玻璃上，人眼透过风窗玻璃观察外界景象时可以在平视范围内观察到抬头显示系统虚像。控制处理单元将图像源投射在显示器上，显示器上的图像经过第一次反射由反射器反射至弧面反射器上，接着经过第二次反射投射至风窗玻璃上，最后风窗玻璃进行第三次反射将光线射入驾驶员眼睛中。因此，人眼透过风窗玻璃可以观察到平视视野前方的虚像，如图 7.19 所示。风窗玻璃映像式抬头显示系统能够有效缩短视线移动以及焦点调节的时间，可提高行车安全性，增加驾驶舒适度。

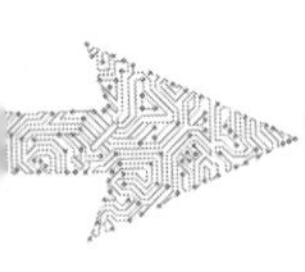

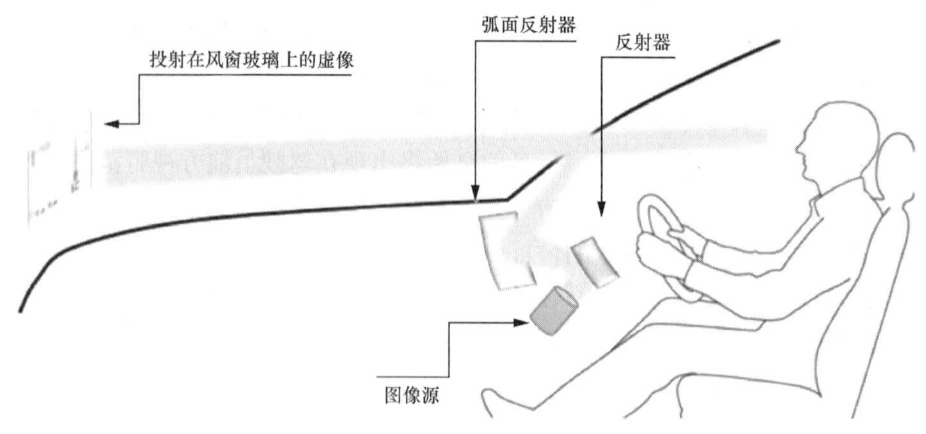

图7.19 风窗玻璃映像式抬头显示系统原理结构

3. 组合式抬头显示系统

组合式抬头显示系统采用一块辅助显示屏作为组合器进行虚像显示，替代了风窗玻璃。合理设计反射装置以及合成器，此种结构的系统可以将辅助驾驶信息的虚像显示在汽车前发动机舱盖上方，使得抬头显示系统虚像与外界景象很好地融合。组合器的使用降低了系统对风窗玻璃安装角度的高精度要求，减小了对仪表板和风窗玻璃的依赖，大幅度降低了产品开发难度，增加了整车制造的柔性，在前装、后装车载设备中都取得了广泛的应用。组合式抬头显示系统作为一个独立的显示单元，在配置上具有很大的柔性，目前大多数汽车厂商或消费者选用的就是这类使用组合器的组合式抬头显示系统。图7.20所示为组合式抬头显示系统显示效果，配合语音控制等功能还可以进行人机交互式操作，可增强驾驶员的驾驶体验。

图7.20 组合式抬头显示系统显示效果

【应用实例】

7.3.3 宝马汽车抬头显示系统

宝马公司研发的抬头显示系统已经装配到了其高端车系中，这也是目前市场上投入使用效果较好的产品。宝马汽车抬头显示系统采用的是风窗玻璃映像式抬头显示系统，如图7.21所示，其显示内容主要是车速、警示符号和导航信息，而且不同信息以不同颜色显示。传统的导航设备一般安装于中控台上，驾驶员需要侧头或者低头查看，容易导致安全隐患，而宝马汽车抬头显示系统的导航功能很好地解决了侧头、低头查看导航带来的问题。目前宝马汽车抬头显示系统的成像视距约为 2.5m，其虚像尺寸为 200mm × 100mm。宝马属于高端汽车品牌，只有其较为昂贵的高端车型才会配备抬头显示系统，因此该抬头显示系统的普及程度较低。

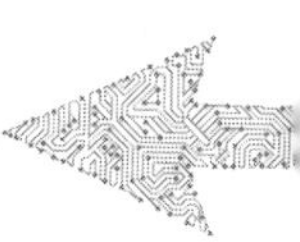

图7.21　宝马汽车抬头显示系统

7.3.4　吉利汽车抬头显示系统

吉利是中国本土品牌汽车公司，也是国内最先宣布研发抬头显示系统的公司。吉利博瑞车型中的抬头显示系统如图 7.22 所示，该系统视距为 2m 左右，可以显示车速、警示符号等基础的仪表信息。吉利汽车抬头显示系统使用光敏传感器感知环境的光照强度，虚像亮度随环境变化而改变。但其综合显示效果与宝马汽车抬头显示系统还有一定差距。吉利星越 L 车型中配置了 25.6 英寸（约 63.4cm）的 AR-HUD 增强显示抬头显示系统，实时投影行驶信息。AR-HUD 是 AR 增强实景导航系统，区别于平面式抬头显示系统，其最大的进步就是将二维画面转变为三维画面。

图7.22　吉利汽车抬头显示系统

【巩固与提升】

1．填空题

（1）抬头显示系统主要由________、________、________、________4 部分组成。

（2）根据光学系统结构不同，抬头显示系统可以分为______________、______________、____________等。

（3）抬头显示系统，又被叫作平视显示器，英文缩写为________，是车载视觉辅助系统的一种。

2. 单选题

（1）抬头显示系统中，（　　）采用液晶显示屏，实现抬头显示系统的各种功能，并输出信号。

A. 图像源　　B. 控制处理单元

C. 反射镜　　D. 反射屏

（2）抬头显示系统中，（　　）主要用于接收信号并加以处理，通过图像源形成显示图像然后投射出去，并且可以调节大小、位置等参数。

A. 图像源　　B. 控制处理单元

C. 反射镜　　D. 反射屏

【任务小结】

本任务主要介绍了抬头显示系统的基本概念、组成以及工作原理，并通过具体的应用实例展示抬头显示系统的工作效果。通过本任务的学习，学生需要理解抬头显示系统的作用、组成以及工作原理。

任务 7.4　自适应前照明系统认知

【任务导入】

随着我国经济的高速发展，人民生活水平不断提高，汽车保有量呈现井喷式发展趋势，越来越多的乘用车进入千家万户。但同时面临的一个问题是道路交通事故发生量和发生率有所提高。根据权威统计数据，近些年来，我国每年因道路交通事故死亡的人数达数万。大部分的道路交通事故却发生在夜间，导致这种情况出现的一个重要因素就是夜间的道路照明会影响驾驶员的视野范围。汽车上装备自适应前照明系统后，能给前方道路提供最佳的照明效果，并且能有效地减少会车时给对面来车驾驶员造成的眩晕，可大大降低交通事故发生的可能性，提高夜间行车的安全性。

【相关知识】

7.4.1　自适应前照明系统的基本概念与组成

1. 自适应前照明系统的基本概念

汽车自适应前照明系统

自适应前照明系统（Adaptive Front-lighting System，AFS）是指汽车的

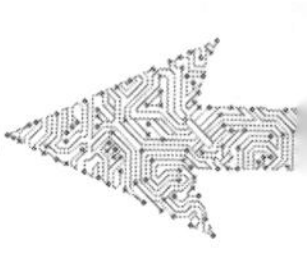

前照灯能够根据汽车所处的环境条件，包括气候或天气条件（干燥、潮湿、下雨、下雪、雾天等）、道路条件（高速公路、弯曲的乡村道路、城镇道路等）、周围照明情况（白天、黎明、公共照明、夜晚等）以及自车的状态（载荷过重引起的倾斜，加减速引起的俯仰、转向、车速变化、离地高度变化），自动产生具有不同特征的光型以适应车辆行驶环境变化的照明装置。自适应前照明系统能够实时调整两侧大灯的照射范围，使得灯光与汽车的前进方向始终保持一致，使驾驶员有更为合适的视野范围，可确保驾驶员在任何时刻都拥有最佳可见度，大大提高夜间行车的安全性。自适应前照明系统既能满足驾驶员对道路照明的要求，又不会对道路的其他使用者造成影响。

2. 汽车自适应前照明系统的组成

如图 7.23 所示，自适应前照明系统主要由传感器组、传输通路、处理器和执行器组成。

传感器组的作用是取得不同的车辆行驶信息，从而使自适应前照明系统实现不同的功能。比如，为了实现弯道旋转照明的功能，除了要从车速传感器获取车速、转向盘角度传感器获取转向盘转角、车身高度传感器获取车身倾斜角度以外，还必须通过一些特殊的传感器，获取车辆实际转向角度的信息，为了实现在阴雨天照明的功能，就要从湿度传感器获取是否处于阴雨天的信息。

传输通路主要是为了实现传感器的信息共享。通常情况下，自适应前照明系统所需的部分信息也被其他的控制系统采用，即自适应前照明系统实际上是和其他的系统共用一些传感器，所以，必须通过总线这一传输通路后，才能实现传感器信息的共享。

处理器能够根据传感器传来的各种信息，进行定性和定量的判断，其中定量信息包括车速、车身转角和车身倾斜角等信息，定性信息包括地面平不平、雨下得大不大等车身之外的环境信息。而且很多信息之间是相互关联的，比如在阴雨天、路面积水的情况下，车身转角和晴天相比有极大的差异。自适应前照明系统的处理器不仅要做定性模糊判断，还要随着这种环境的改变不断地修正系统参数。

执行器是由一系列的电动机和光学机构组成的。一般有投射式前照灯，对前照灯垂直角度进行调整的调高电动机，对前照灯水平角度进行调整的旋转电动机，对基本光型进行调整的可移动光栅，此外还有一些附加灯，如角灯等。

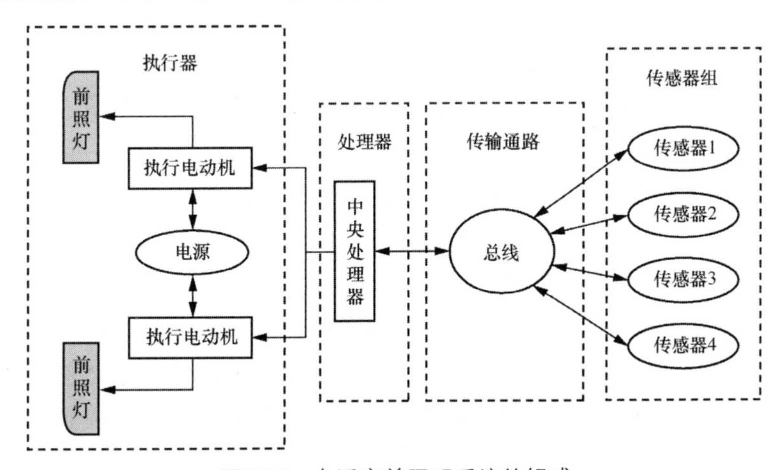

图7.23 自适应前照明系统的组成

7.4.2 自适应前照明系统的工作原理

为了使汽车在不同的光线和路况下安全行驶，自适应前照明系统能够改变前照灯照射方向，使光线随着汽车前进方向和车身姿态的变化而转动，减小驾驶员在夜间或恶劣天气下行车的视野盲区。与传统的汽车照明模式比较，自适应前照明系统能够根据道路和天气环境的变化适时地开启相应的照明模式，如图 7.24 所示为不同工作模式下的照射范围。

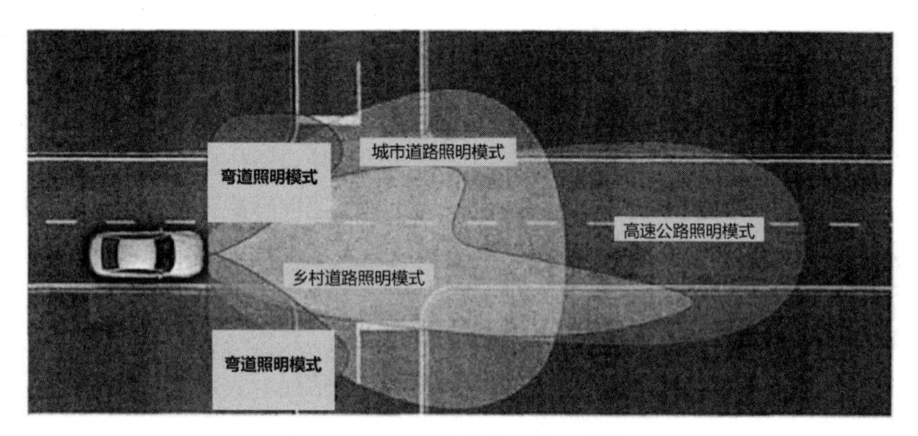

图7.24 不同工作模式下的照射范围

1. 基础照明模式

基础照明模式下，当外界光线和路况均处于正常的情况下，自适应前照明系统与传统的汽车照明系统无异。但是当光敏传感器检测到外界光线变化时，系统就会执行相应的动作。例如夜晚或者汽车进入隧道后，光敏传感器检测到外界光线变暗，自适应前照明系统便会自动开启前照灯并且根据感知到的光线强度来补充光照以满足驾驶需求；而当白天或者汽车离开隧道后，光敏传感器检测到外界光线强度能够达到照明要求，自适应前照明系统则会自动关闭前照灯。有时候汽车停止，驾驶员下车后仍然需要灯光照明来观察停车情况，所以自适应前照明系统通常具备灯光延时功能。

这里需要注意的是，汽车在行驶过程中，由于汽车载重或者突然地加速或制动，会导致车身发生倾斜，这就会造成前照灯照射的角度发生变化，如图 7.25 所示。汽车正常行驶过程中，前照灯光轴处于水平位置；当车身后仰时，前照灯的照射光线会抬高，就会造成远处的照射光线发散，造成驾驶员视线模糊，不能清晰地辨认远处的行人和物体，一旦发生紧急情况，就没有足够的时间来保证行车安全；当车身前倾时，前照灯的照射光线降低，从而导致照明范围缩小，驾驶员不能及时地发现前方路况，严重影响了行车安全。针对车身后仰/前倾这种情况，自适应前照明系统的车身姿态传感器能够检测到汽车前后高度的变化，结合车速传感器采集到的车速信息，根据汽车前后高度的变化量以及轴距计算出车身纵倾角的差值，从而调整汽车前照灯纵向角度，使前照灯光轴恢复到水平位置以提供最佳的照明条件，确保驾驶员在该情况下也有足够视野来判断前方的路况，从而保证行车安全。

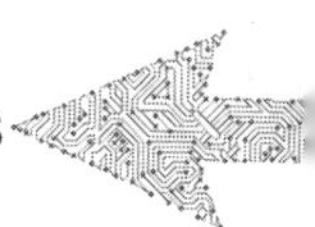

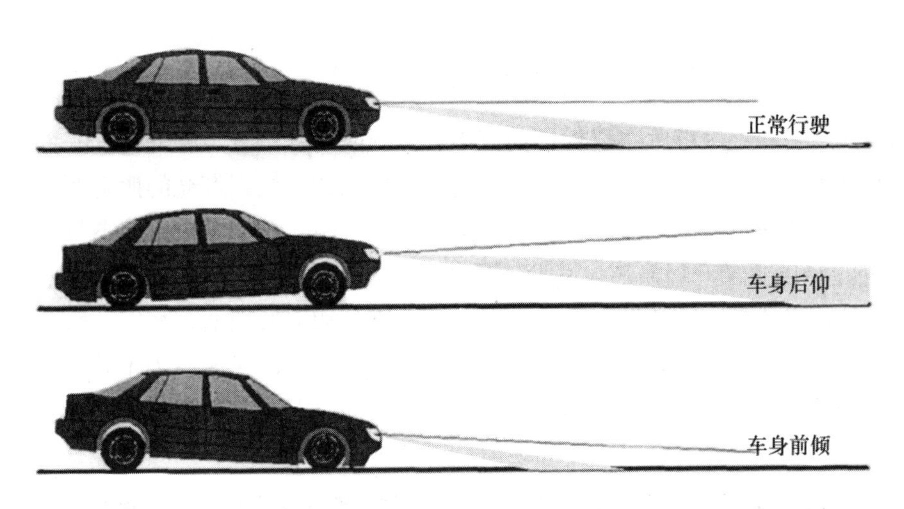

图7.25 汽车纵倾灯光照射

2. 弯道照明模式

夜间转弯路况中，传统汽车的前照灯光线是与车身前进方向一致的，所以在车身的两侧会出现暗区，导致驾驶员无法及时地发现弯道上的路况，容易导致交通事故的发生。在这种情况下，自适应前照明系统可以开启弯道照明模式。当汽车进入弯道时，转向盘转角传感器和车速传感器共同作用并采集相关数据。当转向角大于 12° 并且车速大于 30km/h 时，系统开始工作；当转向角小于 9° 或车速小于 5km/h 时，系统不工作或停止工作。在弯道照明模式下，处理器根据传感器采集的数据计算出车灯需要偏转的角度，驱动步进电动机转动以使前照灯转动。而且汽车向左转弯时，左侧前照灯向左偏转一定角度，右侧车灯不动；汽车向右转弯时，右侧前照灯向右偏转一定角度，左侧车灯不动。这样既保证了汽车在弯道上行驶时侧面道路有足够的照明，又保证了前进方向上的照明。在弯道照明模式下，左、右侧车灯最大偏转角度也是不一样的，右侧道路行驶国家（例如我国）的交通法规规定：右侧近光灯变化角度最大为 50° ，左侧近光灯变化角度为 15° 。为保证弯道照明模式下的行车安全，车灯偏转角度要依据的原则是尽可能地保证照明距离大于安全制动距离。如图 7.26 所示为弯道照明模式对比。

(a) 无自适应前照明系统的弯道照明

(b) 有自适应前照明系统的弯道照明

图7.26 弯道照明模式对比

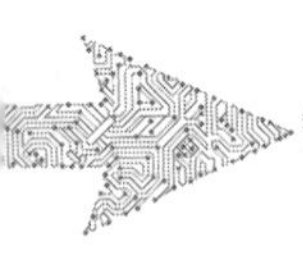

3. 高速公路照明模式

高速公路上的行车特点是车速快、车流量相对较小、侧向干扰少。这样的行车特点要求前照灯光线照射距离足够远，以保证前方出现状况时驾驶员有足够的时间采取措施。在高速公路上行车，汽车灯光的照射距离应该与车速成正比，汽车灯光的照射距离要大于驾驶员的反应距离和制动距离的总和。汽车行驶在高速公路时，当车速传感器检测到车速大于 70km/h 时，系统自动开启高速公路照明模式。汽车前照灯照射光线随着车速的增加在垂直方向上抬高，以使光线能够照射得更远，保证驾驶员能够发现前方在安全距离之外的行人和车辆。图 7.27 所示为高速公路照明模式对比，图 7.27（a）所示为未开启高速公路照明模式，图 7.27（b）所示为开启高速公路照明模式，很明显，开启高速公路照明模式下的照明光线强度更高、照射范围更广，能提高行车安全性。

(a) 未开启高速公路照明模式　　(b) 开启高速公路照明模式

图7.27　高速公路照明模式对比

4. 城市道路照明模式

城市道路行车的特点是行车速度较低，车流量和人流量相对较大，外界照明条件好，十字路口多，发生随机性事故的可能性较大。在这样的道路上行车要求视线清晰、防止眩光。眩光分为直接眩光和反射眩光，这里涉及的主要是对行人和车辆的直接眩光。当光敏传感器检测到光照强度达到阈值，车速小于 60km/h 时，车辆进入城市道路照明模式，系统使左、右近光灯的功率减小，降低灯光亮度，同时驱动控制车灯的电动机转动，使前照灯略向下偏转，进一步降低射向对车和行人的光照强度，防止眩光现象的发生。图 7.28 所示为城市道路照明模式对比。

(a) 未开启城市照明模式

(b) 开启城市照明模式

图7.28　城市道路照明模式对比

5. 乡村道路照明模式

乡村道路的外界照明条件差、岔路口多、路况复杂，路边障碍物不容易被发现，且道

路狭窄、起伏不平，这会造成行车时车身倾斜，从而导致前照灯俯仰角发生变化，容易引发交通事故。

因为外界照明条件差加之行车条件的复杂多变，乡村道路环境下行驶对于灯光照明要求就显得十分严格，传统车灯照明系统根本无法满足要求。自适应前照明系统开启乡村道路照明模式时，通过光敏传感器和车速传感器判断外界行驶条件，系统会增大左、右前照灯的输出功率，增加光照强度来补充照明。依据右侧行车的交通法规，车辆在乡村道路行驶时，右侧的前照灯照射光线要向右偏转一些，拓宽右侧道路的照明范围以使灯光能够照射到路面边缘，如图 7.29 所示。另外，在遇到颠簸不平的路面时，自适应前照明系统能够根据车身姿态传感器采集的车身姿态信息，调整前照灯的照射角度，使光轴保持稳定的水平状态以保证良好的照明视野。

(a) 未开启乡村道路照明模式

(b) 开启乡村道路照明模式

图7.29　乡村道路照明模式对比

6. 恶劣天气照明模式

天气状况复杂多变，汽车在实际行驶过程中，难免会遭遇到各种天气情况。有几种对行车安全影响较大的天气，例如阴雨天气，雾霾天气，沙尘暴天气等。在恶劣天气行车，会对行车安全造成很大影响。如图 7.30 所示，自适应前照明系统能够根据不同的天气情况开启不同的照明模式，例如阴雨天气可能导致眩光现象比较严重，为了减少甚至消除阴雨天气导致的眩光现象，自适应前照明系统的雨量传感器获知雨量的大小、光敏传感器感知外界的光强，系统就会根据采集的信息来适当加大前照灯的照射功率，同时降低前照灯垂直方向上的高度来防止对面来车发生眩光现象。

(a) 未开启恶劣天气照明模式

(b) 开启恶劣天气照明模式

图7.30　雨天照明模式对比

【应用实例】

7.4.3 奔驰汽车自适应前照明系统

奔驰汽车研发的自适应前照明系统能够根据与前方亮灯车辆或来车之间的距离自动调节光程。奔驰汽车自适应前照明系统称为智能照明系统，如图 7.31 所示，其中车灯升级为几何多光束智能前照灯，每侧具有 84 颗 LED 独立光源，可以依据不同路况智能切换照明模式。首先需要在风窗玻璃内侧安装多功能摄像头以监测车辆前方的交通状况，然后根据不同驾驶状况进行亮度的匹配，以此帮助驾驶员识别行驶路线、道路行人或潜在危险。智能照明系统远光灯会根据交通情况自动启用或停用，一般无须进行手动干预，从而增加了便利性。多功能摄像头对光源进行检测和评估，如果存在前方来车或者照明足够亮的情况，则远光灯和动态近光灯会变暗，从而使得夜间行车更加安全。

图7.31 奔驰汽车智能照明系统

7.4.4 奥迪汽车自适应前照明系统

2010 年，全世界开始流行在风窗玻璃上安装摄像头，用于监测其他道路使用者。而早在 2003 年，奥迪 A8 就已经通过启动动态前照灯射程控制实现了自适应车灯。两年后，奥迪引入了动态转向信号，使驾驶员能够用余光察觉到指示方向的变化，安全性得到显著提高。2017 年，随着奥迪 R8 LMX 的亮相，奥迪 A8 豪华版轿车上配置了以高清矩阵技术为特点、带有激光辅助灯的 LED 前照灯，这在量产车型上属于世界首创。自 2020 年开始，奥迪 Q5 的近距离显示功能也使得汽车对多应用之间的尾灯沟通成为现实。在奥迪 A8L 轿车中，自适应前照明系统是一个位于双氙气前照灯的近光灯泡和远光灯泡之间的附加照明装置，如果近光灯已经开启并且车速达到 70km/h，附加照明装置在转向灯打开之后或者驾驶员急剧转向时便被激活；如果驾驶员切换到倒挡，车辆两侧的附加前照灯则自动开启，这在倒车时显著可提升驾驶员的可见度和方向性，如图 7.32 所示。

图7.32 奥迪汽车自适应前照明系统

【巩固与提升】

1. 填空题

（1）自适应前照明系统由______________、______________、______________、___________4 部分组成。

（2）自适应前照明系统的英文缩写为________。

2. 单选题

（1）自适应前照明系统中，（　　）的作用就是取得不同的车辆行驶信息，从而使自适应前照明系统实现不同的功能。

A. 传感器组　　B. 传输通路　　C. 处理器　　D. 执行器

（2）自适应前照明系统中，（　　）能够根据传感器传来的各种信息，进行定性和定量的判断。

A. 传感器组　　B. 传输通路　　C. 处理器　　D. 执行器

（3）自适应前照明系统中，（　　）是由一系列的电动机和光学机构组成的。

A. 传感器组　　B. 传输通路　　C. 处理器　　D. 执行器

3. 多选题

（1）自适应前照明系统是指汽车的前照灯是能够根据汽车所处的环境条件，自动产生具有不同特征的光型以适应车辆行驶环境变化的照明装置。其中的环境条件包括（　　）。

A. 天气条件　　B. 道路条件

C. 周围照明情况　　D. 自车的状态

（2）自适应前照明系统中，处理器能够根据传感器传来的各种信息，进行定性和定量的判断，其中定量信息包括（　　）。

A. 车速　　B. 车身转角

C. 车身倾斜角　　D. 天气情况

【任务小结】

本任务主要介绍了自适应前照明系统的基本概念、组成以及工作原理，并通过具体的应用实例展示自适应前照明系统的工作效果。通过本任务的学习，学生需要理解自适应前照明系统的作用、组成以及工作原理。

任务 7.5　盲区监测系统认知

【任务导入】

在如今的汽车行业中，车辆的驾驶安全性越来越受重视。驾驶车辆的过程中车辆侧后方是驾驶员的主要视觉盲区。在高速变道、后方车辆超车、低速倒车、停车开门等场景易引发交通事故，从而造成人员伤亡。在大雨天气、大雾天气、夜间光线昏暗等场景，更加难以看清后方车辆，此时变道就面临更大的危险。盲区监测系统就是为了解决后视镜的盲区问题而产生的，如图 7.33 所示。

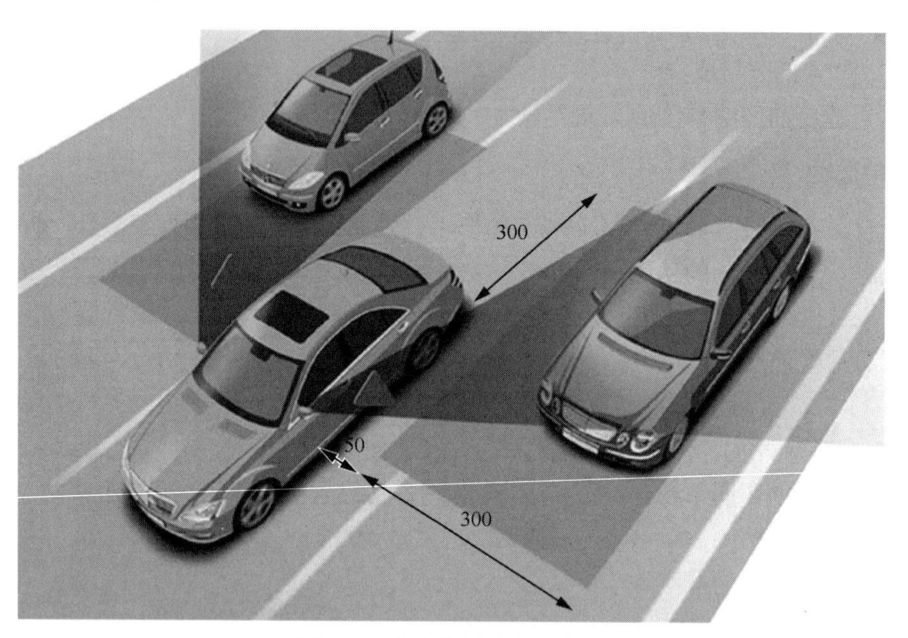

图7.33　盲区监测系统示意图

【相关知识】

7.5.1　盲区监测系统的基本概念与组成

1. 盲区监测系统的基本概念

盲区监测（Blind Spot Detection，BSD）系统也称汽车并线辅助系统，其通过摄像头、毫米波雷达等车载传感器检测汽车盲区内有无来车等，并通过发出报警声音或指示灯闪烁

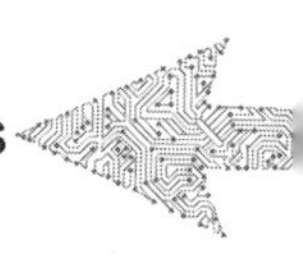

提醒驾驶员，从而提高行车安全性。

汽车盲区主要有前盲区、A柱盲区、后盲区和后视镜盲区。其中最容易引发交通事故的是A柱盲区和后视镜盲区，如图 7.34 所示。

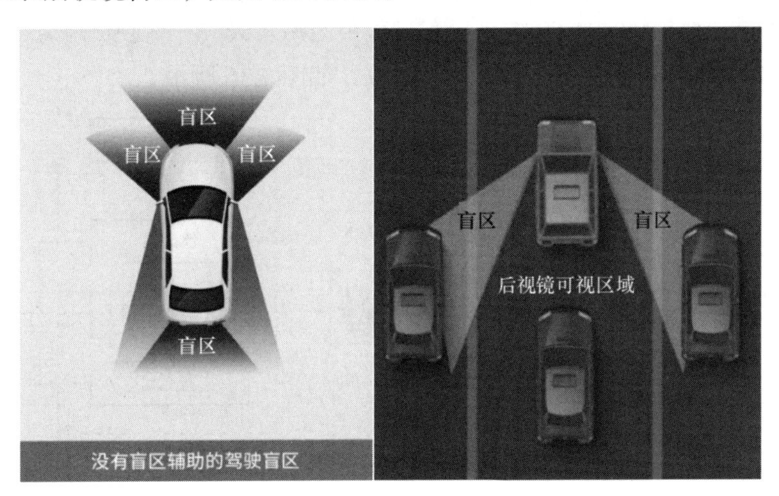

图7.34　汽车盲区展示

2. 盲区监测系统的组成

盲区监测系统主要由信息采集单元、电子控制单元、预警显示单元 3 部分组成。

（1）信息采集单元的主要作用是利用车载传感器检测汽车盲区里是否有行人或其他行驶车辆等，并把采集到的有用信息传输给电子控制单元。车载传感器有超声波传感器、摄像头或探测雷达等。后视镜盲区的信息采集单元一般采用毫米波雷达；A柱盲区的信息采集单元一般采用摄像头。

（2）电子控制单元的主要作用是对采集到的信息进行分析、判断，并向预警显示单元发送信息。

（3）预警显示单元的主要作用是接收电子控制单元的信息，如果系统判定有危险，则发出预警显示，以提示此时不可变道等。

当汽车速度大于某一阈值时，例如 10km/h，盲区监测系统自动启动，如果监测范围内有车辆或行人等，就会被信息采集单元检测到，计算出目标的距离、速度等信息，并将采集到的信息传递给电子控制单元，电子控制单元根据收到的信息判断进入监测范围内的车辆或行人等是否会对本车造成威胁，如果会对本车造成威胁则通过预警显示单元提醒驾驶员，并根据危险程度、驾驶员的反应提供不同的预警方式。

7.5.2　盲区监测系统的工作原理

通过在汽车后保险杠内安装两个 24GHz 雷达传感器，在车辆行驶速度大于 10km/h 时盲区监测系统自动启动，实时向左右 3m、后方 8m 范围发出探测微波信号，系统对反射回的微波信号进行分析处理，即可知与后方车辆距离、后方车辆速度和运动方向等信息，通过系统算法，排除固定物体和远离的物体。当探测到盲区内有车辆靠近时，指示灯闪烁，

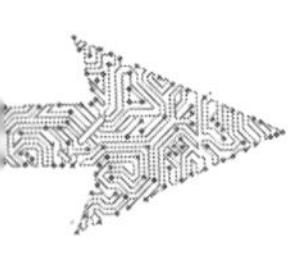

此时驾驶员看不到盲区内的车辆，但是能通过指示灯知道后方有车辆驶来，变道有碰撞的危险。如果此时驾驶员仍然没有注意到指示灯闪烁，打了转向灯，准备变道，那么系统就会发出语音警报声，再次提醒驾驶员此时变道有碰撞危险，不宜变道。通过在整个行车过程中系统不间断地探测和提醒，防止行车过程中因恶劣天气、驾驶员疏忽、后视镜盲区、驾驶员技术不熟练等潜在危险而造成交通事故，如图 7.35 所示。

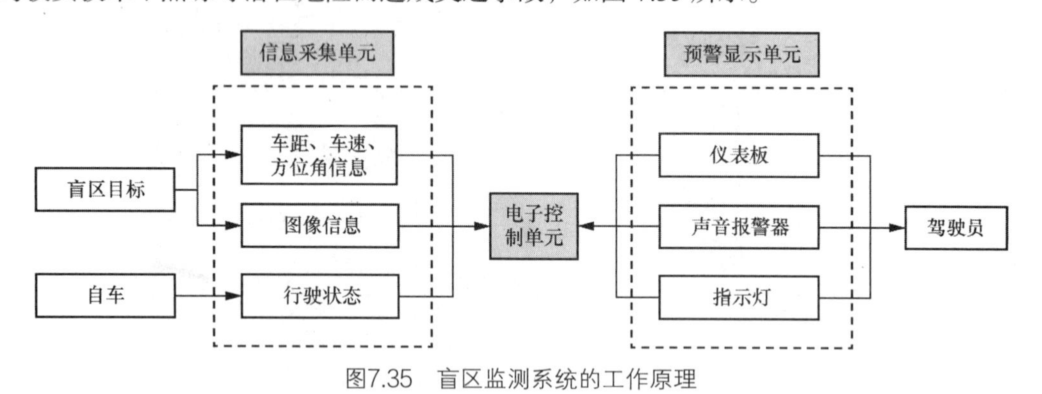

图7.35　盲区监测系统的工作原理

【应用实例】

7.5.3　沃尔沃汽车盲区监测系统

沃尔沃汽车盲区监测系统被沃尔沃称为盲点信息系统（见图 7.36），通过安装在车辆外后视镜下方的两个摄像头来检测车辆盲区内的交通情况，并通过后视镜支柱上的灯光提醒驾驶员。该系统会随着车辆的启动而自动启动，但对车辆的速度有要求，达到要求车速后系统才会检测盲区内的其他车辆等。当系统检测到后方有车辆从左侧或右侧车道靠近时，同侧的车门后视镜灯会亮起以提醒驾驶员，在后方车辆离开盲区之前指示灯会一直亮起。如果驾驶员想要变换到后方车辆所在的车道上，指示灯则会开始持续闪烁。

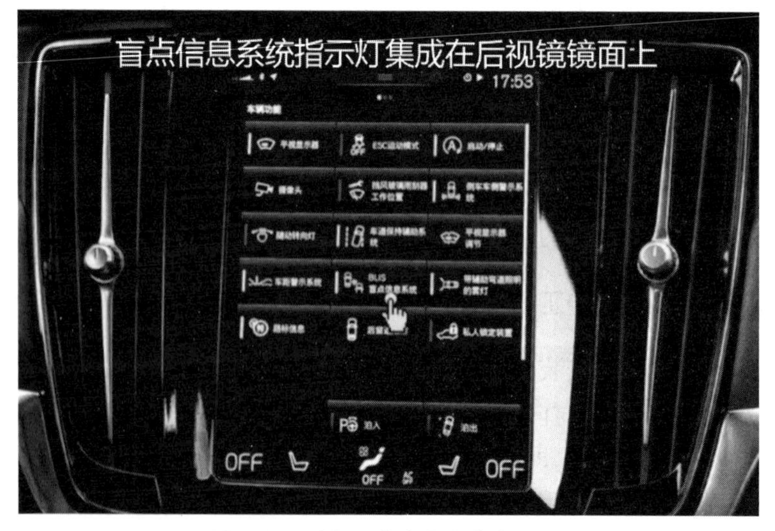

图7.36　沃尔沃汽车盲点信息系统

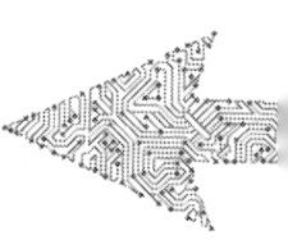

7.5.4 奥迪汽车盲区监测系统

奥迪汽车配置的盲区监测系统被奥迪命名为 Audi 变道辅助系统。该系统通过安装在车尾部保险杠两侧的雷达来探测后方目标车辆的位置和相对速度，监测范围是盲区及后方 50m 内，当在该范围内发现车辆后，系统会通过反光镜内置的警示灯来提醒驾驶员。当车速低于 60km/h 时需要手动激活该系统，当车速高于 60km/h 时系统会被自动激活，要求车速超过 30km/h 时才开始检测盲区车辆，如图 7.37 所示。

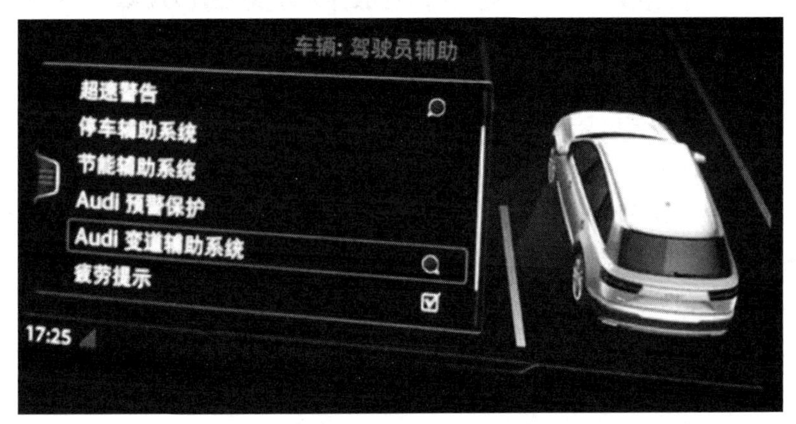

图7.37 奥迪汽车盲区监测系统

【巩固与提升】

1. 填空题

（1）盲区监测系统由____________、____________、____________3 部分组成。

（2）盲区监测系统的英文缩写为________。

2. 单选题

（1）（　　）也称汽车并线辅助系统，其通过摄像头、毫米波雷达等车载传感器检测汽车盲区内有无来车等，并通过发出报警声音或指示灯闪烁提醒驾驶员，从而提高行车安全性。

A. 抬头显示系统　　B. 自适应前照明系统

C. 盲区监测系统　　D. 前向碰撞预警系统

（2）盲区监测系统中，（　　）的主要作用是利用车载传感器检测汽车盲区里是否有行人或其他行驶车辆等，并把采集到的有用信息传输给电子控制单元。

A. 信息采集单元　　B. 电子控制单元

C. 人机交互单元　　D. 预警显示单元

（3）盲区监测系统中，（　　）主要作用是对采集到的信息进行分析判断并向预警显示单元发送信息。

A. 信息采集单元　　B. 电子控制单元

C. 人机交互单元　　D. 预警显示单元

【任务小结】

本任务主要介绍了盲区监测系统的基本概念、组成以及工作原理，并通过具体的应用实例展示盲区监测系统的工作效果。通过本任务的学习，学生需要理解盲区监测系统的作用、组成以及工作原理。

任务 7.6　疲劳驾驶预警系统认知

【任务导入】

疲劳驾驶预警系统（Driver Fatigue Monitor System，DMS）是驾驶员状态监测系统的重要部分。当驾驶员精神状态下滑或进入浅层睡眠时，系统会根据驾驶员精神状态指数，分别给出语音提示、振动提醒、电脉冲警示等，警告驾驶员已经进入疲劳状态，需要休息，同时自动记录相关数据以便日后查阅、鉴定。其作用是监视并提醒驾驶员自身的疲劳状态，减轻驾驶员疲劳驾驶潜在危害。

目前应用较多的疲劳驾驶预警系统基于驾驶员生理及其他非生理信号的变化进行采集、分析和处理，判断驾驶员状态是否处于疲劳或者睡眠状态，如图 7.38 所示。

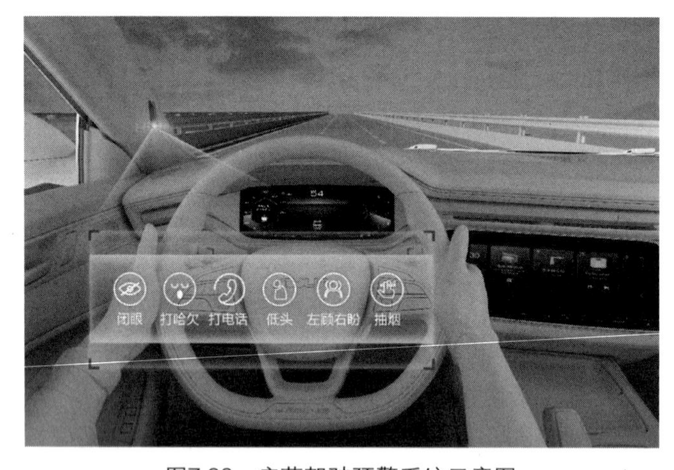

图7.38　疲劳驾驶预警系统示意图

【相关知识】

7.6.1　疲劳驾驶预警系统的基本概念与组成

疲劳驾驶预警系统一般由信息采集单元、电子控制单元、预警显示单元 3 部分组成。

信息采集单元通过传感器采集驾驶员信息和车辆状态信息。其中，驾驶员信息包括驾驶员的面部特征、眼部信号、头部运动性等。车辆状态信息包括转向盘转角、行驶速度、行驶轨迹等。

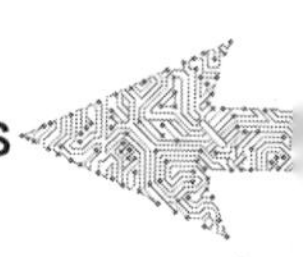

电子控制单元用于接收信息采集单元发送来的信号，对其进行运算、分析，最终判断驾驶员疲劳状态。如果经过分析发现驾驶员处于一定程度的疲劳状态，则向预警显示单元发出信号。

预警显示单元根据电子控制单元传递来的信息，通过语音提示、振动提醒、电脉冲警示等方式，对驾驶员进行预警。

常见疲劳驾驶预警系统元件安装位置如图 7.39 所示。

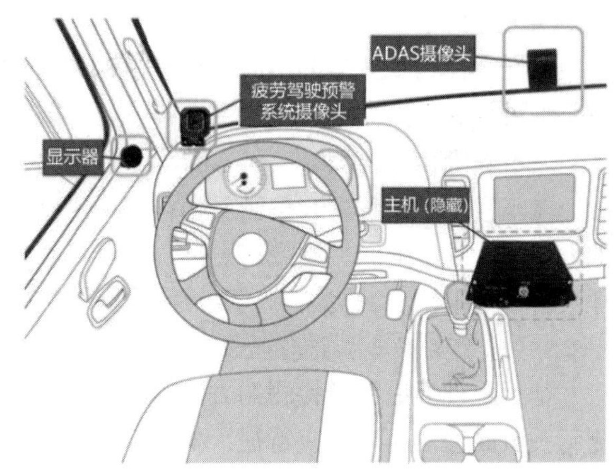

图7.39 常见疲劳驾驶预警系统元件安装位置

7.6.2 疲劳驾驶预警系统的工作原理及方法

疲劳驾驶预警系统的工作原理是利用驾驶员的面部特征、眼部信号、头部运动性等推断驾驶员的疲劳状态，并进行报警提示和采取相应措施。其工作原理如图 7.40 所示。

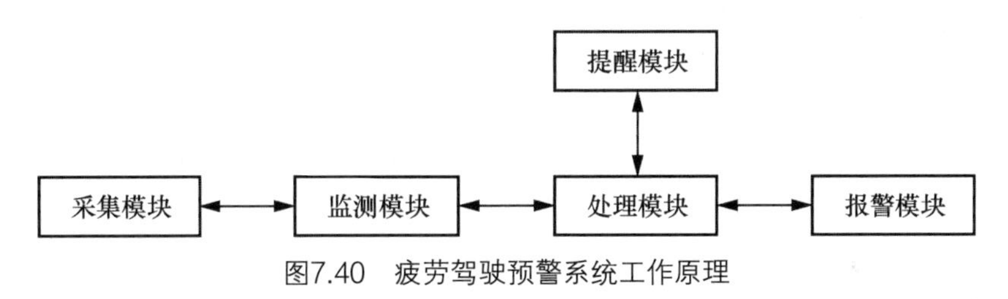

图7.40 疲劳驾驶预警系统工作原理

常见的方法如下。

1. 基于生理指标检测

驾驶员在疲劳状态下的一些生理指标都会偏离正常的状态，如脑电信号、心电信号、肌电信号、脉搏信号、呼吸信号等，因此可以通过生理传感器去检测驾驶员这些生理指标，来判断驾驶员是否处于疲劳状态。

（1）脑电信号检测

人在疲劳状态下，脑电信号中的慢波增加、快波降低，利用脑电信号检测判定驾驶员疲劳状况的准确率较高，但其操作复杂，不适合车载实时检测。

（2）心电信号检测

心电图指标主要包括心率和心率变异性等。心率信号综合反映了人体的疲劳程度和任务与情绪的关系，心率变异性信号是心脏神经活动的紧张度和均衡度的综合体现。

（3）肌电信号检测

肌电信号的频率随着疲劳的产生和疲劳程度的加深呈现出下降的趋势，肌电信号的幅值增大则表明疲劳程度的增长。

（4）脉搏信号检测

根据人体精神状态的不同，心脏活动和血液循环的情况也会有差异，脉搏信号可以反映心脏活动和血液循环的情况。

（5）呼吸信号检测

在正常驾驶过程中，驾驶员精神集中，呼吸的频率相对较高；如果驾驶期间驾驶员和他人交谈，呼吸的频率则变得更高；驾驶员在疲劳驾驶时，注意力集中程度会降低，此时呼吸会变得平缓。

2. 基于生理反应特征检测

基于生理反应特征检测的方法，一般采用非介入式的检测途径，利用机器视觉技术检测驾驶员面部的生理反应特征，如眼睛特征、视线方向、嘴部状态、头部位置等，判断驾驶员的疲劳状态。

（1）眼睛特征检测

驾驶员眼球运动和眨眼的幅度、频率以及闭合的平均时间，都可以直接用于检测驾驶员是否疲劳。

（2）视线方向检测

把眼球中心与眼球表面亮点的连线定为驾驶员的视线方向，正常状态下驾驶员正视车辆的运动前方，同时视线移动速度比较快；疲劳时，驾驶员视线的移动速度会变慢，表现出迟钝的现象，并且视线轴会偏离正常的位置。

（3）嘴部状态检测

人在疲劳时往往有频繁的打哈欠动作，若检测到打哈欠的频率超过设定的阈值，即可判断驾驶员已经处于疲劳状态。

（4）头部位置检测

驾驶员在正常驾驶和疲劳驾驶时头部位置是不同的。可以利用驾驶员头部位置的变化，检测其疲劳程度。

3. 基于车辆行驶状态检测

基于车辆行驶状态检测的方法，不是直接检测驾驶员，而是从驾驶员对汽车的操纵情况，间接判断驾驶员是否疲劳。

（1）转向盘检测

转向盘检测包括转向盘转角信号检测和力矩信号检测，驾驶员疲劳时对汽车的控制能力下降，转向盘转角左右摆动的幅度会变大，同时操纵转向盘的频率会下降。

（2）汽车行驶状态检测

通过实时检测汽车的行驶状态，判断汽车是处于有效的控制状态，还是处于失控的状态，从而间接地判断出驾驶员是否疲劳。

4. 多特征信息融合检测

多特征信息融合检测的方法，通过信息融合技术，将驾驶员生理反应特征、驾驶行为及车辆行驶状态相结合，是理想的检测方法，可大大降低采用单一方法造成的误检率和漏检率。

【应用实例】

7.6.3 大众途观汽车疲劳驾驶预警系统

大众途观汽车疲劳驾驶预警系统能够收集和监控驾驶员的驾驶动作和车辆行驶过程中的相关信息，通过分析来判断驾驶员的疲劳程度，检测到驾驶员疲劳驾驶的情况后，如图 7.41 所示，仪表屏幕会显示“咖啡杯”标识，并会发出提示声音。系统可在信息娱乐系统中通过按键激活或关闭，并且在车速高于 65 km/h 至约 200 km/h 时会评估行驶状况。

在驾驶员安全带松开且驾驶员车门打开、汽车停住超过 15min、长时间低速行驶（低于 65 km/h）时，系统自动将疲劳估计值复位，重新计算行驶状况。

图7.41 大众途观汽车疲劳驾驶预警系统

7.6.4 沃尔沃汽车疲劳驾驶预警系统

沃尔沃汽车疲劳驾驶预警系统被沃尔沃公司命名为驾驶员疲劳警示系统，该系统除了能监测驾驶员疲劳状态外，还能监测驾驶员注意力是否分散。通过分析驾驶员头部位置和角度、眼睛运动，车辆与车道的相对位置，转向盘操纵数据等判断驾驶员当前的驾驶状态，并与内置于控制器中记录器里驾驶员正常的驾驶状态进行对比，判断驾驶员是否处于疲劳或注意力分散状态。当车速高于 65 km/h 时，沃尔沃汽车疲劳驾驶预警系统激活，可发出声音信号提醒驾驶员，并在仪表板上显示提示信息；当车速低于 60 km/h 时，沃尔沃汽车疲劳驾驶预警系统休眠，如图 7.42 所示。

图7.42 沃尔沃汽车疲劳驾驶预警系统

【巩固与提升】

1. 填空题

（1）疲劳驾驶预警系统由____________、____________、____________3 部分组成。

（2）疲劳驾驶预警系统的英文缩写为________。

2. 单选题

（1）（　　）用来接收信息采集单元发送的信号，进行运算分析，判断驾驶员疲劳状态。

A. 信息采集单元　　B. 电子控制单元

C. 预警显示单元　　D. 摄像头

（2）如果经过分析发现驾驶员处于一定程度的疲劳状态，则（　　）向预警显示单元发出信号。

A. 信息采集单元　　B. 电子控制单元

C. 人机交互单元　　D. 预警显示单元

（3）（　　）通过传感器采集驾驶员信息和车辆状态信息

A. 信息采集单元　　B. 电子控制单元

C. 人机交互单元　　D. 预警显示单元

【任务小结】

本任务主要介绍了疲劳驾驶预警系统的基本概念与组成、工作原理及方法，并通过具体的应用实例展示疲劳驾驶预警系统的工作效果。通过本任务的学习，学生需要理解疲劳驾驶预警系统的作用、组成、工作原理及方法。

【项目总结】

本项目讲解了 ADAS 关键技术中的车道偏离警告系统、夜视辅助系统、抬头显示系统、自适应前照明系统、盲区监测系统以及疲劳驾驶预警系统，通过系统认知，介绍了系统的基本概念、组成与工作原理；通过应用实例，介绍了搭载这些系统的部分应用车型，以及系统实现的工作原理与工作流程。